LUMIÈRE CLASSIQUE
Collection dirigée par Philippe Sellier
17

L'AVEUGLEMENT SALUTAIRE

Dans la même collection:

1. MORLET CHANTALAT, Chantal. *La "Clélie" de Mademoiselle de Scudéry. De l'épopée à la gazette: un discours féminin de la gloire.*

2. PLANTIÉ, Jacqueline. *La mode du portrait littéraire en France (1641-1681).*

3. BEUGNOT, Bernard. *La mémoire du texte. Essais de poétique classique.*

4. SALAZAR, Philippe-Joseph. *Le culte de la voix au XVIIe siècle. Formes esthétiques de la parole à l'âge de l'imprimé.*

5. CAGNAT, Constance. *La Mort classique. Ecrire la mort dans la littérature française en prose de la seconde moitié du XVIIe siècle.*

6. FERREYROLLES, Gérard. *Les Reines du monde. L'imagination et la coutume chez Pascal.*

7. MICHON, Hélène. *L'Ordre du cœur. Philosophie, théologie et mystique dans les* Pensées *de Pascal.*

8. SPICA, Anne-Elisabeth. *Symbolique humaniste et emblématique. L'évolution des genres (1580-1700).*

9. GAILLARD, Aurélia. *Fables, mythes, contes: L'esthétique de la fable et du fabuleux (1660-1724).*

10. LESNE, Emmanuèle. *La poétique des mémoires (1650-1685).*

11. DONNÉ, Boris. *La Fontaine et la poétique du Songe. Récit, rêverie et allégorie dans les* Amours de Psyché.

12. DENIS, Delphine. *La Muse galante. Poétique de la conversation dans l'œuvre de Madeleine de Scudéry.*

13. LAFOND, Jean. *L'Homme et son image. Morales et littérature de Montaigne à Mandeville.*

14. GÉNETIOT, Alain. *Poétique du loisir mondain, de Voiture à La Fontaine.*

15. PLAZENET, Laurence. *L'ébahissement et la délectation. Réception comparée et poétiques du roman grec en France et en Angleterre aux XVIe et XVIIe siècles.*

16. ZOBERMAN, Pierre. *Les cérémonies de la parole: l'éloquence d'apparat en France dans le dernier quart du XVIIe siècle*

17. THIROUIN, Laurent. *L'aveuglement salutaire. Le réquisitoire contre le théâtre dans la France classique.*

Laurent THIROUIN

L'AVEUGLEMENT
SALUTAIRE

Le réquisitoire contre le théâtre
dans la France classique

PARIS
HONORÉ CHAMPION ÉDITEUR
7, QUAI MALAQUAIS (VIᵉ)
1997

Diffusion hors France: Editions Slatkine, Genève

ISBN 2-85203-665-7   ISSN 1250-6060

T

100|330503

Je tiens à exprimer ma gratitude toute particulière au Professeur Philippe Sellier, dont l'intérêt bienveillant et la générosité intellectuelle ont accompagné ce travail, ainsi qu'au Professeur Antony McKenna pour son soutien indéfectible et amical.

Pour le théâtre, il ne fallait pas essayer de m'en conter. Je savais de quoi c'était fait.

(Jean Giono, *Un roi sans divertissement*)

INTRODUCTION

Position du problème

Il y a peu d'épisodes sur lesquels l'histoire littéraire se soit penchée plus volontiers que les querelles faites au théâtre tout au long du XVIIe siècle. Du temps — encore relativement proche — où la poésie dramatique du grand siècle était considérée comme l'apogée de la littérature française, que Molière, Corneille et Racine aient pu faire l'objet d'attaques morales et religieuses paraissait d'une révoltante incongruité. Encore pouvait-on accepter qu'un esprit tenu pour secondaire, comme Pierre Nicole, perverti par l'âpreté janséniste, s'en soit pris à des chefs-d'œuvre infiniment au-dessus de ses propres productions. L'ironie en l'occurrence est que, dans son conflit avec Racine, le solitaire de Port-Royal se soit opposé à un esprit qu'il avait formé. La question devenait plus douloureuse quand on retrouvait des thèses et des arguments analogues chez les représentants consacrés du génie classique, chez un Pascal, ou surtout chez l'anti-janséniste Bossuet, dont les *Maximes et Réflexions sur la Comédie* apparaissent dans les anthologies comme un monstre, une erreur de vieillesse qui vient ternir désagréablement la renommée de l'aigle de Meaux.

Prisonniers de notre propre conception de la littérature, dont les travaux modernes ont montré à quel point elle était tributaire du romantisme et donc en absolu décalage avec la mentalité classique, nous percevons la lutte de Bossuet contre Molière, celle de Nicole contre Corneille, comme des guerres civiles navrantes au sein des Belles Lettres, sans voir quel coup de force idéologique représente notre usage de réunir dans un même recueil et sous le même vocable de *littérature*, des fragments d'apologie, des oraisons funèbres, des romans et des comédies de mœurs. Il reste que pour réduire le scandale des procès intentés aux Belles Lettres, deux stratégies se présentent comme spontanément. Les uns soutiennent que l'hostilité de nos grands auteurs n'est qu'apparente quand ils semblent condamner ce qui fait aujourd'hui notre admiration. Pascal fait montre dans son œuvre d'un sens dramatique bien trop manifeste pour être un adversaire du théâtre[1]. Et si Nicole — dont la renommée aujourd'hui connaît une renaissance — ne mentionne pas Molière dans son *Traité de la Comédie,* ne serait-ce pas la preuve, en dépit des apparences, d'une conformité profonde entre les deux hommes sur les questions morales?[2]

D'autres critiques prennent acte des différends, mais ne se résignent pas davantage à la réalité de la querelle:

> Dans toute l'histoire de la querelle, il n'est guère facile de dire où s'arrête le zèle pieux et où commence la manœuvre politique.[3]

Autrement dit, à l'époque de Molière, les raisons de s'en prendre au théâtre seraient doubles: soit «zèle pieux», c'est-à-dire attachement irréfléchi à des consignes surannées — mais G. Couton n'ose pas faire de cette attitude peu honorable une clef systématique; soit machiavélisme, procédé politique par lequel on transpose sur un plan culturel des antagonismes d'une autre nature. Le phénomène au demeurant n'est pas contestable. Quand Mazarin, l'héritier de Richelieu, se fait le grand promoteur des arts de la scène, il est tentant pour ses ennemis de manifester leur rejet du ministre par un rejet du théâtre[4]. Mais dans cette alternative, quelle place reste-t-il à des adversaires conscients et motivés de la Comédie? Imagine-t-on même qu'il puisse y en avoir?

Je n'ai aucunement la prétention ici d'apporter des éléments nouveaux, de modifier la connaissance factuelle que nous possédons de cette querelle[5]. Mais il me semble, dans la vaste littérature consacrée aux déboires moraux du théâtre classique, qu'un travail manque encore: celui qui consisterait à prendre au sérieux les arguments échangés; à se

---

[1] Cf. Nicholas Hammond: «*Levez le rideau*: images of the theatre in Pascal's *Pensées*».

[2] Cf. Pierre Force, *Molière ou Le Prix des choses. Morale, économie et comédie,* pp. 229-232.

[3] Georges Couton, *La Vieillesse de Corneille,* p. 147.

[4] L'imbrication entre situation politique et casuistique morale est évidente dans le débat théologique et la lutte d'influence que suscitèrent, en 1646, les goûts pour le théâtre de la régente Anne d'Autriche; sur cette péripétie significative, voir la brève étude de Gustave Reynier, «Un épisode du conflit de l'Eglise et du théâtre au XVIIᵉ siècle».

[5] L'ancienne présentation d'Urbain et Levesque, les travaux plus récents de Georges Couton et de Jean Dubu, chacun dans leur domaine et avec leur sensibilité, apportent une connaissance nuancée et précise de la question.

demander si, en sus du *zèle pieux* et de la *manœuvre politique* (qui certes ont compté), il n'y eut point de place pour un débat grave, et dont les enjeux — pour peu qu'on souffle une petite couche de poussière — peuvent encore nous apparaître considérables sur un plan théorique[6].

On jette sur l'Eglise du XVIIe siècle et sur la mentalité religieuse des temps passés un regard assez facilement dédaigneux. Erreur de perspective ou schématisme, on tendrait volontiers aujourd'hui à regarder les prêtres, hostiles par principe à toute forme de plaisirs, comme les agents d'une structure oppressive, soucieuse uniquement de marquer son emprise sur les esprits. C'est à cette conclusion, en tout cas, que parvient un chercheur récent qui réduit la querelle religieuse contre le théâtre à la réaction crispée d'un appareil idéologique, sentant son influence menacée[7]. La danse, le jeu, la Comédie sont autant d'activités qui nous semblent aujourd'hui innocentes, sinon louables, et qui rencontraient aux XVIIe-XVIIIe siècles une hostilité déterminée. Mais ce phénomène ne mérite-t-il pas un certain étonnement? On se contente en général d'évoquer ces questions par une brève déploration convenue, sans chercher d'explication véritable à des positions dont la sottise nous paraît en parfaite harmonie avec l'idée que nous nous faisons des outrances et des obscurantismes religieux des anciens temps. Les anachronismes et la croyance naïve en un progrès moral ont l'avantage de simplifier considérablement les problèmes. Si les conséquences et la réalité elle-même des diverses proscriptions dont firent l'objet les divertissements ont été bien étudiées, la cause de ces proscriptions reste ainsi implicite, comme une triste évidence qui s'imposerait d'elle-même.

Deux observations devraient cependant éveiller l'attention. La première est l'existence d'adversaires laïcs à ces divertissements, au XVIIIe siècle notamment. Dans la *Lettre à d'Alembert sur les spectacles*, Rousseau s'oppose à la Comédie sur la base d'arguments qui ne doivent

---

[6] Une seule étude, brève mais dense et nourrie d'une longue fréquentation du problème, me semble poser véritablement la question de l'argumentation anti-théâtrale à l'époque classique: il s'agit de la conférence donnée en janvier 1990 par Marc Fumaroli devant la Société française de philosophie, «La querelle de la moralité du théâtre au XVIIe siècle». J'aurai mainte occasion de recourir à ces analyses, toujours éclairantes, quoique peut-être restreintes par l'antipathie manifeste qu'éprouve le critique envers les thèses rigoristes.

[7] «*The major importance of the* querelle du théâtre *in the 17th century lies in the picture it presents of a church jealous of its own powers of attraction over men's hearts and sensitive to any threat to its grip on their minds, particularly if it comes from a secular source.*» (Henry Phillips, *The Theatre and its Critics in Seventeenth-Century France*, p. 249).

rien à l'autorité religieuse, même s'ils rencontrent parfois ceux de Nicole. De la même façon, on retrouve, juste avant la Révolution française, des imprécations contre le jeu sous toutes ses formes, que l'on croirait nourries de la plus pure tradition rigoriste chrétienne si elles ne venaient pas sous la plume du conventionnel Jean Dusaulx[8]. Ni les thèses de Rousseau, ni celles de Dusaulx ne sauraient se ramener à la répression cléricale contre les divertissements: il faut bien se résoudre à leur chercher des motivations idéologiques, surprenantes peut-être, mais spécifiques. Enfin le lecteur est aussi alerté d'une autre manière, quant à la vraie nature de la querelle: s'il met entre parenthèses ses propres valeurs esthétiques et morales, s'il aborde sans préjugés les démonstrations que proposent les adversaires du théâtre, il constate que parmi les lieux communs et les anathèmes, il reste place pour des raisonnements bien plus élaborés, pour un discours théorique articulé qu'il ne serait pas sans profit de reconstituer; car si les conclusions nous paraissent d'un autre âge et de toute évidence ne nous concernent plus, l'analyse qui les sous-tend croise des préoccupations qui nous sont aujourd'hui encore essentielles[9]. Sous une perspective qui n'est plus la nôtre et qui nous semble de ce fait particulièrement inadaptée (la perspective religieuse imposée à un objet littéraire), s'expriment des problèmes constitutifs de la *mimèsis*, et plus spécifiquement de la *mimèsis* théâtrale — des problèmes qui restent pour nous graves et non résolus.

*****

La querelle de la moralité du théâtre est déroutante pour un esprit moderne, mais en même temps passionnante, en ce qu'elle mêle dans un argumentaire généralement confus, des plans extrêmement hétéroclites. Elle fait passer sans cesse d'une approche historique à des considérations de poétique (fondées parfois sur l'étude de textes), de questions de mise en scène à des réflexions anthropologiques et religieuses. La première tâche qui nous incombe, si l'on veut comprendre les motivations réelles qui dressaient contre la Comédie tout un groupe de moralistes au XVIIe siècle, est de distinguer et de classer les arguments. Tout certes nous paraît noyé dans une perspective morale et religieuse qui s'impose

---

[8] *De la Passion du jeu, depuis les temps anciens jusqu'à nos jours* (1779).

[9] Une mention doit ici être faite des travaux de Louis Marin, un des seuls critiques à avoir délibérément abordé le *Traité de la Comédie* de Nicole comme un texte théorique.

injustement. Est-ce vraiment aux théologiens et aux moralistes de s'exprimer sur le théâtre? A la première lecture, les pièces du procès intenté au théâtre donnent aujourd'hui l'impression d'un dialogue de sourds entre deux réalités qui n'ont pas de raison de se confronter. Le sentiment de se trouver, chez les adversaires du théâtre, devant un discours monolithique et ressassé est cependant l'effet caractérisé d'une illusion épistémologique. Les thèses anti-théâtrales nous sont tellement étrangères que nous ne percevons pas combien elles sont diverses. Il y a des lignes de fracture essentielles, des positions très contrastées et de véritables antagonismes, entre Conti et Nicole par exemple. C'est une erreur manifeste, et un gage de stérilité, d'appréhender ces textes comme une «abondante et ennuyeuse littérature consacrée à la querelle du théâtre en France au XVIIᵉ siècle»[10]. L'abondance est certaine, mais elle n'entraîne pas l'uniformité, et l'ennui ne signifie rien d'autre que l'inaptitude à comprendre des positions incompatibles avec nos propres valeurs esthétiques et morales.

Au désir légitime de percevoir en toute position idéologique les principes véritables qui la fondent, une autre raison s'ajoute, incitant à prêter attention aux discours anti-théâtraux: les écrivains de théâtre eux-mêmes ont été très conscients, en permanence, du mouvement d'hostilité suscité par la Comédie. Ils en ont été plus ou moins gênés. Mais ils ont vraiment cherché à y répondre, dans les termes mêmes de la polémique. En reconstituer les linéaments permet ainsi de comprendre la position d'un Corneille ou d'un Molière. La préface de *Tartuffe* atteste que Molière possédait une connaissance intime des arguments et des textes opposés au théâtre: on interprète superficiellement cet important manifeste si l'on ne perçoit pas avec précision en filigrane les raisonnements auxquels réplique l'auteur de *Tartuffe*.

La période sur laquelle se concentre cette étude est la décennie 1660-1670. Il suffit de voir, durant ces quelques années, la liste des ouvrages, traités entiers ou chapitres issus de livres plus vastes, qui instruisent le procès du théâtre, pour percevoir que le début du règne personnel de Louis XIV correspond à une intense reprise des hostilités morales contre le théâtre. Quel meilleur témoignage pourrait-on d'ailleurs en produire que celui de Molière lui-même? Au moment où la querelle de

---

[10] Michel Launay, introduction à la *Lettre à d'Alembert sur les spectacles* (coll. «Garnier Flammarion»), p. 18.

Tartuffe touche à sa fin, où le Roi, s'estimant assez fort, a imposé la pièce de Molière contre tous ses ennemis, l'écrivain — prudent — se hâte de la publier pour rendre sa victoire irréversible. La préface qu'il rédige alors, prenant un peu de hauteur par rapport aux récentes escarmouches, se présente comme une prise de position dans le débat moral sur le théâtre, un relevé de conclusions, relativement serein. Mais si l'issue du combat aide à panser les plaies, la violence de celui-ci reste encore très présente à la mémoire de Molière. Après avoir commencé par montrer l'innocence de sa pièce, l'écrivain continue de la sorte son argumentation:

> L'on doit approuver la comédie du *Tartuffe*, ou condamner générale-
> ment toutes les comédies.
> C'est à quoi l'on s'attache furieusement depuis un temps; et jamais on
> ne s'était si fort déchaîné contre le théâtre.

Cette dernière remarque confirme que, pour les contemporains eux-mê-mes, la décennie 1660-1670 avait été sentie comme un moment fort dans la querelle anti-théâtrale. Certes, la réticence des prédicateurs et des pédagogues devant toute forme de divertissement n'échappait à personne, mais leurs mises en garde devaient être reçues comme des imprécations rituelles, dont il n'y avait pas lieu de s'émouvoir. Goibaud du Bois a beau jeu de s'étonner de la réaction violente de Racine, devant les anathèmes de Nicole:

> Est-ce que vous ne voulez pas qu'il soit permis à qui que ce soit de
> parler mal de la Comédie? Entreprendrez-vous tous ceux qui ne
> l'approuveront pas? Vous aurez donc bien des apologies à faire,
> puisque tous les jours les plus grands prédicateurs la condamnent
> publiquement aux yeux des chrétiens et à la face des autels.[11]

Mais la querelle de *Tartuffe*, la publication du *Traité de la Comédie* de Nicole, de celui de Conti, manifestaient une offensive autrement plus significative. Il ne faisait guère de doute pour Molière que sous les attaques qu'avait essuyées *Tartuffe*, l'adversaire véritable était le théâtre lui-même, et qu'à l'occasion de sa pièce, on voyait ressurgir avec une

---

[11] Goibaud du Bois, *Réponse à l'Auteur de la lettre contre les hérésies imaginaires et les Visionnaires.*

virulence redoublée l'opposition chronique qui, depuis les Pères de l'Eglise, dressait la religion contre le théâtre.

Pour la commodité de la pensée, on peut distinguer, dans la Querelle du théâtre au XVIIe siècle, trois «moments intenses»[12]. Le premier, en 1639, est marqué par une attaque du ministre réformé André Rivet (*Instruction chrétienne touchant les spectacles...*), à laquelle répond l'auteur des *Observations sur le Cid*, Georges de Scudéry, dans une *Apologie du Théâtre*[13]. Cette première polémique ne semble pas avoir eu un immense écho, ni avoir interféré véritablement avec le processus de développement et de régularisation de la Comédie, qui se déroulait à la même époque sous les auspices de Richelieu[14]. Le deuxième grand moment de la querelle, celui des années 1660-1670, est d'autant plus important pour nous, qu'il a impliqué, à des titres divers, les trois grands noms du théâtre français au XVIIe siècle: Corneille y fait figure de cible exemplaire, si remarquable que sa condamnation impliquerait *a fortiori* celle de tout le genre qu'il illustre; Racine, jeune poète dont la réputation est encore à venir, en se heurtant à Nicole et à ses amis, saisit l'occasion de se faire le héraut d'un genre qu'il brûle d'illustrer; Molière enfin, à travers deux de ses plus grandes œuvres — *Tartuffe* et *Dom Juan* — focalise les griefs de tout le parti hostile à la Comédie (et même, si l'on compte l'abbé d'Aubignac, de certains défenseurs du genre!). C'est enfin dans les dernières années du siècle que se déroule le troisième épisode, et peut-être le plus connu, de la querelle. Le théatin d'origine italienne, François Caffaro, laisse publier en tête d'un volume d'œuvres de Boursault, une lettre de ton très modéré, où l'analyse, favorable au théâtre,

---

[12] La formule est de Gérard Ferreyrolles, *Molière, Tartuffe*, (coll. «Etudes littéraires»), p. 14.

[13] A moins qu'il ne s'agisse de l'inverse. Se fondant sur la date précoce du privilège pour le livre de Scudéry (20 février 1639), et sur l'allusion de Rivet à des apologies de la Comédie déjà existantes, John Kelly considère plutôt que le livre de Rivet est une réponse à celui de Scudéry (Kelly, *La Querelle du théâtre en France de 1657 à 1700*, p. 41). Mais le pasteur de Leyde ne faisait que traduire en français et publier des conférences plus anciennes données en latin: celles-ci étaient peut-être parvenues à la connaissance de Scudéry.

[14] Peu de critiques jusqu'à présent se sont intéressés à cet épisode; on mentionnera la récente et brève étude, essentiellement descriptive, de Jean Dubu: «A propos de l'*Apologie du théâtre* de G. de Scudéry: l'influence de l'*Instruction chrestienne touchant les spectacles publics des Comoedies & Tragoedies* du pasteur André Rivet».

se veut celle d'un théologien[15]. Durant la seule année 1694, on ne compte pas moins de sept réfutations de cette *Lettre d'un théologien illustre*, la plus célèbre étant celle de Bossuet.

Doit-on considérer comme une reprise des querelles du siècle précédent les nouvelles attaques que subit le genre théâtral au milieu du XVIIIe siècle, par l'entremise de Diderot et de Rousseau? De toute évidence les bases de la polémique et les enjeux idéologiques ne sont plus les mêmes, mais la perspective est éminemment morale. Qu'il s'agisse d'ailleurs des critiques faites à la «comédie gaie» par Diderot (*De la Poésie dramatique*, 1758), ou de la *Lettre à d'Alembert sur les spectacles*[16], il est symptomatique que les Philosophes en viennent à leur tour à prendre les pièces de Molière comme illustration des méfaits du théâtre. Je n'entends pas ici bien sûr considérer ces textes en eux-mêmes, ni ne peux leur accorder l'attention qu'ils méritent, mais le critique a tout à gagner à les mettre en rapport avec les théories et les arguments du siècle précédent. La ressemblance des questions agitées, alors que les valeurs et les motivations sont si différentes, aide à percevoir la spécificité de chaque réflexion, à échapper à ce sentiment trompeur de ressassement qui menace le lecteur des textes anti-théâtraux.

Le long conflit qu'entretiennent l'Eglise et le théâtre depuis les premiers Pères, connaît des moments de répit et des reprises régulières, mais il s'agit en fait d'un seul et même débat, comparable — comme le signale très heureusement Marc Fumaroli[17] — à celui que menèrent les iconoclastes contre une autre forme de *mimèsis*. Même s'il est légitime d'examiner un moment particulier de ce débat, avec sa physionomie originale, on ôterait à la question la plus grande partie de son intérêt philosophique et spirituel, en refusant d'évoquer, au moins comme des jalons, les autres provinces de cette unique contrée. Pour comprendre la teneur véritable, la signification profonde de l'hostilité au théâtre, il faut garder à l'esprit le long courant de malaise et d'inquiétude auquel

---

[15] *Lettre d'un théologien illustre par sa qualité et par son mérite, consulté par l'auteur pour savoir si la Comédie peut-être permise, ou doit être absolument défendue.* Texte donné par Urbain et Levesque: *L'Eglise et le théâtre*, pp. 67-119.

[16] Le titre exact de l'ouvrage de Rousseau est: *Lettre à M. d'Alembert sur son article Genève, et particulièrement sur le projet d'établir un théâtre de comédie en cette ville* (1758).

[17] M. Fumaroli, «*Sacerdos sive rhetor, orator sive histrio,* rhétorique, théologie et «moralité du théâtre» en France de Corneille à Molière», *in: Héros et orateurs, rhétorique et dramaturgie cornéliennes,* p. 449.

appartient chacune des polémiques. La lecture de Tertullien, comme celle de Rousseau, aident à conférer à la pensée d'un Nicole son authentique dignité.

Les nombreux textes parus entre 1660 et 1670 n'ont certes pas tous été rédigés pendant cette période. La contemporanéité de ces ouvrages peut ainsi être trompeuse. Le *Traité de la comédie et des spectacles*, publié en 1666, quelques mois après la mort de son auteur, le Prince de Conti, est nécessairement d'une rédaction récente: les allusions à l'actualité théâtrale proche (le *Dom Juan* de Molière), le revirement de l'auteur, qui découle de sa «conversion» par l'évêque Pavillon en 1655, sont des garants incontestables. Il n'en va pas de même pour les réflexions d'Alexandre Varet[18], ni surtout pour le *Traité* de Nicole, qui a posé longtemps une redoutable énigme aux historiens. Les solides analyses de Georges Couton ont prouvé aujourd'hui que la prétendue première édition de 1659 n'avait jamais existé et que le *Traité* n'avait pas été porté à la connaissance du public avant de paraître en appendice des *Lettres Imaginaires* (1667). Il n'en reste pas moins vrai que la composition de l'ouvrage n'a pu être que très antérieure: une des références majeures, la *Théodore* de Corneille, remonte à 1645; l'actualité la plus proche est représentée par une citation des *Illustres Ennemis*, pièce de Thomas Corneille jouée en 1654. Les corrections ultérieures de Nicole montrent qu'il avait rédigé son *Traité* à un moment où le duel avait davantage de réalité[19]. Le *Traité de la Comédie* appartient ainsi à deux époques: la fin des années 1650, par sa rédaction; 1667, par sa première publication.

Quelles que soient au demeurant les difficultés d'établir le moment exact de composition de tous les ouvrages considérés ici, leur parution groupée dans la décennie 1660-1670 est à elle seule significative. Que Nicole n'ait pas jugé bon de publier ses réflexions contre la Comédie avant 1667, corrobore le sentiment que la décennie retenue constitue une phase intense de la querelle contre le théâtre. Ce sursaut d'hostilité à un tel moment n'est d'ailleurs pas le moindre sujet d'étonnement pour l'historien moderne. La condamnation de la Comédie nous semble particulièrement inopportune à une période qui reste pour nous celle où le théâtre a achevé de s'épurer, de se soumettre à un corps de règles, et

---

[18] «Avis touchant la comédie», intégré dans le huitième chapitre de *L'Education Chrétienne des Enfants, selon les maximes de l'Ecriture Sainte...*
[19] Voir les corrections apportée par Nicole au § 18, à partir de l'édition de 1675.

où il produit des chefs-d'œuvre qui demeureront comme l'illustration du siècle.

Le cadre et l'objet

Avant d'entrer dans les méandres et les subtilités du débat, il convient de présenter à grands traits son objet et sa physionomie.

1 — Paradoxes

En repérant et classant les arguments opposés à la Comédie, on retrouvera un certain nombre de paradoxes, certains tellement systématiques qu'ils se convertissent en lieux communs du discours anti-théâtral. C'est le cas notamment du paradoxe exprimé pour la première fois par Senault, repris par Conti et quasiment par tous les adversaires du théâtre, qui consiste à soutenir que *plus la Comédie est morale, plus elle est immorale*. Nicole pour sa part entend discréditer les spectateurs de comédies et ébranler leur tranquille assurance, par une démystification du plaisir théâtral: *ce que l'on accepte de voir avec horreur, on y adhère*. Ces propositions, que j'énonce ici sous une forme lapidaire et obscure, recevront ultérieurement toute l'attention nécessaire. Il ne m'importe pour l'instant que de souligner le caractère volontiers paradoxal de l'argumentation, caractéristique de la physionomie prise par la querelle en ce dernier tiers du XVIIe siècle. Peut-être est-ce là une raison pour laquelle le procès intenté au théâtre nous semble aujourd'hui si exotique et déroutant. Mais c'est souvent aussi l'intérêt majeur qu'offre pour nous ce débat étrange, un biais par lequel il rejoint des préoccupations théoriques et des interrogations qui sont les nôtres.

Le paradoxe est en fait plus général: la répartition des rôles entre les divers acteurs de la polémique, sur un plan idéologique, est fondamentalement paradoxale. Les enjeux concrets de défense ou d'inculpation du genre théâtral amènent chacun à adopter une position théorique inattendue. Les ennemis du théâtre sont ceux qui croient le plus en son pouvoir; ils prennent le genre très au sérieux et soulignent sa puissance, son efficace. Inversement, pour mettre le théâtre hors de cause, ses partisans auraient plutôt tendance à minimiser la portée du genre, à faire ressortir la faiblesse, la modestie de ses ambitions, essentiellement récréatives. Les vertus pédagogiques de la comédie, alléguées par ses défenseurs au XVIIe, représentaient-elles, à leurs yeux mêmes, bien plus qu'un argument de circonstance? Le *castigat ridendo mores* tient plus de l'incantation rituelle que de la conviction profonde, tant il est évident que personne ne recherche, dans la comédie, un quelconque bénéfice moral. Et les mêmes auteurs qui invoquent les vertus éducatives de leur art achèvent généralement leur plaidoyer en invoquant le droit de se distraire[20].

Il ne faudra donc pas rechercher chez les défenseurs de la Comédie une conscience très poussée de la puissance scénique, tandis que pour mettre en garde contre des sortilèges qu'il juge désastreux, un Nicole est amené à élaborer une théorie bien plus flatteuse; il rejoint étrangement les manifestes et les justifications que produiront à des époques plus récentes, mais sur un mode enthousiaste, les tenants d'un théâtre engagé.

2 — *Morale*

Les interventions de Nicole, Bossuet et leurs comparses alimentent une controverse connue sous le nom de *Querelle de la moralité du théâtre*. Par cette expression convenue, on distingue à juste titre cette polémique des divers débats littéraires menés tout au long du siècle au nom de principes esthétiques ou autour de problèmes techniques. Soucieux de définir des règles, les doctes jugent et parfois affrontent des auteurs plus attentifs à l'accueil du public qu'au respect des unités. Il s'agit là bien évidemment d'un autre débat.

On sent bien, par delà tous les antagonismes idéologiques, que les réflexions de Diderot et Rousseau s'inscrivent dans le même cadre d'une querelle morale. Ils maintiennent cette confrontation du théâtre et de la question morale (moralisation de la scène, utilisation du théâtre à des fins morales). Cela amène Jean Goldzink à diagnostiquer une «convergence secrète de la critique dévote du théâtre et du réformisme philosophique des Lumières»[21]. Autrement dit, les clercs du XVIIe siècle comme les philosophes du XVIIIe se rejoignent pour poser au théâtre la question, qui nous semble aujourd'hui si déplacée, de la morale.

---

[20] A propos de Diderot et de son idéal moral pour la Comédie, Jean Goldzink constate la même distorsion: «Force du théâtre, tous ses ennemis en conviennent, tandis que ses défenseurs chrétiens modérés, de d'Aubignac à l'abbé Du Bos, la minimisent, en soulignant que le spectateur n'oublie jamais qu'il est au spectacle, et donc conserve sa liberté» (*Les Lumières et l'idée du comique*, p. 43).

[21] *Les Lumières et l'idée du comique*, p. 17.

Mais le rapprochement entre les deux époques manifeste combien le terme de 'morale' est trompeur, combien est superficielle l'assimilation qu'il suggère. Notre époque, qui a banni (ou croit avoir banni) la question morale du champ littéraire, est sensible à l'impureté des perspectives, commune aux augustiniens et aux philosophes. Leurs préoccupations sont en réalité bien éloignées. Au XVIIe siècle, le procès contre le théâtre est au fond un procès contre la représentation, un rejet du factice et du vain sous toutes ses formes, au nom de la pleine, véritable et unique Réalité. Ce qui caractérise la querelle au XVIIe siècle, c'est sa dimension platonicienne, perceptible tant dans les références que dans les thèmes abordés. Aucune trace de ce souci ne se retrouve au siècle des Lumières. En dépit de l'appellation traditionnelle, la querelle du théâtre qui se développe au XVIIe siècle n'est pas pleinement une querelle morale. Et d'ailleurs le paradoxe de Senault, repris en chœur par tous les adversaires du théâtre, ne l'exprime-t-il pas crûment? Même devenu moral, le théâtre n'a pas droit de cité. Mieux encore, plus il est moral, plus le théâtre est redoutable, car n'étant plus éloignés de lui par son obscénité ou des tares évidentes, les spectateurs s'exposent sans méfiance à ses effets les plus pernicieux. Peut-on plus clairement signifier que le véritable danger de la Comédie n'est pas d'ordre moral?

La réflexion du XVIIe siècle sur le théâtre est dans la lignée de Platon: c'est une méditation sur la *mimèsis* et sur le jeu des passions[22]. Elle comporte certes un volet moral, mais — nous en donnerons maintes preuves — le cœur de la question est de nature anthropologique et métaphysique. Rousseau, il est vrai, est souvent très proche de l'anthropologie de Nicole: il analyse d'une façon assez comparable les effets de la *mimèsis* sur l'homme. Mais en aucune manière, il ne partage les convictions métaphysiques qui servent d'horizon au *Traité de la Comédie*. Pour lui, comme pour Diderot, la *mimèsis* n'est pas en soi mauvaise et le divertissement n'est pas répréhensible. Diderot refuse la comédie des vices et du ridicule (dont Molière est le plus illustre représentant) au nom d'une efficace morale; il milite pour un nouveau type de comédie qui, au lieu d'alimenter les tendances mauvaises de l'individu, développerait en lui les sentiments les plus nobles et les plus utiles à la société. A un moment où

---

[22] Evoquant «l'hostilité platonicienne envers la *mimèsis,* miroir qui piège l'âme dans le monde sensible et sensuel», M. Fumaroli introduit avec force la réflexion majeure qu'il a présentée sur cette question à la Société française de philosophie: «Cette Querelle est [...] un chapitre de l'histoire du platonisme chrétien.» (p. 66)

il n'est plus question, même symboliquement, de rejeter la Comédie, les philosophes (qui sont eux-mêmes auteurs de théâtre) s'inquiètent des idées qu'elle véhicule et des valeurs qu'elle prône; ils croient au théâtre comme en un moyen privilégié de répandre les lumières. C'est le XVIIIᵉ siècle qui jette sur le théâtre un regard authentiquement moral.

3 — L'objet: la 'Comédie'

Un dernier terme enfin pourrait égarer, celui qui désigne l'objet litigieux, la *Comédie*. Il apparaît de toute évidence que contrairement à notre usage, le mot est employé dans un sens général, et qu'il représente conjointement ce que nous appelons tragédie et comédie[23]. On n'a peut-être pas suffisamment remarqué que cet usage archaïque de 'Comédie' pour 'poème dramatique' posait problème dès le XVIIᵉ siècle et qu'il pouvait prêter à confusion pour les destinataires mêmes des traités. Preuve en est cette mise au point que Conti sent la nécessité de faire, dans son *Traité de la comédie et des spectacles:*

> Je ne prétends pas, en parlant de la Comédie, traiter seulement de cette sorte de poème qui a premièrement, et plus proprement, porté ce nom par l'institution des hommes. Mais comme *ce nom d'une espèce particulière est devenu en France un nom général qui convient à toutes les pièces de théâtre*, soit qu'elles soient effectivement des comédies, soit aussi que ce soient des tragédies, ou des tragi-comédies, c'est sous ce nom que j'ai prétendu examiner toutes sortes de poèmes dramatiques, et en général, par ce qu'ils ont de commun, et en particulier, par ce qui fait leurs espèces différentes.[24]

Pour Conti, c'est par un abus de langage (une synecdoque pour être précis) que le terme de 'Comédie' est venu à signifier, de façon générique, l'ensemble des œuvres théâtrales, dont il ne désignait initialement qu'une

---

[23] Pour mettre en garde le lecteur et signaler cette particularité d'emploi, j'ai pris le parti de conserver la majuscule dont est généralement pourvu au XVIIᵉ siècle le mot de 'Comédie', chaque fois qu'il doit être compris dans son acception la plus générale; je suis en revanche l'usage moderne et orthographie le mot avec une minuscule quand il désigne le seul genre comique.

[24] Conti, *Traité de la comédie et des spectacles selon la tradition de l'église tirée des conciles et des saints Pères.* (éd. Billaine, 1667, p. 8-9). Je souligne.

espèce. C'est donc pour se plier à l'usage courant que le moraliste adopte ce qui lui semble une nouvelle terminologie[25].

Presque au même moment, dans un ouvrage essentiellement descriptif et de peu d'intérêt pour notre propos, l'abbé De Pure confirme et précise la remarque trouvée chez Conti: la distinction entre comédie et tragédie, qui nous semble élémentaire, revêt pour lui un caractère savant; elle ne correspond pas à la perception commune.

> Nous comprenons dans ce mot [comédie] tout ce qui est dramatique et qui se représente sur la scène, soit tragique, soit comique, soit satirique. Nous ne faisons point ici de distinction de ces divers genres de jeux, parce que l'idée vulgaire et universelle les confond ordinairement et que ces connaissances trop fines pour le peuple et pour les gens de Cour l'embarrassent beaucoup plus qu'elles ne les instruisent, et qu'ils s'en rebutent plutôt que d'en profiter.[26]

Ces considérations sémantiques ne bouleversent certes pas les données du problème. Elles indiquent simplement que, par delà les distinctions et les définitions des doctes, l'objet théâtral, sous le nom de 'Comédie', représentait une réalité globale.

Il n'empêche que le problème de la moralité du théâtre ne se pose pas dans les mêmes termes, selon qu'on envisage la comédie ou la tragédie. La confusion des genres induite par le vocabulaire ne manque pas d'avoir des répercussions sur le débat lui-même. Ainsi, dans le *Traité de la Comédie*, la généralité de la condamnation contraste avec la spécificité des œuvres évoquées. Nicole n'attaque effectivement que la tragédie. Parmi tous les exemples auxquels il recourt, figure une seule comédie — et encore s'agit-il d'une comédie héroïque, à l'espagnole: *Les Illustres ennemis* de Thomas Corneille. Est-ce le choix d'une stratégie *a fortiori*, dont on verra d'autres marques? L'auteur considère le théâtre sous sa forme la plus noble et sous les traits de son représentant le plus digne. Si la tragédie est condamnable, ce doit être le cas à plus forte raison de

---

[25] Même conception, quelques années plus tard, chez Samuel Chappuzeau, qui, après avoir distingué les divers poèmes dramatiques, conclut: «Dans la suite de mon discours, je prendrai une des parties pour le tout et la Comédie pour tous les ouvrages de théâtre qu'embrasse le poème dramatique. Ce nom d'une espèce particulière étant devenu un nom général, et l'usage voulant que la tragédie, la tragi-comédie et la pastorale passent aujourd'hui sous le nom de Comédie.» (*Le Théâtre français*, 1674; livre I, chap. 4)

[26] Abbé Michel de Pure, *Idée des spectacles anciens et nouveaux*, 1668, p. 162.

toutes les manifestations moins raffinées de l'art dramatique. Il reste que l'inclusion adventice des romans dans le même propos pose problème et manifeste chez Nicole une intention généralisante dont sa démonstration n'est pas toujours capable. On ne s'empêchera pas de penser que la plupart des détracteurs du théâtre tirent parti d'une certaine confusion générique pour multiplier à bon compte leurs arguments. Il est vrai, du reste, que cette indistinction générique correspond à l'évolution de la théorie: les grands débats du XVIIIe siècle sur un théâtre intermédiaire entre tragédie et comédie, à égale distance du terrible et du plaisant, et l'avènement de la comédie sérieuse, du drame bourgeois, introduisent un grand flou dans toutes les catégories[27].

Qu'on élargisse la Comédie, comme Nicole, à toutes les représentations mimétiques nourries par l'imagination, ou qu'on se cantonne plus exactement à l'art dramatique, le terme de 'Comédie' garde une signification assez générale, voire abstraite: c'est à la fois un répertoire, un divertissement, un art. La réalité concrète de la scène apparaît davantage sous le mot de 'théâtre', dont nous ne percevons peut-être plus aussi clairement aujourd'hui la valeur exacte. L'ordre des acceptions que propose Furetière à l'article 'théâtre' est significatif. Les trois premiers sens indiqués sont concrets, et liés à la notion de lieu:

> 1. Lieu élevé où on fait des représentations, où on donne quelque spectacle.
> 2. Lieu ordinaire où on représente des comédies et des tragédies. Le théâtre de l'Hôtel de Bourgogne.
> 3. La scène où représentent les acteurs.

Le théâtre, c'est la Comédie dans sa réalisation scénique. Le lexicologue n'évoque que dans un deuxième temps les acceptions plus abstraites du terme.

---

[27] Par ses œuvres et sa théorie, Fontenelle est un précurseur de cette dissolution des genres: «Il y aura donc des pièces de théâtre qui ne seront ni parfaitement tragédies, ni parfaitement comédies, mais qui tiendront de l'un ou de l'autre genre, et plus ou moins de l'un que de l'autre, comme un vert, qui est certainement un composé du jaune et du bleu, est différent d'un autre vert, parce qu'il entre plus ou moins de jaune ou de bleu dans sa composition. [...] Ainsi notre comédie placée au milieu du dramatique, y prendra justement tout ce qu'il a de plus touchant et de plus agréable dans le sérieux, et tout ce qu'il a de plus piquant et de plus fin dans le plaisant.» (Fontenelle, «Préface générale» à l'édition de son théâtre, *Œuvres*, Amsterdam, 1754 [1ère éd.: 1751], pp. 8 et 11).

4. La science de composer ou de représenter des comédies et des tragédies.

5. Le recueil des ouvrages dramatiques d'un auteur.

Toutes ces précisions terminologiques sembleront peut-être d'une importance relative. Je crois cependant nécessaire de cerner au plus près l'identité de chaque notion. Les frontières se déplacent subrepticement entre les choses, tandis que les mots restent les mêmes; et si ceux de 'comédie' et de 'théâtre' évoquent en gros une même réalité pour les contemporains de Molière et pour nous, leur emploi et leur valeur ne sont plus parfaitement identiques. Il n'est que de voir, pour s'en convaincre, combien nous paraît étrange la formule utilisée par Rousseau, quand, dans sa *Lettre à d'Alembert*, il prend position, sur le «projet d'établir un *théâtre de comédie*». L'expression n'est pas pléonastique; chacun des deux termes a sa fonction.

CHAPITRE I

PERSPECTIVES HISTORIQUES ET ARGUMENTS D'AUTORITÉ

Le théâtre a connu une brillante illustration, à sa naissance même, dans la Grèce antique puis à Rome; les chrétiens des premiers siècles ont vécu dans un monde où les arts de la scène tenaient une grande place; pasteurs et docteurs de l'Eglise ont lutté avec détermination contre les spectacles: tout cet arrière-plan historique intervient vigoureusement dans la querelle classique. La question historique est peut-être même, en volume tout du moins, le problème majeur qu'on y voit débattu. Une avalanche de citations et de références atteste l'importance que revêt à l'époque le débat d'autorités. Qui a condamné le théâtre au début de l'ère chrétienne? Pour quelles raisons? En quoi ces arguments anciens doivent-ils encore guider notre comportement? Le volumineux *in-quarto* que l'abbé de Voisin, l'ancien aumônier du Prince de Conti, publia en 1671 pour réfuter l'abbé d'Aubignac[1], est une dissertation historique, où les décrets des premiers conciles voisinent avec les textes des Pères, longuement interprétés dans un sens rigoriste. A l'abbé d'Aubignac, Voisin n'oppose pas des arguments, mais des références, et l'on est surpris de constater que cet ouvrage, qui se veut une *Défense du Traité de Mgr le Prince de Conti*, ne consacre qu'un seul et court chapitre (le douzième) à aborder d'une manière un peu plus spéculative les raisons de condamner la Comédie. Quand il cite saint Augustin ou saint Jean Chrysostome, l'auteur d'ailleurs ne se montre pas très sensible à leurs thèses: il raisonne en philologue, essentiellement soucieux d'établir de façon indubitable la signification des textes patristiques et de montrer que la condamnation qu'ils recèlent est toujours en vigueur.

Tropisme de savants vers les gros *in-folio*, solution de facilité, cet assaut d'érudition, qui semble au lecteur moderne si pesant et peu approprié, contribue grandement aujourd'hui à nous détourner de ces

---

[1] Titre complet: *Défense du Traité de Mgr le Prince de Conti touchant la comédie et les spectacles, ou la réfutation d'un livre intitulé: Dissertation sur la condamnation des théâtres.* Paru en 1671, chez deux libraires en même temps, Coignard et Billaine.

pages. Convenons cependant que ces références partagées que sont la tradition de l'Eglise et les écrits des Pères s'imposent, vers 1660, à l'ensemble des contradicteurs. Même un penseur aussi libre que Molière se croit obligé de se rapporter à l'autorité des Pères, quitte à s'en affranchir par une pirouette.

> Je ne puis pas nier qu'il n'y ait eu des Pères de l'Eglise qui ont condamné la Comédie; mais on ne peut pas me nier aussi qu'il n'y en ait eu quelques-uns qui l'ont traitée un peu plus doucement.[2]

L'autorité controversée des Pères, n'est cependant qu'un aspect de la question historique. Ce qui est en cause véritablement, c'est l'évolution, l'historicité de la représentation théâtrale. Le théâtre antique, grec et latin, pose en effet une double série de problèmes, littéraires et moraux:

— quand on le compare avec les productions antiques, le théâtre moderne et son cortège de farces, de mystères, apparaît d'une qualité tellement inférieure, qu'il faut bien conclure à une décadence;
— mais le théâtre antique, et notamment grec, s'est développé dans un cadre religieux, en étroite symbiose avec des croyances considérées au XVIIe siècle comme impies; quelle est la place réelle de cette signification religieuse dans la nature originelle du théâtre? En se dégageant de cette emprise, le théâtre n'acquiert-il pas une nouvelle respectabilité?

Partagé entre la conscience de ces deux évolutions, le théoricien et moraliste classique hésite à rendre un verdict net de progrès ou de dégénérescence. À une époque cependant où la culture gréco-latine, tant sur le plan des références morales que des modèles littéraires, est un repère majeur, on ne saurait laisser la question indécise.

Le problème historique peut donc se formuler de la sorte: existe-t-il une différence essentielle entre la Comédie moderne et la Comédie ancienne? Peut-on soutenir que la Comédie moderne est meilleure, ou du moins plus morale? Si oui, ne faut-il pas admettre que cela relativise le poids du jugement des Pères sur le théâtre? Dans la deuxième lettre, restée inédite, que Racine rédige à l'occasion de sa querelle avec Nicole, l'écrivain signale ce point sans s'y attarder.

---

[2] Préface de *Tartuffe*, *O. C.*.1, p. 886.

> Pour les Pères, c'est à vous de nous les citer; c'est à vous, ou à vos
> amis, de nous convaincre, par une foule de passages, que l'Eglise nous
> interdit absolument la Comédie, *en l'état qu'elle est*: alors nous
> cesserons d'y aller...[3]

Le ton désinvolte adopté par Racine ne se prête pas à un développement
en forme; mais l'écrivain, en passant, met le doigt sur la faiblesse
principale de ses adversaires, quand ils apportent pour preuves les écrits
des Pères: il ne suffit pas qu'ils soient nombreux («une foule de passages») et intransigeants (qu'ils interdisent «absolument la Comédie»);
encore faut-il qu'ils évoquent la réalité qui est la nôtre, et que la
condamnation qu'ils prononcent touche la Comédie «en l'état qu'elle est».

Si la littérature patristique prend une telle importance dans les
arguments anti-théâtraux, c'est principalement à cause du silence de
l'Ecriture Sainte sur la question des spectacles. Ce qui s'explique aisément
pour l'Ancien Testament et pour un peuple juif qui ignorait le théâtre[4],
est plus surprenant dans le cadre de l'orient romanisé où se développe le
premier christianisme. Saint Paul évoque bien le stade[5], mais à titre de
comparaison, pour donner une image de la vie du chrétien et non pour
condamner les divertissements des païens. Tertullien prend acte de ce
mutisme, et dans son *De spectaculis* choisit de l'affronter d'emblée,
comme une objection importante à laquelle il doit faire face:

> La foi de certains, ou trop simple ou trop tatillonne, réclame pour
> renoncer ainsi aux spectacles la garantie des Ecritures, et elle s'établit
> dans le doute, sous prétexte qu'une telle privation n'est pas notifiée
> aux serviteurs de Dieu de façon explicite et en toutes lettres.
> Certes nulle part nous ne trouvons (comme il a été mis en clair: «Tu
> ne tueras point, tu n'honoreras pas d'idole, tu ne commettras ni
> adultère ni vol») la formulation expresse: «Tu n'iras pas au cirque ni
> au théâtre; tu ne regarderas ni lutte ni combat sanglant».[6]

---

[3] *Lettre aux deux apologistes de l'auteur des* Hérésies Imaginaires (Racine, *O. C.*, Pléiade,
t. 2, p. 29). Je souligne.

[4] L'abbé Fleury ne manque pas d'évoquer ce point dans les *Mœurs des Israélites* (1681).
Voir *infra*.

[5] 1 Cor. 9 (24-27)

[6] Tertullien, *De Spectaculis*, III, 1-2 (traduction Marie Turcan).

Un des rares textes de l'Ancien Testament que Tertullien trouve finalement à invoquer est le Psaume 1, qui n'est rien moins qu'explicite.
L'auteur du *De spectaculis* s'acharne à démontrer que «l'assemblée des
impies», «la voie des pécheurs», «la chaire de corruption» (toutes
expressions qui figurent dans le premier verset du psaume) désigneraient
très justement les spectacles païens et leur public. La moisson reste quand
même pauvre. La «garantie des Ecritures» fait cruellement défaut à
Tertullien: ses descendants compenseront par la garantie de Tertullien
lui-même! L'objection n'en restera pas moins vivace, comme en
témoigne la remarque de Caffaro, au début de sa *Lettre d'un théologien
illustre*. Après avoir souligné l'abondance d'opinions contradictoires sur
la question du théâtre, l'opposition entre les Pères des premiers siècles et
les Docteurs de l'Ecole, le théatin poursuit:

> Nous aurions bientôt décidé la question, si l'Ecriture Sainte s'en
> expliquait de quelque manière que ce pût être; mais comme a fort bien
> remarqué Tertullien[7], nous n'y trouvons nulle part que, de même
> qu'elle défend en termes exprès d'adorer les idoles ou de commettre
> des homicides, des trahisons et des adultères, elle commande aussi
> expressément de n'aller point au cirque et au théâtre, de ne point voir
> les combats des gladiateurs, enfin de n'assister à aucun spectacle. Lisez
> et relisez l'Ecriture: vous n'y trouverez point de précepte formel et
> particulier contre la Comédie.[8]

L'autorité suprême faisant défaut, le débat s'oriente vers une controverse
érudite, où le choc des arguments d'autorité ne prend jamais un tour
décisif.

1 — Grandeur et décadence du genre théâtral

L'éclipse subie pendant quinze siècles par un art dont la naissance, en
Grèce, coïncida avec une moisson de chefs-d'œuvre, reste une forme de
mystère pour l'histoire littéraire. La croisade menée par l'Eglise naissante
contre le théâtre suffit-elle à expliquer cette longue parenthèse? Il n'entre
pas dans mon propos d'évoquer ici par quelles étapes et en surmontant

---

[7] La concession de Tertullien (*De Spectaculis*, III, 2) se transforme sous la plume de Caffaro
en véritable argument en faveur du théâtre.

[8] *Lettre d'un théologien illustre...*, in: Urbain-Levesque, p. 69-70.

quels obstacles, les humanistes de la Renaissance et leurs héritiers ont su redonner place à un théâtre profane, renouvelé de l'antique. Le fait est que les premiers dramaturges du XVIIe siècle et les doctes qui cherchaient à inspirer leur pratique, ont conscience de participer à la résurrection d'un genre. Ce sentiment n'est pas sans conséquences sur le débat moral.

Le cas de l'abbé d'Aubignac est symptomatique de la situation inconfortable dans laquelle se trouvent certains défenseurs de la Comédie. Quand en 1657 paraît son grand œuvre, la *Pratique du théâtre*[9], composée à l'instigation du Cardinal de Richelieu, d'Aubignac l'accompagne d'un *Projet pour le rétablissement du théâtre français*, dont la tonalité et l'objet ne devaient pas combler d'aise ceux de ses contemporains qui travaillaient pour le théâtre. L'auteur y considère en effet «les causes qui empêchent le théâtre français de continuer le progrès qu'il a commencé de faire depuis quelques années.»[10] D'Aubignac, on le voit, défend le théâtre de façon ambiguë, et son apologie, toujours conditionnelle, est prête à tout moment à retomber dans la censure. L'insistance même sur la notion de *rétablissement*, au détriment de celle de *progrès*, comporte une sévérité sous-jacente à l'égard des productions contemporaines et de l'art que l'ouvrage entend servir: l'âge d'or du théâtre, celui de l'antiquité, s'est perdu, comme les monuments eux-mêmes se sont détruits.

> Il faut [...] confesser que le théâtre était tombé d'un si haut point de gloire dans un si profond mépris, qu'il était bien difficile de le rétablir entièrement, et que dans sa chute il a reçu de si grandes plaies, qu'elles ne pouvaient être guéries qu'avec beaucoup de temps et de peines. Mais puisque la même main qui lui avait fait un si bon accueil n'a pas achevé son rétablissement, il n'y a guère d'apparence qu'il arrive jamais à sa perfection, et qu'il se soutienne même longtemps. Et sa rechute sera d'autant plus dangereuse, qu'il ne se trouve pas en tous les siècles de Génies pourvus de la suffisance, de la libéralité, de la pureté des mœurs, et des autres qualités nécessaires à ce dessein.[11]

La mise en garde l'emporte sur la satisfaction de voir renaître le genre antique. En fait, l'admiration nostalgique du docte abbé pour le rôle de

---

[9] *La Pratique du théâtre, Œuvre très nécessaire à tous ceux qui veulent s'appliquer à la composition des poèmes dramatiques, qui font profession de les réciter en public, ou qui prennent plaisir d'en voir les représentations.* Paris: Antoine de Sommaville, 1657, in-4°.

[10] *Projet pour le rétablissement du théâtre français*, annexe à *La Pratique du théâtre*, p. 499.

[11] *La Pratique du théâtre*, p. 16.

Richelieu, le rend impitoyable à tous les écarts survenus depuis la disparition du grand homme, et renvoie son idéal de *rétablissement* dans un passé déjà révolu.

En août 1666, d'Aubignac publie une *Dissertation sur la condamnation des théâtres*[12], où il reprend, en les développant, les thèses de son *Projet pour le rétablissement du théâtre français*. Il met toujours en avant la mutation du théâtre et se félicite que depuis 1640 environ, celui-ci se soit astreint à un strict respect des bienséances. Mais c'est une mutation fragile, dont il faut perpétuellement craindre la remise en cause.

> Depuis quelques années, notre théâtre se laisse retomber peu à peu à sa vieille corruption. [...] Les farces impudentes et les comédies libertines, où l'on mêle bien des choses contraires au sentiment de la piété et aux bonnes mœurs, ranimeront bientôt la justice de nos rois et y rappelleront la honte et les châtiments[13].

En partisan convaincu du théâtre, d'Aubignac écarte toutes les objections structurelles qu'avance la morale, et soutient qu'en soi, le genre n'a rien de répréhensible. Pour lui, l'opposition qu'a rencontrée la Comédie au cours des siècles est parfaitement justifiée par les dérèglements et les abus dans lesquels elle est tombée. Ces condamnations ne sont donc que conjoncturelles. C'est bien sur ce point qu'il provoque l'ire d'un Joseph de Voisin notamment. Mais de ces prémisses favorables, découle paradoxalement une position à la limite de l'hostilité. Obsédé par le souci de rétablir le genre dans toute sa noblesse, de le voir aussi inattaquable moralement qu'il l'était à l'origine, d'Aubignac en vient à témoigner une extrême rigueur à l'égard de certains auteurs, tel Molière, soupçonné de jeter à nouveau l'opprobre sur le théâtre.

> [Les comédiens] se sont abandonnés de nouveau à ces farces ridicules et malhonnêtes que feu M. le Cardinal de Richelieu avait bannies de la scène et ayant ressuscité les Turlupins, les Gautier-Garguilles et les

---

[12] Paris: N. Pépingué, 1666, in-12. C'est — rappelons-le — l'ouvrage qui suscita la réplique de l'abbé de Voisin, évoquée plus haut.

[13] D'Aubignac, *Dissertation sur la condamnation des théâtres*, p. 242.

Jodelets, qui sont les vrais histrions, ils ne doivent pas trouver étranges qu'on leur donne le nom des personnages qu'ils jouent.[14]

On voit ainsi étrangement un défenseur de la Comédie, reconnu comme tel et pris pour cible par les rigoristes, rejoindre l'argumentation des ennemis de Molière les plus acharnés. Dans ses *Observations sur une comédie de Molière intitulée le Festin de Pierre*, le sieur de Rochemont tenait-il en effet un autre discours? L'anonyme observateur, en qui l'on veut généralement reconnaître le janséniste Barbier d'Aucour, professe (fût-ce par simple opportunisme rhétorique) la plus vive admiration pour l'œuvre culturelle de Richelieu et affecte de reprocher à l'auteur de *Dom Juan* le coup d'arrêt donné au rétablissement du théâtre.

> Toute la France a l'obligation à feu Monsieur le Cardinal de Richelieu d'avoir purifié la comédie et d'en avoir retranché ce qui pouvait choquer la pudeur et blesser la chasteté des oreilles; il a réformé jusques aux habits et aux gestes de cette courtisane, et peu s'en est fallu qu'il ne l'ait rendue scrupuleuse; les vierges et les martyrs ont paru sur le théâtre, et l'on faisait couler insensiblement dans l'âme la pudeur et la foi avec le plaisir et la joie. Mais Molière a ruiné tout ce que ce sage politique avait ordonné en faveur de la Comédie, et d'une fille vertueuse il en a fait une hypocrite.[15]

Les ecclésiastiques qui entreprennent de s'exprimer en faveur de la Comédie, conscients de l'extrême virulence des Pères, se réfugient volontiers dans un éloge des origines. C'est le cas notamment du Père Caffaro, qui loue l'*Esope à la ville* de Boursault de ce que la pièce est faite «selon toutes les lois et *la première institution de la véritable comédie*»[16]. Le théatin expose d'ailleurs sans détour le principe qui gouverne l'ensemble de ses analyses:

---

[14] D'Aubignac, *ibid.*, p. 163. G. Couton, qui cite ce texte (Molière, *O. C.*, Pléiade, t. 1, p. 854) commente: «Si on veut bien se rappeler que les polémistes appellent couramment Molière Mascarille, on comprendra bien à qui l'abbé s'en prend. Molière à ses yeux compromet la cause du théâtre.»

[15] B.A. sieur de R[ochemont], *Observations sur une comédie de Molière intitulée le Festin de Pierre*, in: Molière, *O. C.*, Pléiade, t. 2, p. 1201.

[16] *Lettre d'un théologien illustre*, p. 89 (je souligne).

> Je ne trouve rien que de fort bon dans le premier dessein de la
> Comédie.[17]

Les défenseurs de la Comédie en viennent ainsi à imaginer un art
mythiquement parfait à son origine, vite dégénéré, notamment à l'époque
des Pères — ce qui explique le jugement de ceux-ci — et rétabli enfin
par les modernes. Une telle reconstruction, plus ou moins explicite, offre
l'avantage principal de tenir conjointement ces deux idées un peu
contradictoires:

1. Qu'on avait perdu le savoir faire des anciens, et qu'après une longue
éclipse le théâtre s'est rétabli.
2. Qu'on a progressé par rapport aux anciens quant aux exigences morales
et au rapport du théâtre avec la religion.

Le passé du théâtre, dont l'ombre s'étend sur toute la querelle classique,
cumule ainsi les fonctions de modèle et d'anti-modèle; les nouveaux
auteurs de Comédies peuvent se sentir maîtres, tout en se sachant élèves.

2 — La vocation religieuse du théâtre antique

L'origine religieuse du théâtre en Grèce est un point unanimement
admis par tous les protagonistes de la querelle au XVIIe siècle. L'évêque
Godeau, du temps où il s'estimait le précurseur et le héraut d'un nouvel
art chrétien — on verra que ces convictions connaîtront quelques
vicissitudes — ne manquait pas de faire remarquer cette antique affinité
entre la poésie, notamment dramatique, et la religion. L'avènement d'une
tragédie chrétienne s'inscrit ainsi dans une droite logique des genres —
convertie simplement, pour la plus grande gloire de Dieu.

> Il y a sujet d'espérer que la scène se pourra prendre bientôt sur les
> bords du Jourdain, de même que sur les bords du Tibre et du Tage;
> que le sang des Martyrs la rougira, et que la Virginité y fera éclater ses
> triomphes. Ce sera la ramener à son institution ancienne, et instruire les
> Spectateurs en les divertissant. Les Anciens appelaient la Poésie le
> langage des Dieux; et dans les Républiques bien réglées, elle faisait
> une partie de la religion et de la police. Car ou elle chantait les

---

[17] *Ibid.*, p. 90.

> louanges des Dieux dans les hymnes, au pied de leurs autels, ou elle
> décrivait leurs Généalogies, ou elle représentait dans les Tragédies les
> exemples de leurs vengeances, et par une adresse agréable, elle faisait
> du théâtre une école de vertu.[18]

A priori pourtant, sa corrélation avec le paganisme semblerait plutôt
devoir jouer contre le théâtre, frappé d'impiété par ses origines. Dans son
Idée des spectacles anciens et nouveaux (1668), ouvrage déjà évoqué,
l'abbé de Pure, qui refuse que son sujet ait la moindre implication morale
ou religieuse, s'applique à désacraliser le théâtre antique. S'il concède que
«la religion a donné la naissance et la durée à ces divertissements», c'est
pour mieux leur dénier cette nature prétendument religieuse. Il démystifie
les bénéfices surnaturels du théâtre et tient ses succès pour purement
médicinaux:

> On eut recours à des remèdes plus sûrs et plus innocents [que les
> prières] et disposant doucement les esprits à la joie [...] Le succès,
> quoique naturel, fit un des principaux mystères de leur religion.[19]

Point de mystère donc dans tout ceci, mais tout au plus une mystification;
point de valeur liturgique inhérente à la représentation théâtrale, mais le
simple résultat d'une mesure hygiénique «naturelle». Les bienfaits
psychologiques du théâtre s'expliquent sans qu'on recoure à une
intervention des dieux. Le motif véritable d'une telle réflexion est facile
à déceler: sous des apparences religieuses, le théâtre grec ne constituait
pas réellement un rite religieux; ceux qui voudraient aujourd'hui le récuser
à ce titre feraient fausse route. Le sophisme est certain, car on ne reproche
pas au théâtre son efficacité religieuse (une éventuelle puissance démonia-
que?), mais ses attaches avec la religion. Peu importe! De Pure atteste ici
indirectement le malaise d'un amateur moderne devant le caractère
religieux du théâtre, à son origine.

En réalité, comme le prouve le discours de Godeau, la fonction sacrée
du théâtre en Grèce est plutôt perçue, au XVIIe siècle, comme un
argument favorable aux défenseurs du théâtre chrétien et même, plus

---

[18] Antoine Godeau, *Poésies chrétiennes*, Pierre le Petit, 1660-1663, 3 vol. [1ère édition,
Œuvres chrétiennes, 1633], «Discours sur les ouvrages contenus en ce volume», t. 1,
p. 11 sq. Dans la première édition, le discours s'intitule «Discours de la Poésie chrétienne».
[19] Abbé de Pure, *op. cit.*, livre premier («Des anciens spectacles»), chap. 5 (section II: «De
l'origine des jeux de la scène. Des théâtres et de leurs beautés»), p. 80.

généralement, comme un brevet d'honorabilité donné au genre dans son ensemble. Née de la religion chez les Anciens, la Comédie ne présente pas d'incompatibilité avec la religion, même si au paganisme s'est substituée la Foi véritable. Molière, dans la Préface de *Tartuffe*, juge l'argument favorable à sa cause:

> La Comédie, chez les anciens, a pris son origine de la religion et faisait partie de leurs mystères.[20]

N'est-ce pas la marque que le reproche fait à *Tartuffe* d'avoir traîné la religion sur la scène, est un mauvais procès? À cette référence antique, on ajoute habituellement — et Molière ne s'en prive pas — une allusion à l'Hôtel de Bourgogne, principal théâtre parisien, où avaient été autrefois représentés des mystères, et qui restait encore propriété des Confrères de la Passion. Converti de son idolâtrie première, le théâtre conserverait seulement de ses origines une vocation religieuse, qu'on ne saurait interpréter à son préjudice.

Une deuxième raison, d'un autre ordre, explique la gêne des adversaires du théâtre devant ces rappels historiques. L'insertion du théâtre grec dans les cérémonies païennes marque une nette différence entre la Comédie des anciens et celle du XVIIᵉ siècle; elle ôte par là de leur actualité, et donc de leur autorité, aux Pères de l'Eglise. Une partie importante de leur argumentation a perdu sa pertinence. Cette dimension du problème est suggérée notamment, au détour d'une phrase, chez Alexandre Varet, dont le discours contre la Comédie constitue comme un état élémentaire de la question. Le grand vicaire de Sens, et ami de Nicole, construit toute sa démonstration autour d'une thèse essentielle: les décisions des Pères de l'Eglise gardent toute leur modernité, notamment celles qui concernent le théâtre. Mais les textes mêmes démentent parfois cette modernité.

> Je sais bien que les Pères ont insisté particulièrement sur ce qu'il n'y avait point de spectacle qui ne fût dédié à quelque fausse divinité, et qui ne tînt dans son origine, ou dans son exécution, quelque chose de l'idolâtrie. Mais aussi je sais que...[21]

---

[20] Préface de *Tartuffe*, *O. C.*.1, p. 884.

[21] Varet, *De l'Education chrétienne des enfants, selon les maximes de l'Ecriture Sainte et les Instructions des Saints Pères de l'Eglise* (1666), chap. VIII, «Avis touchant les

La structure rhétorique du passage révèle sans ambiguïté le statut de l'argument. Varet mentionne, à contrecœur, la nature religieuse du théâtre païen, comme une objection possible, à laquelle il ne souhaite pas accorder d'importance. Ce point majeur dans la critique des Pères, n'est pas de nature à renforcer les adversaires du théâtre dans leur position.

3 — L'autorité des Pères

Dans la mesure — considérable — où la querelle de la moralité du théâtre se confond avec une querelle d'autorités, on conçoit aisément qu'il soit d'une première importance stratégique, pour chaque camp, d'établir ou inversement d'ébranler les autorités invoquées. Les défenseurs du théâtre se font ainsi les farouches tenants d'un historicisme radical, aux conséquences implacables: le théâtre d'aujourd'hui n'est plus celui que condamnaient les Pères, leur autorité n'a donc plus lieu de s'exercer. Cette historicisation du débat rejoint les tendances d'une érudition moderne. M. Fumaroli y voit une posture «caractéristique de l'argumentation humaniste: la théologie "positive" et l'histoire du droit avaient montré la voie»[22]. Il n'est plus question, quelle que soit la vénération qu'on éprouve pour saint Cyprien ou saint Augustin, d'appliquer leurs prescriptions, sans tenir compte du lieu, de l'époque, des réalités concrètes qui éclairent, et parfois même expliquent leur enseignement.

Le débat se structure ainsi selon une première répartition des thèses, parfaitement logique: les défenseurs du théâtre insisteront sur l'*historicité* de l'objet, les adversaires du théâtre s'attacheront à la *permanence* du genre. Parmi les premiers, les plus sensibles à l'évolution du genre dramatique sont peut-être les auteurs eux-mêmes. On leur oppose des considérations abstraites et morales sur leur art: eux qui éprouvent à chaque instant la mutation du théâtre, les exigences toujours plus strictes des règles, les attentes changeantes du public; eux qui peuvent mettre en balance les textes dont ils s'inspirent et leurs propres productions, sont bien placés pour témoigner que la Comédie a évolué. Dans la lettre préface de *Théodore* (1646), Corneille l'exprime vigoureusement. Avec autant de déférence que de netteté, il écarte les censeurs qu'on veut lui donner.

---

comédies», p. 287.

[22] «La querelle de la moralité du théâtre au XVIIe siècle», p. 79.

> J'oserai bien dire que ce n'est pas contre des comédies pareilles aux nôtres que déclame saint Augustin, et que ceux que le scrupule ou le caprice ou le zèle en rend opiniâtres ennemis n'ont pas grande raison de s'appuyer de son autorité. C'est avec justice qu'il condamne celles de son temps qui ne méritaient que trop le nom qu'il leur donne de spectacles de turpitude; mais c'est avec injustice qu'on veut étendre cette condamnation jusqu'à celles du nôtre, qui ne contiennent pour l'ordinaire que des exemples d'innocence, de vertu, et de piété.[23]

S'il ne met aucunement en cause les décisions de saint Augustin en son époque, Corneille refuse que l'évêque d'Hippone puisse soutenir de son autorité des moralistes qui ne sont guidés en fait que par «le scrupule», «le caprice» ou «le zèle» — motivations plus ou moins estimables, assimilées dans une ironique accumulation.

Molière reprend exactement la même ligne de défense dans la préface de *Tartuffe*.

> On ne doit point aussi vouloir interdire la Comédie, pour avoir été censurée en de certains temps. Cette censure a eu ses raisons, qui ne subsistent point ici. Elle s'est enfermée dans ce qu'elle a pu voir; et nous ne devons point la tirer des bornes qu'elle s'est données, l'étendre plus loin qu'il ne faut, et lui faire embrasser l'innocent avec le coupable. La Comédie qu'elle a eu dessein d'attaquer n'est point du tout la Comédie que nous voulons défendre. Il se faut bien garder de confondre celle-là avec celle-ci. Ce sont deux personnes de qui les mœurs sont tout à fait opposées. Elles n'ont aucun rapport l'une avec l'autre que la ressemblance du nom.[24]

Pour l'auteur de *Théodore* comme pour celui de *Tartuffe*, les moralistes seraient victimes d'un effet d'homonymie. Sous prétexte que le nom est resté le même, ils refusent d'admettre que la réalité est tout autre; que derrière le mot de 'Comédie' se cachent des spectacles sans commune mesure. Les Pères de l'Eglise ne se sont de fait jamais exprimés sur les questions où l'on affecte de les consulter.

Dans le camp opposé, on tient inversement qu'il existe une permanence essentielle, de l'antiquité chrétienne au siècle de Louis XIV. Alexandre Varet, qui fait reposer toute son argumentation sur cette idée

---

[23] Corneille, *O. C.*, Pléiade, t. 2, p. 270.
[24] Molière, *O. C.*, Pléiade, t. 1, p. 887.

de permanence, trouve dans la lettre préface de *Théodore* — qu'il cite à plusieurs reprises — l'expression de ce relativisme, contre lequel il s'est donné pour mission de lutter.

> Je sais bien que l'on prétend qu'il faut faire beaucoup de distinction entre les comédies de ce temps-ci, et celles que les saints Pères ont condamnées dans le leur; et que si celles contre lesquelles ils ont fait paraître tant de zèle méritaient le blâme qu'ils leur ont donné, celles qui se représentent aujourd'hui sur les théâtres ne sauraient assez recevoir de louange, *parce qu'elles ne contiennent pour l'ordinaire que des exemples d'innocence, de vertu, et de piété.*[25]

L'*Avis touchant les Comédies*, composé pour sa plus grande part d'emprunts à Tertullien et à saint Jean Chrysostome, proclame «combien est imaginaire la différence que l'on prétend mettre entre les comédies de ce temps-ci et les spectacles des anciens». Mais la démarche de Varet est passablement circulaire: il ne parvient à cette conclusion qu'en recourant aux textes patristiques, dont l'autorité était précisément le point à établir. Sa thèse majeure[26] est à la fois l'hypothèse et l'aboutissement de son discours:

> Tertullien ne dit donc rien contre les spectacles des anciens, qui ne se puisse appliquer avec justice aux comédies de notre temps. [...] Tout ce que saint Cyprien ou l'auteur du traité des spectacles, qui est entre ses ouvrages, tout ce que Salvien et tout ce que les autres Pères de l'Eglise ont dit contre les spectacles des anciens, retombe naturellement sur les comédies de ce temps-ci.[27]

L'affirmation est péremptoire; ses motifs sont clairs; elle aurait cependant plus de poids si elle s'accompagnait d'examens concrets. En fait, à l'exception d'une analyse relativement détaillée de *Théodore* — sa seule référence théâtrale — le moraliste s'en tient à un niveau de généralité où la nature exacte du spectacle théâtral n'a visiblement pas de place. Les

---

[25] Varet, *op. cit.*, p. 271.

[26] Thèse qui correspond d'ailleurs au principe de rédaction de tout le traité, que Varet expose franchement dans une épître liminaire: «Ayant puisé tout ce que je vous présente dans les livres sacrés et dans les Ecrits des Pères de l'Eglise, je puis vous assurer que je n'ai que la moindre part à cet ouvrage.» (Epître à sa sœur, p. 11).

[27] Varet, *op. cit.*, pp. 285-286.

perspectives qu'il retient ne sont guère sujettes à connaître des évolutions. Pour le janséniste Varet, le théâtre est une réalité très abstraite, une manifestation de cette unique et immuable tentation qu'est pour l'homme le Divertissement.

> Les chrétiens de ce temps-ci sont-ils moins obligés que ceux du temps de Tertullien à quitter les passions du siècle, et à mortifier en eux les désirs qui les portent à la recherche des plaisirs et des divertissements?[28]

Une telle question peut, il est vrai, traverser les siècles dans les mêmes termes, quels que soient les avatars de la Comédie.

Sous une forme plus brève — il s'agit d'une lettre — on retrouve chez un autre janséniste, Antoine Singlin, la même insistance sur la permanence de la Comédie à travers les siècles et l'autorité qu'en retire le jugement des Pères de l'Eglise.

> C'est la Comédie même que les Pères condamnent, non quelques mots; et c'est par des raisons immuables, puisqu'elles sont attachées à *l'essence de la chose même*.[29]

La moralisation des spectacles, l'élimination des abus de tous ordres, de la cruauté, des obscénités qui caractérisaient les spectacles de l'antiquité chrétienne, tous ces phénomènes se réduisent pour Singlin à des aspects contingents, à «quelques mots». Là où Corneille distingue et détaille des pratiques artistiques en constante mutation, Singlin ne veut voir qu'une *essence*, définie et évaluée une fois pour toutes par des hommes inspirés et irrécusables. Le refus de considérer la Comédie comme un objet historique, ou du moins de porter attention à ses aspects historiques, est caractéristique au XVIIe siècle d'une approche hostile au théâtre.

4 — Le paradoxe de Senault

Sur le problème de l'évolution de la Comédie, Singlin et Varet développent l'argumentation la plus simple et la plus logique: les censeurs

---

[28] Varet, *op. cit.*, p. 281.

[29] Antoine Singlin, *Lettre à la Duchesse de Longueville* (≈ 1661), *in*: *Mémoires* de Nicolas Fontaine, Bibl. de l'Institut, Mss. 667 (p. 204-209). Je souligne.

restent fiables, car l'objet de leur censure n'a connu aucune modification essentielle. Une telle position a le bénéfice de la netteté; elle pâtit cependant d'être en contradiction avec le bon sens élémentaire, tant il est évident qu'entre la Comédie du XVIIe siècle et les spectacles contre lesquels tonnaient les premiers Pères, les différences sont énormes. Il s'ensuit que chez des adversaires du théâtre plus subtils, l'argumentation prend un autre tour, paradoxal et presque pervers. Au lieu de s'accrocher à une conception essentialiste et intangible du théâtre, ils concèdent aux défenseurs du genre qu'il y a eu évolution, mais c'est pour montrer à terme que cette évolution a rendu le théâtre encore plus pernicieux.

L'oratorien Senault est un des premiers à formuler un paradoxe, destiné à être repris par tous les adversaires de la Comédie. Dans *Le Monarque*, ouvrage dédié à Louis XIV au moment de son accession au pouvoir personnel, l'auteur envisage tour à tour tous les «devoirs du souverain». Le destinataire du traité étant connu pour son amour des fêtes et des spectacles, le moraliste, quand il aborde ce sujet[30], observe une grande retenue dans ses arrêts. Il n'est pas question pour lui de condamner des divertissements qui participent à l'image royale.

> Il semble que c'est en ces occasions que le Prince fait paraître sa magnificence, qu'il divertit ses sujets, qu'il exerce sa noblesse, qu'il ravit même ses alliés, et qu'il donne des marques de sa grandeur et de son adresse. Il faudrait être tout à fait injuste pour condamner les tournois, les courses de bague, les combats à la barrière, et tous ces autres exercices qui sont en usage depuis la naissance des monarchies.[31]

Mais à la différence de toutes ces réjouissances, que le rigoriste Senault tolère comme par raison d'Etat, la Comédie échappe au monde particulier de la Cour; elle se répand et fait partie des «réjouissances publiques». C'est à elle seule que l'oratorien réserve ses attaques. Il le fait cependant avec diplomatie, sans oublier qu'il s'adresse à des amateurs et à des habitués, qui ne se laisseront pas abuser par une caricature; sans contester donc l'étendue de ses charmes et l'honnêteté de son apparence.

---

[30] Jean-François Senault, *Le Monarque ou les devoirs du souverain* (1662): 4e traité («Des devoirs du Roi envers soi-même»), 7e discours («De la magnificence des Princes dans les habits, dans les festins et dans les spectacles publics»).

[31] Senault, *op. cit.*, p. 204-205.

> Mais si nous en voulons juger sans prévention, nous avouerons que plus [la Comédie] est charmante, plus elle est dangereuse; et j'ajouterais même que plus elle semble honnête, plus je la tiens criminelle. Le plaisir fait entrer insensiblement toutes les choses du monde dans notre esprit, et il n'y a rien de si mauvais qui n'y soit fort bien reçu quand il est accompagné de ce poison agréable.[32]

Senault reconnaît que la Comédie est agréable, qu'on est fondé à ressentir ses charmes et qu'elle produit même une impression d'honnêteté. Retraite rhétorique et habile, qui excuse l'amateur sans pourtant rien lui abandonner d'essentiel. Il est pris acte d'une évolution des spectacles, de la disparition des grossièretés dont le raffinement moderne ne saurait se satisfaire. Evidemment, cette honnêteté que concède le moraliste n'est qu'une apparence d'honnêteté (la Comédie «semble honnête», ce n'est pas dire qu'elle le soit réellement devenue). Mais cette apparence est bel et bien une forme de progrès. Or un tel progrès, soutient Senault, aboutit à une dégradation. Les spectacles d'autrefois au moins sécrétaient leur propre antidote à l'égard d'une élite, détournée par des obscénités et des inconvenances manifestes. Une Comédie charmante et qui se maintient dans les bornes de l'honnêteté, contente les exigences de raffinement et apaise les scrupules moraux; elle endort notre méfiance. L'adversaire qu'ont combattu les Pères de l'Eglise a effectivement changé; en gagnant en dignité, il est devenu plus dangereux. La lutte n'en paraît que plus nécessaire à Senault. «Plus [la Comédie] semble honnête, plus je la tiens criminelle».

Rares sont les ennemis du théâtre qui renoncent à un raisonnement aussi commode[33]. Il consiste en somme à rétorquer le plaidoyer habituel de la défense: c'est la purification de la scène, si chère à d'Aubignac, qui devient un argument à charge. Tous les amendements concrets que l'on viendrait à évoquer prennent dans cette optique le caractère de circonstances aggravantes. La formule brutale de Senault impose un changement de

---

[32] Senault, *op. cit.*, p. 205-206.

[33] Une ultime variation, inattendue, sur le paradoxe de Senault se rencontre au beau milieu du XVIIIᵉ siècle, dans la *Lettre à d'Alembert*. Rousseau achève en effet son réquisitoire contre le théâtre en minimisant la nocivité des spectacles populaires qui sont tolérés, à Genève, à l'occasion des foires: «Si ces fades spectacles manquent de goût, tant mieux: on s'en rebutera plus vite; s'ils sont grossiers, ils seront moins séduisants. Le vice ne s'insinue guère en choquant l'honnêteté, mais en prenant son image; et les mots sales sont plus contraires à la politesse qu'aux bonnes mœurs.» (p. 231)

perspective, que Conti développe, dans son *Traité de la Comédie et des spectacles*.

> Quoiqu'on veuille dire que le théâtre ne souffre plus rien que de chaste, et que les passions y sont traitées de la manière du monde la plus honnête, je soutiens qu'il n'en est pas moins contraire à la religion chrétienne. Et j'ose même dire que cette apparence d'honnêteté et le retranchement des choses immodestes le rend beaucoup plus à craindre. Il n'y aurait que les libertins qui pussent voir les pièces déshonnêtes: les femmes de qualité et de vertu en auraient de l'horreur, au lieu que l'état présent de la Comédie ne faisant aucune peine à la pudeur attachée à leur sexe, elles ne se défendent pas d'un poison aussi dangereux et plus caché que l'autre qu'elles avalent sans le connaître, et qu'elles aiment lors même qu'il les tue.[34]

Sans dissimuler ce que cette opinion a de paradoxal («j'ose même dire que...»), Conti prononce une certaine apologie du théâtre déshonnête, celui qui affiche ses dispositions libertines et effraie le public chaste («les femmes de qualité et de vertu»). Purifiée, la Comédie s'est banalisée; sa nocivité demeure, elle ne paraît plus. Quel est le bénéfice de la situation? Reste bien sûr un point dont dépend toute la validité du raisonnement: un poison est plus à craindre quand il a bon goût, soit, mais ce n'est pas son bon goût qui en fait un poison! La moralisation du théâtre, si elle peut se révéler pernicieuse, n'est pas en soi un motif de blâme. Le paradoxe de Senault a pour objet d'écarter du débat les protestations de vertu, de dissiper la bonne conscience alimentée par une prétendue purification du théâtre. Mais le principal reste à prouver, à savoir la menace que représente la Comédie dans son essence, l'incompatibilité profonde qui l'opposerait à la religion chrétienne.

Il arrive parfois qu'un paradoxe se retourne contre son auteur. Racine en donnera ici un exemple qui met bien en lumière la plasticité du paradoxe de Senault et son opportunisme. Port-Royal, bastion de la lutte contre le théâtre au XVIIe siècle, avait fait publier, parmi de nombreux travaux de traduction, un choix de pièces de Térence[35]. Cet hommage rendu à un auteur dramatique pouvait passer pour une inconséquence.

---

[34] Conti, *Traité de la Comédie et des spectacles*, éd. L. Billaine (1667), pp. 30-31.

[35] *Comédies de Térence traduites en français, avec le latin à côté, et rendues très honnêtes en y changeant fort peu de choses*; œuvre de le Maistre de Sacy, cette traduction de Térence date de 1647.

Corneille, entre autres, ne se priva pas de le souligner, avec une ironie nourrie d'exaspération.

> La Comédie est assez justifiée par cette célèbre traduction de la moitié de celles de Térence, que des personnes d'une piété exemplaire et rigide ont donnée au public, et ne l'auraient jamais fait, si elles n'eussent jugé qu'on peut innocemment mettre sur la scène des filles engrossées par leurs amants, et des marchands d'esclaves à prostituer.[36]

Les Solitaires se retranchaient derrière le méticuleux travail d'adaptation (nous parlerions plus volontiers de censure) auxquels ils s'étaient livrés: l'ouvrage se flatte dans son titre d'allier fidélité et scrupule moral, de livrer des pièces *rendues très honnêtes en y changeant fort peu de choses*. Mais que penser de cette purification? Avec une logique impeccable, Racine rappelle malicieusement à Nicole le paradoxe que ses amis et lui répandent à propos de la moralisation du théâtre: l'apparence d'honnêteté est pire que la franche obscénité. En purgeant les comédies de Térence de leurs passages scabreux, les Messieurs de Port-Royal ne les rendent-ils pas encore plus dangereuses?

> De quoi vous êtes-vous avisés de mettre en français les comédies de Térence? Fallait-il interrompre vos saintes occupations pour devenir des traducteurs de comédies? [...] Vous direz peut-être que vous en avez retranché quelques libertés; mais vous dites aussi que le soin qu'on prend de couvrir les passions d'un voile d'honnêteté ne sert qu'à les rendre plus dangereuses. Ainsi vous voilà vous-mêmes au rang des empoisonneurs.[37]

Et de fait, Desmarets — la cible de Nicole dans cette polémique — n'avait pas échappé (avec tous les auteurs de pièces et de romans) à la rituelle accusation paradoxale. Racine ne fait que reprendre les termes de la première *Visionnaire*.

> Plus [Desmarets] a eu soin de couvrir d'un voile d'honnêteté les passions criminelles qu'il y décrit, plus il les a rendues dangereuses,

---

[36] Corneille, préface d'*Attila* (*O. C.*, Pléiade, t. 3, p. 642).
[37] *Lettre à l'auteur des* Hérésies Imaginaires *et des deux* Visionnaires (Racine, *O. C.*, Pléiade, t. 2, p. 21).

et capables de surprendre et de corrompre les âmes simples et innocentes.[38]

5 — *Apologies de l'Antiquité*

Entre Singlin, qui met en avant l'immuable essence de la Comédie, et Senault, qui ne reconnaît une évolution que pour alourdir le réquisitoire, la distance — on le sent — n'est pas considérable. Ce n'est somme toute qu'une question d'accentuation. Singlin ne disconvient d'ailleurs pas des menues différences que présente le théâtre de son époque. L'important pour lui est que «la substance des choses» est restée la même. La Comédie que condamnaient les Pères a revêtu un «déguisement», sans que rien d'essentiel en elle n'ait été modifié. Et aux termes convenus de *purification*, ou de *rétablissement*, il préfère l'expression de «tempérament extérieur», désignant par là une atténuation des défauts, mais seulement superficielle. Quant à son appréciation globale, elle n'est pas pour surprendre.

> Ce déguisement augmente le mal au lieu de le diminuer; c'est un ennemi caché qui se glisse plus avant. C'est le démon qui est l'auteur de ce tempérament extérieur.[39]

Conti, cependant, va bien plus loin dans la reconnaissance d'une évolution de la Comédie: il ne recule pas devant une véritable justification du théâtre antique. Pour renforcer ses attaques contre les auteurs de son époque, il multiplie les marques d'estime à l'égard des œuvres originelles. Il admet que «le but des premiers tragiques a été bon» et, compte tenu de leurs intentions pédagogiques, compare même les tragédies aux «paraboles des Hébreux». Leur enseignement ne saurait certes satisfaire des chrétiens, à qui la Vérité a été révélée, mais cela ne tient pas structurellement au genre dramatique, aussi vertueux que le permettait une connaissance imparfaite de la vertu. Loin, comme Singlin, de condamner *l'essence de*

---

[38] Nicole, *Visionnaires* (Liège, Adolphe Beyers,1667), Lettre XI. Ou *Première Visionnaire*, t. 2, p. 51.

[39] Antoine Singlin, *loc. cit.* (Il faut avoir recours au manuscrit de Fontaine pour lire ce passage et notamment l'expression de «tempérament extérieur». L'éditeur des *Mémoires* de Fontaine, dans lesquelles figure la Lettre de Singlin, a supprimé cette formule ramassée qui lui semblait sans doute obscure).

la chose même, Conti disculpe le théâtre en soi, au moins dans ses productions les plus nobles.

> Il n'y a rien dans la nature de la tragédie, ni de la tragi-comédie, qui puisse nous les faire désapprouver.[40]

Au contraire, de par sa fonction religieuse, la tragédie antique mérite un certain respect. En projetant des catégories propres au christianisme, Conti lui assigne une mission qui lui semble très nécessaire: suppléer au manque d'une liturgie de la parole dans le culte païen.

> Les anciens, voulant instruire les peuples, et la forme de leur culte n'admettant que des sacrifices, et des cérémonies sans aucune exposition, ni interprétation de leur religion, qui n'avait point de dogmes certains, ils les assemblaient dans les places publiques [...] et ils leur inspiraient par le moyen des spectacles les sentiments qu'ils prétendaient leur donner, croyant avec raison qu'ils étaient plus susceptibles de recevoir une impression forte, par l'expression réelle d'une personne considérable, que par toutes les instructions qu'ils eussent pu recevoir d'une autre manière plus simple et moins vive. La plupart des tragédies de Sophocle et d'Euripide sont de cette nature.[41]

Le théâtre antique, en tant que religieux et édifiant par nature, était défendable (au moins au regard des valeurs païennes, les chrétiens n'ayant quant à eux aucun bénéfice à en escompter); le théâtre moderne, privé de sa dimension religieuse, ne peut en revanche se prévaloir de la même respectabilité.

Soucieux de détourner les foudres des Pères, les défenseurs du théâtre insistent sur la disparité entre les époques. Conti le leur accorde, mais au nom d'une analyse bien différente: en soutenant que s'est produite une détérioration continue; que les siècles n'ont fait qu'ajouter «plus de corruption dans le choix des sujets et dans la manière de les traiter». Aussi la Comédie antique ne représente-t-elle pas un anti-modèle, mais un exemple de moralité, qui fait ressortir la déchéance du genre à l'époque moderne.

---

[40] Conti, *op. cit.*, p. 18.
[41] *Ibid.*, p. 19-20.

> Il est très certain que c'est à tort qu'on prétend justifier [les Comédies]
> de ce temps par l'exemple des anciennes, rien n'étant si dissemblable
> qu'elles le sont.[42]

La stratégie naturelle des adversaires du théâtre se trouve résolument inversée: au lieu d'affirmer, pour préserver l'autorité des Pères de l'Eglise, que l'objet de leur condamnation n'a pour ainsi dire pas varié, on en vient à soutenir que, si quelque indulgence pouvait se concevoir, ce sont les anciens auteurs qui devraient en bénéficier. Les Pères de l'Eglise ont eu certes raison de s'élever contre le théâtre, car la vocation chrétienne est incomparablement plus exigeante; mais à juger les choses sans la lumière de la Foi, «il serait difficile de blâmer la Comédie dans les païens»[43].

Le raisonnement, à dire vrai, ne s'applique qu'à la tragédie. Le mime et la pantomime, ancêtres à des titres divers des farces et comédies, ne sauraient se prêter à une telle exaltation du passé au détriment du présent. Mais comme les rigoristes du XVIIe siècle prétendent montrer l'immoralité de Corneille et des tragédies les plus honnêtes, le parallèle leur semble probant. A l'art noble de Sophocle, s'opposent les accents ambigus du *Cid*, l'apologie de la passion dont les auteurs modernes ont fait leur sujet de prédilection. Bossuet, de la même manière, entreprend de rabaisser le théâtre du grand siècle, par un éloge relatif, mais déterminé, de la tragédie antique.

> On rejette en partie sur les libertés et les indécences de l'ancien théâtre
> les invectives des Pères contre les représentations et les jeux scéniques.
> On se trompe si on veut parler de la tragédie, car ce qui nous reste des
> anciens païens en ce genre-là (j'en rougis pour les chrétiens) est si fort
> au-dessus de nous en gravité et en sagesse, que notre théâtre n'en a pu
> souffrir la simplicité [...] et toutefois ce tragique si sérieux parmi eux,
> était rejeté par leurs philosophes.[44]

Le polémiste gagne sur les deux tableaux: d'une part, la gravité et la sagesse des anciens païens confondent par contraste la frivolité moderne; d'autre part l'intransigeance des philosophes de l'époque envers un «tragique si sérieux» justifie *a fortiori* l'entreprise de Bossuet lui-même.

---

[42] *Ibid.*, p. 21.

[43] *Ibid.*

[44] *Maximes et réflexions sur la Comédie*, chap. 15 (Urbain-Levesque, pp. 213-214).

On notera ici que l'autorité des Pères et leurs «invectives» passent au second plan.

Sans se lancer dans un éloge aussi marqué du théâtre antique, Barbier d'Aucour à sa manière, aboutit par un biais original à minimiser sa nocivité. Se faisant l'avocat de Nicole, dans la querelle qui l'oppose à Racine, il doit répondre aux moqueries concernant la traduction de Térence. Après quelques tentatives embarrassées pour montrer que les corrections introduites ne sont pas «un voile d'honnêteté», mais qu'elles suffisent à rendre le texte de Térence parfaitement acceptable, il produit un ultime argument d'ordre plus général: en tant qu'œuvres de l'Antiquité, ces pièces n'offrent pas de danger majeur. Les comédies anciennes sont en effet bien moins à craindre, non par leur nature, mais par l'effet mécanique du temps qui a passé.

> Encore que toutes les comédies soient dangereuses [...] celles des anciens le sont beaucoup moins que celles qu'on fait aujourd'hui. Ces dernières nous émeuvent d'ordinaire tout autrement, parce qu'elles sont prises sur notre air et sur notre tour; que les personnes qu'elles nous représentent sont faites comme celles avec qui nous vivons, et que presque tout ce que nous y voyons, ou nous prépare à recevoir les impressions de quelque chose de semblable que nous trouverons bientôt, ou renouvelle celles que nous avons déjà reçues.[45]

Autrement dit, Sophocle et Térence, avec le temps, ont perdu leur nocivité; ils ont pris l'innocente patine des vestiges culturels, alors que Racine ou Molière, dans toute la virulence de leur modernité, doivent être vigoureusement combattus[46]. Si l'éloge du dramaturge latin est ici très relatif, et strictement conjoncturel, le résultat n'en est pas moins net. On voit, comme chez Conti ou Bossuet, un adversaire de la Comédie parler

---

[45] Barbier d'Aucour, *Réponse à la lettre adressée à l'auteur des* Hérésies Imaginaires. *In*: Racine, G.E.F., t. IV, p. 326.

[46] Cet argument de la moralité relative des écrits, fluctuant avec le temps, se retrouve encore au XIXe siècle sous la plume de Sainte-Beuve, lequel partage avec Port-Royal une analyse de la littérature en termes de contamination: «Les écrits, en s'éloignant de nous, perdent souvent ce qu'ils avaient d'actuellement émouvant et de contagieux au moment où ils parurent; [...] la distance permet, quand une part de génie les a dictés, d'en suivre les mérites, d'en observer et d'en discerner les traits, sans plus rien de cette confusion de la vie avec l'œuvre, ni de cette fièvre morale que le voisinage et la production récente inoculent.» (*Port-Royal*, Pléiade 1, p. 833).

en faveur du théâtre idolâtre des païens! Les détours de la polémique sont imprévisibles.

6 — *Le système de références*

La question du théâtre antique et celle — connexe — des autorités patristiques prennent, dans la polémique, une place écrasante, dont on peut être surpris aujourd'hui. Racine se moque bien du recours permanent de Port-Royal aux Pères de l'Eglise:

> Je ne doute point que vous ne vous justifiiez par l'exemple de quelque Père: car qu'est-ce que vous ne trouvez point dans les Pères?[47]

Mais la lettre de Caffaro, à la fin du siècle, quoique moderne dans sa teneur, est encore nourrie de références patristiques. Notons une fois encore que le problème essentiel qui se pose dans cette optique, est celui de l'évolution du spectacle théâtral: sur les valeurs morales et religieuses, l'accord est théoriquement absolu. Molière, pas plus que Corneille ou d'Aubignac, ne mettent en cause l'autorité de saint Augustin, sa compétence morale, y compris sur la question des spectacles.

Il fallait commencer notre examen de l'argumentaire anti-théâtral par ce premier champ, eu égard à son étendue. Ne nous masquons pas que sur le plan théorique, notre moisson, si elle devait s'arrêter là, serait bien décevante! Si l'on reprend cependant un peu de hauteur, il reste à présenter, sous une forme nécessairement schématique, ce qui en toute cette affaire recèle pour nous le plus d'intérêt: les filiations philosophiques revendiquées et le partage qui se constitue entre les références de chaque camp.

Quels que soient les affinements qu'il faille apporter à ce schéma et les tentatives des penseurs du XVIIe siècle pour en contester la validité, le système de références des partisans et adversaires du théâtre est clairement structuré à l'époque classique par un double couple d'autorités antagonistes.

Dans le champ de la philosophie antique, ce sont Platon et Aristote qui représentent les deux pôles idéologiques à l'égard du théâtre: le premier condamnant la *mimèsis* théâtrale comme l'exemple même de la

---

[47] *Lettre à l'auteur des* Hérésies Imaginaires *et des deux* Visionnaires (Racine, *O. C.*, Pléiade, t. 2, p. 23).

conduite anti-philosophique, qui se complaît dans les apparences et renonce à accéder aux authentiques réalités; le second analysant en technicien le fonctionnement et les effets bénéfiques de la représentation théâtrale. Deux textes sont ainsi en permanence sous-jacents, cités parfois, toujours présents: la *République* et la *Poétique*.

Nicole et les adversaires de la Comédie s'inscrivent nettement dans une filiation platonicienne. L'absence de référence (même critique) à la *catharsis*, dans les textes hostiles au théâtre, est sur ce point très cohérente. La notion — aristotélicienne — n'appartient pas au système de référence de Nicole. En contraste avec la perspective délibérément métaphysique de Platon, l'auteur de la *Poétique* adopte un point de vue qu'on pourrait qualifier de médical (la métaphore même de *catharsis* — purgation — en témoigne): Aristote envisage la tragédie comme un objet quelconque au sein de la cité — objet qu'il définit en fonction d'une utilité intramondaine. Corneille, qui ne comprend pas vraiment la notion de *catharsis*, en propose, sans grande conviction d'ailleurs, une interprétation moralisante: ainsi entendu, le concept pourrait certes s'insérer dans un débat sur la moralité du théâtre. Mais la notion de *catharsis*, telle qu'elle a été forgée par Aristote, ne s'y prête pas de façon satisfaisante; ce n'est pas une notion morale. Isolée au sein des spéculations confuses de son époque, la conception racinienne de la *catharsis* tranche, manifestant une autre logique et d'autres préoccupations que le système dans lequel les adversaires du théâtre sont parvenus à installer le débat[48]. A partir des gloses portées par Racine en marge de son édition de la *Poétique*, on pourrait poser de façon fructueuse le problème rituel du sens authentique de la notion aristotélicienne. On s'éloignerait cependant des questions suscitées par la querelle de la moralité du théâtre. Le cadre de cette étude interdit ainsi de prêter à l'idée de *catharsis* l'attention qu'elle mérite.

Il semble que dans sa condamnation de la *mimèsis* théâtrale, Platon se place prioritairement du côté de l'acteur (le mime peut-il être homme de bien? La cité peut-elle l'accueillir?) Nous ne serons pas surpris de voir, dans la querelle de 1660, l'importance que prend la question du comédien. Aristote au contraire, qui professe le plus grand désintérêt pour les aspects concrets du théâtre, s'attache au processus de la *mimèsis*, à l'effet de la

---

[48] Cette conception ressort de la traduction que propose Racine du passage épineux de la *Poétique*. Voir: Racine, *Principes de la tragédie en marge de la* Poétique *d'Aristote*, et le brillant commentaire d'Eugène Vinaver, pp. 58-61.

représentation (ce que Nicole et ses amis rejettent sous le vocable de 'métaphysique'). Aristote se place essentiellement du côté du spectateur: il construit une théorie esthétique de la réception.

De ces deux autorités antiques, les héritiers les plus assurés perpétueront tout naturellement la divergence à l'égard du théâtre. L'opposition Platon/Aristote est ainsi très logiquement relayée, à l'époque moderne, par un antagonisme saint Augustin/saint Thomas. Personne ne semble s'y résigner, les tenants de chaque position s'efforçant de montrer que les deux autorités religieuses s'accordent, en dépit des apparences, pour justifier (selon les uns), discréditer (selon les autres), le théâtre «purifié» du XVIIe siècle. Mais précisément, les apparences sont là, et il est clair dans chaque argumentaire que le point est problématique.

L'exercice délicat et obligé des ennemis du théâtre est de prouver que saint Thomas, dans la *IIa-IIae* de la *Somme* (question 168), n'autorise pas la Comédie. Voisin y consacre un long développement de sa *Défense du Traité de Mgr le Prince de Conti*. Bossuet en fait l'objet de plusieurs chapitres des *Maximes et réflexions sur la Comédie*[49]. Mais après avoir tenté d'établir que l'autorité de saint Thomas ne peut en aucune façon être invoquée à l'appui de la Comédie, et que le docteur angélique partage, avec toute la tradition de l'Eglise, une profonde répugnance pour le théâtre, Bossuet est bien obligé d'avouer, avec un grand embarras, que les positions thomistes s'écartent d'une façon ou d'une autre du rigorisme qu'il souhaiterait.

> Après avoir purgé la doctrine de saint Thomas des excès dont on la chargeait, à la fin il faut avouer, avec le respect qui est dû à un si grand homme, qu'il semble s'être un peu éloigné, je ne dirai pas des sentiments dans le fond, mais plutôt des expressions des anciens Pères sur le sujet des divertissements.[50]

---

[49] Chap. 22: «On vient à saint Thomas». Les chapitres 22 à 25 portent sur la question 168 de la *IIa-IIae*, et ne présentent pas moins de six «réflexions» pour essayer de concilier la *Somme Théologique* avec les positions rigoristes.

[50] *Maximes et réflexions sur la Comédie*, chap. 31 (Urbain-Levesque, pp. 252).

Il est plaisant de voir Bossuet trouver en Platon un appui indéfectible et achopper sur saint Thomas, qu'il s'ingénie à contredire tout en l'excusant[51].

Tous les défenseurs du théâtre, inversement, se doivent, à un moment ou à un autre de leur argumentation, de montrer que l'hostilité des Pères de l'Eglise — et du premier d'entre eux, saint Augustin — ne s'adresse qu'à un autre type de spectacles, aujourd'hui disparu. J'ai cité la Préface de *Tartuffe*. Caffaro, qui en tant qu'ecclésiastique ne saurait s'écarter de la plus grande déférence à l'endroit des Pères, ne conclut pas différemment.

> Vous voyez bien, Monsieur, que tous ces passages des Pères, et mille que je ne vous rapporte pas contre la Comédie, à force de trop prouver contre elle, ne prouvent rien contre celle d'aujourd'hui.[52]

Ou encore, plaquant subrepticement la logique thomiste, le théatin suggère un autre biais pour atténuer le jugement des Pères.

> Ils n'invectivent que contre l'excès de la Comédie.[53]

Reconnaître — comme le fait ici Caffaro — que le rapport au théâtre peut effectivement être critiquable, n'entraîne aucunement une condamnation du théâtre lui-même. C'est précisément la position de saint Thomas dans la *Somme*.

Il reviendra à notre siècle, avec Artaud principalement, d'ébranler cette rassurante répartition des thèses. L'auteur du *Théâtre et son double*, glorificateur s'il en est des arts de la scène, se réclame de saint Augustin: il s'inscrit dans la descendance de ceux qui voient le théâtre comme un danger, qui sont sensibles à sa nocivité, à ses risques; et non pas de ceux qui, thomistes plus ou moins conscients, pour faire accepter la Comédie, la présentent comme une parenthèse hygiénique, une simple détente. Le bouleversement des valeurs opéré par Artaud n'est d'ailleurs pas sans

---

[51] Pour épargner au Docteur Angélique des critiques graves, Bossuet affecte de ramener les divergences à quelques points secondaires: saint Thomas «n'était pas attentif au grec» (*op. cit.*, chap. 31, p. 254).

[52] *Lettre d'un théologien illustre...*, in: Urbain-Levesque, p. 83.

[53] *Ibid.*, p.76.

parenté avec les conceptions de Nicole sur le théâtre — étrange renversement d'alliance, dont nous sonderons ultérieurement la portée.

*****

Les Pères de l'Eglise, si l'on garde à l'expression son sens chronologique le plus strict et qu'on n'étende pas la patrologie jusqu'à la scolastique médiévale, expriment une unanime réprobation envers la Comédie[54]. Port-Royal, qui oppose volontiers l'autorité des Pères et des Conciles à la scolastique médiévale, ne manque pas, dans le domaine du théâtre, d'opérer l'habituelle démarcation: en face des subtilités scolastiques, des ingénieuses distinctions de la *Somme théologique*, le débat doit être ramené à sa netteté originelle, telle qu'elle ressort des décrets de l'Eglise naissante et de l'enseignement des Pères.

Certains soupçonnent cependant, dans la deuxième génération de Port-Royal — et chez Nicole en particulier — , une plus grande réserve dans le recours aux Pères. Il est difficile de tirer une conclusion du *Traité de la Comédie* sur ce point. L'ouvrage certes se distingue par un recours relativement faible aux autorités patristiques[55] et surtout par l'absence de toutes les références consacrées, qui encadrent à l'époque l'argumentaire anti-théâtral. Saint Augustin est bien cité, mais dans aucun des grands textes où l'évêque d'Hippone s'attaque à la Comédie. La confrontation de l'ouvrage de Nicole avec l'*Avis touchant les Comédies* de Varet montre de façon saisissante la différence des démarches. Nicole avait conscience de sa singularité et n'estimait pas inutile de s'en justifier, lors de la première parution de son *Traité*.

> On n'a pas voulu rapporter en cet Ecrit les passages des Pères, et des Conciles, qui condamnent la Comédie et les spectacles, ni faire voir qu'ils comprennent aussi bien les Comédies de ce temps que celles du temps des Pères: parce que l'on peut voir cela en d'autres écrits qui ont été faits sur le même sujet.[56]

---

[54] «De tous les Pères qui ont écrit ou parlé sur le théâtre, ceci est digne de remarque, il n'y en a pas un seul qui n'ait exprimé franchement son hostilité» (J.-B. Eriau, *Pourquoi les Pères de l'Eglise ont condamné le théâtre de leur temps*, p. 5)

[55] On rencontre dans le *Traité de la Comédie*: trois citations de saint Augustin, deux de saint Grégoire, une de saint Bernard et trois de saint Paulin; aucune d'elles n'est en rapport direct avec le théâtre. En revanche les citations bibliques sont particulièrement abondantes.

[56] *Addendum* présent uniquement dans la première édition du *Traité de la Comédie* (1667).

Louable effort de complémentarité, dont tous les moralistes de l'époque sont loin d'avoir fait preuve sur la question du théâtre. Quelles que soient les intentions véritables de Nicole, qu'il rejette la perspective évoquée ou qu'il souhaite simplement faire œuvre originale, cette particularité du *Traité de la Comédie* ne peut manquer de nous frapper, après que nous avons constaté la place des considérations historiques et patristiques dans la Querelle. Sous le vernis édifiant des exhortations morales, affleure la diversité des préoccupations et des stratégies.

CHAPITRE II

LA QUESTION DU COMÉDIEN

La querelle de la moralité du théâtre n'est pas une polémique à propos d'un genre littéraire, mais l'offensive menée contre un divertissement concret, dont la nocivité tient étroitement à sa nature de spectacle. Faute de percevoir cet aspect de la querelle, on ne peut comprendre comment un jésuite tel le Père Louis Cellot, auteur réputé de comédies néo-latines pour les collèges de son ordre, conclut son recueil d'*Orationes* par une *Actio in histriones* — quatre discours contre les comédiens et le théâtre profane[1]. L'exercice pédagogique qui consiste à faire déclamer en latin des textes édifiants, par des jeunes gens déguisés, paraît à l'époque sans rapport véritable avec les spectacles de l'Hôtel de Bourgogne. De la même manière, les gens de Port-Royal ne trouvaient aucune contradiction à publier les œuvres de Térence tout en luttant avec acharnement contre la Comédie. Le théâtre, ce ne sont pas des textes, mais des hommes et des femmes qui incarnent une fiction, et lui confèrent un tel pouvoir de fascination, que les spectateurs en sont transformés. La condamnation de la Comédie, au XVIIᵉ siècle, tient d'abord à la personne et au pouvoir du comédien.

Il n'y a donc pas lieu de s'étonner que le premier point abordé par le *Traité de la Comédie* de Nicole, à la suite même de la préface, soit la question des comédiens

> Première raison contre la Comédie, tirée de ce que le métier de Comédien étant illicite et mauvais, on l'autorise en y assistant.[2]

Nicole déçoit d'emblée l'attente d'un lecteur moderne, en remettant à plus tard les considérations sur le théâtre comme genre littéraire, ou des analyses d'exemples précis. Il place en réalité sa critique sur ce qui est

---

[1] Voir Marc Fumaroli, «*Sacerdos sive rhetor, orator sive histrio...*», *op. cit.*, p. 464 sq.

[2] Titre donné en 1678 à ce qui était originellement le § I du *Traité de la Comédie*.

pour lui le plan essentiel. Mettant en garde contre un péril d'anachronisme, Marc Fumaroli coupe court à un malentendu très habituel.

> Ce qui est en jeu dans ce débat entre clergé réformateur et amis du théâtre, c'est moins la moralité du texte théâtral (rarement imprimé, métamorphique, échappant à la coupure préalable), que les mœurs de ses interprètes, et la portée morale du jeu dramatique proprement dit.[3]

1 — La question philosophique

L'importance accordée, dans toute cette affaire, au rôle et à la personne même du comédien, a bien entendu sa source dans l'œuvre de Platon, et d'abord dans la *République*. On connaît le fameux passage du livre III, qui conclut à la nécessité d'expulser le poète de la cité idéale. La célébrité de ce texte, son caractère provocant, la saveur paradoxale d'un bannissement assorti des plus grands honneurs, ont tendu à estomper le sens exact et la portée de la décision. Contrairement à ce que la tradition a retenu, ce ne sont pas en effet tous les poètes qui sont mis en cause par Socrate, mais le seul poète mimétique, celui dont l'art consiste à imiter le plus exactement possible la réalité. Aucune sanction n'est prise à l'encontre du conteur, de l'artiste qui garde sa voix propre pour évoquer le monde, dès lors que les fictions qu'il imagine respectent certains principes moraux, précédemment définis. Ce n'est donc pas la fiction en tant que telle qui fait l'objet de la condamnation. Le poète banni par Socrate est un artiste dont on ne sait pas vraiment s'il est auteur dramatique ou interprète, les deux compétences se trouvant assimilées et confondues dans une unique réprobation. Dans la perspective très fondamentale où se place Platon, celle de la *mimèsis* opposée à la *diègèsis*, la distinction n'a pas lieu d'être entre le poète, auteur d'une œuvre théâtrale, et le mime ou comédien qui prête sa voix et son physique pour produire l'illusion. L'artiste expulsé de la cité se définit avant tout comme imitateur.

> Un homme ayant le pouvoir, conditionné par un talent, de se diversifier et d'imiter toutes choses, un tel homme, s'il parvenait à entrer dans

---

[3] Marc Fumaroli, «La querelle de la moralité du théâtre au XVIIe siècle», p. 65.

> notre Cité avec l'intention d'y présenter au public et sa personne et ses
> poèmes...[4]

Il ne faut donc pas se laisser abuser par les mots: le représentant le plus
juste du poète mimétique est l'acteur. Ces personnages qui n'ont pas leur
place dans la cité idéale, et dont Socrate craint l'influence néfaste, sont les
comédiens.

Si l'on considère que *La République* comporte deux développements
majeurs contre le théâtre, situés respectivement au troisième et au dixième
livre, il apparaît ainsi que, chez Platon, le rejet de la *mimèsis* dramatique
repose d'abord sur une condamnation des comédiens. À la différence
d'Aristote qui, dans la *Poétique*, ne semble même pas envisager que la
représentation théâtrale passe par l'incarnation des acteurs, le premier grief
de Platon contre le théâtre est que ce divertissement mimétique suppose
l'existence d'une catégorie d'individus rompus à l'art de l'imitation. Ces
personnes sont à la fois des menaces pour la cité et des victimes, à la
déchéance desquelles il serait immoral de contribuer — double aspect du
problème posé par les comédiens, que l'on retrouve au XVIIe siècle, chez
Nicole notamment.

Sans approfondir les thèses de la *République* plus que ne le réclame
mon sujet, il faut éclairer les raisons d'une telle répugnance pour les
comédiens. Elles tiennent à des convictions philosophiques, qui se
perpétueront chez la plupart des adversaires de la Comédie. Pour Platon,
on n'imite pas sans risque. Toute attitude d'imitation déclenche un
processus de contagion, qui modifie la réalité de l'être. Pour le meilleur
et pour le pire, c'est en fait le mécanisme de l'imitation qui détermine
l'acquisition de toutes les qualités.

> Toute imitation, quand depuis la jeunesse on y a longuement persévéré,
> se constitue en une habitude aussi bien qu'en une nature, dans la façon
> de tenir le corps ou bien de parler, comme dans la tournure de
> l'esprit.[5]

Mais de même que la vertu s'acquiert par imitation, elle se perd par une
imitation opposée. D'où l'importance que, même par jeu, des jeunes gens
ne se prêtent pas à l'imitation d'actions blâmables. De ces considérations

---

[4] Platon, *La République* 398a (traduction L. Robin, *O. C.*, Pléiade).
[5] Platon, *La République* 395d.

générales, il ressort que l'acteur est un homme qui, pour divertir son entourage, s'emploie à se dégrader et à se détruire. Quand il représente des sentiments vils ou vicieux, il les éprouve fatalement et en subit la contamination, tandis que le sage aurait honte

> de se prêter à l'empreinte du pire et de s'y installer.[6]

Si la connaissance se développe dans une relation de quasi antagonisme avec la réalité, en tout cas de nette distinction, la représentation — la *mimèsis* — est une forme de rapport au monde qui implique la participation, la confusion avec l'objet concerné. C'est tout le sens du choix de la *diègèsis* (la narration) contre la *mimèsis* — débat qui semblerait de prime abord purement esthétique, et qui repose en réalité sur une décision philosophique essentielle. En imposant une harmonie unique, qui ne dépend pas de l'objet du discours, la *diègèsis* représente une maîtrise du *logos* sur le monde, tandis que la *mimèsis* est, de la part de l'homme, un abandon de ses prérogatives. Dans la cité idéale de Platon, il n'y a pas place pour cette jouissance passive et pour celui qui s'en fait le représentant attitré, le comédien.

Nicole ne prend pas un tour aussi théorique, et se garde bien d'ailleurs de se lancer, comme Platon, dans une comparaison entre les formes d'expression littéraire, qui aurait pour effet immédiat de saper sa maladroite assimilation entre roman et théâtre. Pour sa part, il expulserait de la cité chrétienne le romancier en même temps que le dramaturge, comme autant de personnes qui cultivent la vanité. Des thèses platoniciennes sur la *mimèsis*, Nicole conserve la logique de contagion et les conceptions qui en découlent quant au métier d'acteur.

> C'est un métier qui a pour but le divertissement des autres; où des hommes et des femmes paraissent sur un théâtre pour y représenter des passions de haine, de colère, d'ambition, de vengeance, et principalement d'amour. Il faut qu'ils les expriment le plus naturellement et le plus vivement qu'il leur est possible; et ils ne le sauraient faire, s'ils ne les excitent en quelque sorte en eux-mêmes, et si leur âme ne prend tous les plis que l'on voit sur leur visage. Il faut donc que ceux qui

---

[6] *Ibid.* 396d.

représentent une passion d'amour en soient en quelque sorte touchés pendant qu'ils la représentent.[7]

On s'assimile fatalement à ce que l'on représente, et d'ailleurs, on ne peut le représenter que parce qu'on s'y est assimilé. Le masque de l'acteur, sa mimique, ne se réduisent pas à un simple jeu d'apparence, mais ils engagent l'être dans toute sa profondeur. Les plis du visage correspondent aux plis de l'âme. Toutes les vilenies et les passions dont le comédien doit donner le spectacle, il est nécessaire et inévitable qu'il les éprouve, «en quelque sorte». Il n'a certes pas conscience de cette implication et des dommages que son art produit sur lui-même. Mais il est pris, à son insu, dans un processus irrésistible. Dans la deuxième édition du *Traité de la Comédie* (1675), la formulation métaphorique originelle, évoquant les «plis» de l'âme, laisse place à une terminologie plus technique, qui souligne davantage le rigoureux équilibre du fonctionnement théâtral. Les comédiens ne sauraient représenter les passions,

> si leur âme ne se les imprime, pour les exprimer extérieurement par les gestes, et par les paroles.

Par cette correction, Nicole rend manifeste la cohérence du dispositif, en mettant étroitement en rapport l'objectif du spectacle — l'impression qu'il entend causer — et le travail d'expression du comédien. Impression et expression sont les deux faces d'une même réalité. Les comédiens doivent *s'imprimer* dans l'âme les passions qu'ils souhaitent «*exprimer extérieurement*», et qui vont ensuite s'imprimer dans les spectateurs. L'expression théâtrale est ainsi au carrefour de deux processus d'impression: celle qui est nécessaire à la représentation et celle que le spectacle entraînera fatalement. Les comédiens sont les victimes de la première.

L'idée qu'un acteur participe intimement à toutes les composantes de son rôle reste la plus naturelle et la plus répandue à l'époque classique. Bossuet l'adoptera sans discussion, tout en ôtant à la thèse de Nicole un peu de sa portée, puisqu'il limite les capacités dramatiques de l'acteur au contenu de sa propre expérience.

> Que fait un acteur, lorsqu'il veut jouer naturellement une passion, que de rappeler autant qu'il peut celles qu'il a ressenties; [...] pour les

---

[7] Nicole, *Traité de la Comédie* (1667), § I.

exprimer, il faut qu'elles lui reviennent avec tous leurs agréments empoisonnés, et toutes leurs grâces trompeuses?[8]

A l'occasion de son rôle, le comédien revivifie en lui ses propres dérèglements et renouvelle son péché. Au lieu de s'en repentir, il tire profit d'une expérience condamnable, grâce à laquelle il représente avec succès les passions d'un personnage de fiction. Nicole allait plus loin, en soutenant que l'acteur, à la faveur de son travail mimétique, fait naître en lui des passions mêmes qui lui étaient étrangères. L'un et l'autre se rejoignent au demeurant sur l'essentiel: la connivence de l'acteur et de son rôle; la nécessité d'éprouver une passion pour la représenter.

On mesure à quel point Diderot, dans son *Paradoxe sur le comédien*, bouleverse les opinions admises. En définissant le travail de l'acteur comme un exercice intellectuel d'analyse et non comme l'expression d'une intimité, le philosophe des Lumières anéantit tout le substrat platonicien sur lequel reposait la condamnation du comédien. L'idée que la fureur ressentie par un comédien, non seulement ne l'aiderait pas à mimer la fureur, mais constituerait un obstacle à son jeu, impose de penser sur de nouvelles bases, moins mécaniques, la dimension mimétique de la scène théâtrale. Avant Diderot, Conti est sans doute le seul théoricien qui s'écarte des opinions convenues sur le jeu de l'acteur. Sa connaissance effective du milieu théâtral, sa longue fréquentation des acteurs, autorisent son dessein concret de considérer la pratique réelle du théâtre et d'échapper aux spéculations «métaphysiques»[9]. Peu soucieux, comme moraliste, de la personne du comédien, il présente celui-ci comme un rouage, assez étranger aux graves incidences de la Comédie. Vénal, préoccupé de sa carrière et des bénéfices de son rôle, le comédien est de fait comme épargné par le théâtre.

> Les comédiens ne diront que ce qui est dans leur rôle, parce qu'il n'y a que leur mémoire qui s'en mêle.[10]

L'acteur ne participe pas à la représentation autrement que par un exercice de mémoire. Sa sensibilité, ses passions, son «âme», ne sont pas

---

[8] Bossuet, *Maximes et réflexions sur la Comédie*, pp. 180-181.

[9] Sur le sens et l'usage de cet adjectif, 'métaphysique', dans la querelle de la moralité du théâtre, voir *infra*, chap. V: «Morale».

[10] *Traité de la Comédie et des spectacles*, p. 26.

impliquées. Cette remarque originale n'est pas développée davantage. Elle suffit cependant à montrer combien l'ancien protecteur de Molière, un des seuls moralistes des années 1660 qui connaisse le sujet du théâtre autrement que par les livres et la spéculation, s'écarte des conceptions platoniciennes de Nicole. Il est persuadé que la représentation des passions sur une scène contamine les spectateurs et il condamne la Comédie à ce titre, aussi violemment que le font ses amis; mais il sait, pour l'avoir constaté, que la puissance du spectacle ne dépend pas de l'engagement affectif de ses interprètes. Dans ce déchaînement des passions dont il est l'instrument, l'acteur reste insensible et comme absent[11].

Quels que soient les risques réels qu'ils encourent, il reste que les comédiens sont les représentants de l'ambiguïté en face de la vérité. Ce sont des personnes hybrides, dont l'art est de ne pas coïncider avec leur nature authentique. Dans le livre III de la *République*, c'est le désir de protéger la cité de l'influence néfaste des comédiens, de l'anti-modèle qu'ils incarnent, qui pousse Socrate à en expulser les poètes dramatiques. Saint Augustin reprend la réflexion sur le comédien, dans la même optique que Platon, au cours du deuxième livre des *Soliloques*. Après avoir donné plusieurs définitions du faux (*falsum*), il distingue le *fallax* (la tromperie) et le *mendax* (la fiction), selon que l'illusion naît d'un désir de tromper ou d'un désir de plaire. L'exemple de cette dernière catégorie lui est fourni précisément par les comédies, les mimes et plus générale-ment toutes les œuvres de fiction.

> Tout menteur ne cherche pas à tromper. En effet les mimes, les comédies, et un grand nombre de poèmes sont pleins de mensonges dont le but est de plaire plutôt que de tromper.[12]

---

[11] Pour compléter le dossier, mention doit être faite de quelques réflexions du Chevalier de Méré qui, dans son sixième *Discours* posthume «Sur le commerce du monde», formule — à titre de comparaison — des opinions sur le comédien étonnamment proches de celles que développera Diderot: «Un comédien, qui pour représenter une passion violente, serait effectivement touché, ferait une aussi grande faute qu'un peintre qui mettrait des diamants ou des perles dans ses tableaux, au lieu de les y peindre.» (éd. Boudhors, t. 3, p. 158).

[12] «*Non autem omnis vult fallere, qui mentitur: nam et mimi et comœdiae et multa poemata mendaciorum plena sunt, delectandi potius quam fallendi voluntate.*» (*Soliloques*, livre II, ch. 9).
Dans la *Lettre à d'Alembert*, Rousseau retrouve la distinction augustinienne entre *fallax* et *mendax*, qui lui permet de faire une place — toute rhétorique — à l'innocence du comédien, tout en dénonçant avec vigueur la nocivité de sa profession et des compétences qu'elle implique: «Je sais que le jeu du comédien n'est pas celui d'un fourbe qui veut en

Le comédien est ainsi le serviteur et l'incarnation du mensonge. Non que personne se laisse illusionner par son art au point de prendre la fiction pour la réalité: ce n'est pas son but. Il plaît (et il recueille les éloges) dans la mesure où il reste constamment perçu comme menteur. La volonté de l'artiste, c'est de subsister en tant qu'artiste.

> Roscius ne serait pas un vrai comédien, s'il ne consentait à être un faux Hector, une fausse Andromaque.[13]

Il est donc de la nature de la Comédie de s'inscrire dans une perception composite, où le vrai et le faux sont imbriqués. Elle ne repose pas sur un désir d'illusion — *falsum esse velle* — mais sur une impossibilité structurelle de la vérité, qui fait qu'elle est vouée à l'inauthenticité. Le plaisir du théâtre est donc jouissance délibérée et consciente du mensonge, ce qui pour un platonicien est proprement révoltant.

2 — *La question religieuse*

Marc Fumaroli est, à ma connaissance, le seul critique à avoir énoncé si nettement la parenté philosophique et religieuse qui unit la querelle des icônes et celle dite de la moralité du théâtre[14]. La première a fait l'objet de toutes les attentions des historiens des idées, des religions, de l'art; la seconde n'a pas réellement été perçue dans son unicité et sa dignité théorique. Elle n'est évoquée qu'accessoirement, et dans des épisodes ponctuels, alors qu'elle traduit un trouble religieux aussi profond. Le théâtre ne donne-t-il pas aussi à voir des images, d'autant plus séduisantes qu'elles sont animées, et incarnées dans des acteurs? Il a suscité, chez les théologiens des premiers siècles du christianisme, une condamnation dont

---

imposer, qu'il ne prétend pas qu'on le prenne en effet pour la personne qu'il représente, ni qu'on le croit affecté des passions qu'il imite, et qu'en donnant cette imitation pour ce qu'elle est, il la rend tout à fait innocente. Aussi ne l'accusé-je pas d'être précisément un trompeur, mais de cultiver pour tout métier le talent de tromper les hommes, et de s'exercer à des habitudes qui, ne pouvant être innocentes qu'au théâtre, ne servent partout ailleurs qu'à mal faire.» (*Lettre à d'Alembert*, p. 164).

[13] Saint Augustin, *Ibid.* ch. 10.

[14] «Le théâtre, comme les arts plastiques, a eu ses "iconoclastes" de la *res scaenica*, et ceux-ci ont compté dans leurs rangs tant de Pères et de Docteurs, et d'une façon à ce point ininterrompue, que leurs héritiers au XVIIe siècle ont pu se réclamer d'une tradition immuable de l'Eglise.» (M. Fumaroli, «*Sacerdos sive rhetor...*», p. 449).

la vigueur transparaît à travers ses effets, bien plus radicaux finalement que l'action des iconoclastes: «pendant dix siècles, et pas seulement en Orient, l'"iconoclasme" anti-théâtral a supprimé tout théâtre mimétique.»[15]

Le débat autour des images a permis de définir un bon usage de l'icône, un culte qui lui soit proportionné, strictement distinct de l'adoration. Dans la mesure où elle se veut mimétique, l'image ne peut être que réductrice: elle donne une forme contingente et insignifiante à des réalités spirituelles. L'attention qu'on lui prête conduit à l'idolâtrie. Mais l'icône offerte à la vénération est une image d'une autre nature, image symbolique, qui n'arrête pas le croyant dans la contemplation de traits inconsistants, dans une jouissance esthétique, mais l'élève au contraire vers autre chose qu'elle. Cette opposition structurante entre le *symbolique* et le *mimétique* se retrouve dans la querelle du théâtre, et prend sa pleine pertinence à propos de la personne même du comédien.

De même, en effet, qu'on a distingué deux natures d'icônes, on peut opposer deux types de spectacles, qui se caractérisent chacun par des pratiques et des intentions contradictoires. La liturgie, qui est une forme de spectacle, «rend visible, mais sans prétendre [...] représenter»[16]; elle recourt à une gestuelle symbolique, qui n'a aucune commune mesure avec la gestuelle mimétique du théâtre profane. La célébration eucharistique se donne comme un mémorial, et non comme une représentation: le prêtre, qui prononce les paroles du Christ pendant la consécration, incarne d'une certaine façon Jésus de Nazareth, mais non pas certes à la manière d'un comédien, dont les habits, les gestes, les expressions, se voudraient mimétiques. Peu importe son âge, et même son sexe; quant à ses vêtements, ils sont chargés d'une valeur symbolique, variant au cours de l'année liturgique, mais n'ont pas pour fonction d'aider à figurer la personne du Christ. En tant qu'acteur, le prêtre est investi d'une responsabilité sacrée, au regard de laquelle les gesticulations du comédien peuvent apparaître comme une parodie blasphématoire. En effet, comme l'observe avec acuité M. Fumaroli, les choses sont loin d'être aussi indépendantes qu'il semblerait d'abord. Le prêtre, acteur symbolique au service de la foi, aide les fidèles à accéder à une réalité invisible; le comédien profane s'emploie à *faire croire* — à donner, le temps d'une représentation, et

---

[15] M. Fumaroli, *ibid.*, p. 450.
[16] M. Fumaroli, *ibid.*, p. 451.

pour le seul plaisir du public, l'illusion d'une réalité. Le *faire croire* est une sorte de démystification et de laïcisation de la foi.

Historien de la rhétorique, M. Fumaroli se montre particulièrement sensible à la concurrence que se livrent ces deux mises en scène de la parole, que sont la chaire et la scène de théâtre.

> Le soupçon qui se porte sur le théâtre s'adresse à la parodie d'incarnation du Verbe qui s'y fait jour, à des fins mercenaires de la part d'histrions impies, et pour des effets d'égarement sur leurs spectateurs. Face aux sacrements, et entre autres au sacrement de la parole en chaire, que le concile de Trente a élevé au rang d'office majeur de l'épiscopat, la parole et l'action «comiques» apparaissent comme des rivales démoniaques: la parole de vérité et de salut ne peut coexister dans la même cité chrétienne avec la parole de mensonge et de perdition, la chaire avec les tréteaux ou la scène, le Christ orateur avec l'Antéchrist sophiste.[17]

Aussi étrange que la chose puisse aujourd'hui nous paraître, c'est bien un rapport latent de rivalité qui a pu s'instaurer entre l'Eglise et le théâtre. Saint Augustin le concevait d'ailleurs en ces termes, lui qui, dans la *Cité de Dieu*, perce à jour les pseudo-chrétiens, les mal convertis, les hypocrites, en les voyant fréquenter alternativement les deux lieux:

> Tantôt avec eux, ils remplissent les théâtres, tantôt avec nous ils remplissent les églises.[18]

Mais l'abbé Fleury, à la fin du XVIIe siècle, confirme indirectement cette idée d'un parallélisme antagoniste entre deux formes de spectacles. Il s'agit pour lui d'expliquer pourquoi les Juifs de l'Ancien Testament ignoraient le théâtre.

> Les Israélites n'avaient point de spectacles profanes. Ils se contentaient des cérémonies de la Religion et de l'appareil des sacrifices; mais il devait être fort magnifique, puisque le Temple était le plus superbe bâtiment qu'il y eût dans tout le pays, et qu'il y avait trente-deux mille Lévites destinés à y servir.[19]

---

[17] M. Fumaroli, «La querelle de la moralité du théâtre au XVIIe siècle», p. 66.

[18] «*Modo cum illis* theatra, *modo* ecclesias *nobiscum replentes.*» (*La Cité de Dieu*, I, 35)

[19] Claude Fleury, *Les Mœurs des Israélites* (1681), p. 125.

L'absence du théâtre chez les Israélites est liée à la somptuosité de leurs cérémonies. Le théâtre apparaît donc clairement ici comme un succédané et un éventuel rival du culte divin, comme le comédien est un avatar profane (et profanatoire) du prêtre[20].

Explicitement ou non, l'acteur prétend supplanter le prêtre, et substituer à sa parole liturgique une autre rhétorique, fondée sur la séduction. Dans ces conditions, la condamnation des comédiens par l'Eglise relève d'une certaine forme de refus de la concurrence, de protection de ses propres prérogatives. Le conflit n'est bien entendu jamais exprimé en ces termes, et l'idée manifeste d'une rivalité entre le prêtre et l'acteur eût paru sacrilège aux adversaires de la Comédie. On trouvera pourtant un texte où le débat affleure. Dans l'*Actio in histriones*, pamphlet latin contre le théâtre profane, publié en 1631 par le jésuite Cellot, et réédité en 1641, l'auteur met en scène un comédien, Panurgus, qui prononce un discours en faveur de sa profession. Parmi les arguments avancés, l'acteur considère l'influence morale qu'il peut exercer sur son public, en interprétant une pièce édifiante. Sa conclusion est sans détours:

> [Les comédiens] prêchent l'honnêteté de la vie chrétienne plus efficacement que les orateurs sacrés en chaire.[21]

Un argument aussi audacieux n'aurait jamais été employé par un défenseur réel du théâtre, et Cellot ne le prête à son comédien que pour en ridiculiser l'impiété. Mais ce jeu d'énonciation permet précisément au jésuite d'exprimer, sans en être responsable, une dimension inavouable de la querelle.

L'acteur existe et séduit par son physique, par sa parole, mais aussi bien entendu par son costume. Celui-ci soulève encore des problèmes religieux. Dans le procès intenté aux comédiens, la question du travestis-

---

[20] Bossuet reprendra cette question, procédant au même rapprochement entre spectacles religieux et profanes: «Les Juifs n'avaient de spectacles pour se réjouir que leurs fêtes, leurs sacrifices, leurs saintes cérémonies; gens simples et naturels par leur institution primitive, ils n'avaient jamais connu ces inventions de la Grèce.» (*Maximes et réflexions sur la Comédie*, chap. 20).

[21] «*Majore cum efficentia quam sacrae conciones vitae honestatem persuadent*» (Louis Cellot, *Orationes*, éd. Cologne, 1707, pp. 300-301 — cité par M. Fumaroli, «*Sacerdos sive rhetor...*», p. 471). Pour une présentation et une analyse approfondie des *Orationes* du P. Cellot, on se référera à cet article de M. Fumaroli (pp. 464-484), qui considère l'*Actio in histriones* comme «un texte clef de la querelle de la moralité du théâtre en France».

sement pèse historiquement d'un grand poids. La Bible, sur ce point, fournit une caution formelle: le *Deutéronome* condamne avec vigueur toute confusion vestimentaire entre les sexes[22]; et surtout, la *Genèse*, en déclarant que l'homme a été créé à l'image de Dieu, impose à cette image un caractère sacré. Toute altération de son apparence est, de la part de l'homme, une forme de renonciation symbolique à l'image de Dieu qu'il porte en soi. Le déguisement peut ressortir dans certains cas à l'impiété. S'appuyant ainsi sur l'autorité de saint Cyprien et sur une importante homélie de saint Pierre Chrysologue[23], Singlin s'insurge tout particulièrement contre la pratique des comédiens. Les excès occasionnels auxquels ils se livrent ne sont pas pour lui le grief majeur. L'exercice de leur art se caractérise de façon intrinsèque par une attitude irréligieuse.

> Saint Cyprien n'y reprend pas les paroles déshonnêtes, mais de ce que les hommes s'y habillent en femmes, et les femmes en hommes, contre la loi expresse de Dieu. On y contrefait les fausses divinités; et saint Chrysologue dit que ceux qui veulent bien porter l'image des faux dieux, quoique par jeu, renoncent à l'image de Dieu qu'ils ont dans leurs âmes.[24]

Mais, sur les scènes théâtrales au XVIIe siècle, on est assez loin des festivités carnavalesques contre lesquelles s'indignait l'évêque de Ravenne[25]. Les acteurs qui, pour les besoins de leur rôle, prennent le costume d'un dieu ou d'un héros mythologique, ne sont pas légions; et il faut bien convenir que la signification religieuse de leur geste n'est pas comparable avec celle du Ve siècle.

Si l'argumentation et les références de Singlin peuvent ainsi, à juste titre, paraître artificielles ou forcées, un autre épisode de la querelle convaincra bien davantage, qu'à l'époque de Molière l'habit du comédien

---

[22] «Une femme ne portera pas un costume masculin, et un homme ne mettra pas un vêtement de femme; quiconque agit ainsi est en abomination à Yahvé ton Dieu» (Deut. 22, 5).

[23] Saint Cyprien: Lettre à Euchratius (*epistula* 2, n.1); saint Pierre Chrysologue: sermon 155 («*De Kalendiis Januariis*»), n.4 et 5.

[24] Antoine Singlin, *Lettre à la Duchesse de Longueville*.

[25] Dans le sermon 155, saint Pierre Chrysologue condamne les fêtes et déguisements qui, à son époque, marquaient le début de l'année. On y voyait des chrétiens revêtir, par jeu, l'apparence des anciennes idoles. D'où la ferme conclusion de l'évêque: «*Imaginem Dei portare noluit, qui idoli voluerit portare personam.*»

peut entraîner des difficultés religieuses. Le scandale de *Tartuffe* et la longue polémique que la pièce a suscités tiennent en effet, pour une bonne part, au costume du faux dévot. C'est du moins l'opinion de G. Couton, pour qui une audace majeure de la pièce consistait à avoir mis sur scène un ecclésiastique, ou quelqu'un perçu comme tel. Je ne reprendrai pas ici le dossier complexe des trois *Tartuffe*, et des diverses modifications que l'auteur fit subir à sa pièce, dans l'espoir de la faire jouer[26]. Beaucoup restent pour nous conjecturales. Mais Molière lui-même indique qu'un des adoucissements qu'il apportait à la deuxième version de la pièce — l'*Imposteur* — en 1667, touchait au costume du héros. Panulphe, le nouvel hypocrite, est habillé en homme du monde et non plus en «semi-ecclésiastique».

> [J'ai] déguisé le personnage sous l'ajustement d'un homme du monde. [Je lui ai donné] un petit chapeau, de grands cheveux, un grand collet, une épée et des dentelles sur tout l'habit.[27]

Le faux dévot a donc perdu l'habit austère et le petit col qu'il portait à l'origine, détail vestimentaire d'autant plus significatif qu'il désignait précisément à l'époque une catégorie d'hommes d'Eglise, les «petits collets»[28]. En laïcisant Tartuffe, sans rien ôter à son hypocrisie ni à ses procédés abominables, Molière pensait donc apaiser l'indignation d'une partie de son public. Il sous-estimait sans doute la profondeur de l'hostilité contre sa pièce, mais il avait bien conscience que dans la première version, l'entrée de Tartuffe, vêtu comme un prêtre, constituait une provocation, dont il pouvait à la rigueur se dispenser. La dénonciation de la fausse dévotion et des discours captieux qu'elle inspire, n'implique pas nécessairement la mise en scène d'un ecclésiastique de profession. Certes Tartuffe n'a jamais été, à strictement parler, un prêtre, mais il présentait de cet état un bon nombre de marques extérieures. La reculade de Molière sur cette question vestimentaire, nous permet en tout cas, avec

---

[26] Sur toutes ces questions, on se reportera avec un grand profit à la notice que G. Couton consacre à la pièce dans les *O. C.* de Molière (t. 1) et notamment aux pp. 835-838: «Tartuffe en soutane?»

[27] *Second placet présenté au Roi* (7 août 1667), *O. C.* 1, p. 891.

[28] «On appelle *Petit collet* un homme qui s'est mis dans la réforme, dans la dévotion, parce que les gens d'église portent par modestie de petits collets, tandis que les gens du monde en portent de grands ornés de points et de dentelles.» (Fur.).

G. Couton, de concevoir l'effet produit en 1664 par le comédien en soutane.

> On voit quel choc pareille apparition constituait pour les dévots, et même pour les âmes simplement pieuses, ou respectueuses des usages et convenances. Molière, sans aucun doute, avait violé un tabou de la société.[29]

Tartuffe est doublement *hypocrite*. Il l'est en tant que personnage, par les traits que lui donne Molière dans l'œuvre. Mais il l'est aussi de façon plus structurelle, parce que son personnage — comme tous les autres de la pièce — est incarné par un comédien, un professionnel de l'*hypocrisis*, selon la terminologie rhétorique héritée des Grecs. Que cette quintessence d'hypocrite prenne en charge un discours religieux porte à son paroxysme la confusion sacrilège entre le prophète (le *porte-parole* de Dieu) et le comédien — confusion dont le spectre, nous l'avons vu, hante de façon diffuse toute représentation théâtrale.

La défense de Molière et l'argumentation de ses partisans en faveur de l'œuvre controversée roulent principalement sur la distinction entre vrai et faux dévot. L'auteur de *Tartuffe* n'aurait pris à partie dans sa pièce que les imposteurs, ceux qui affectent une conduite religieuse pour servir leurs propres intérêts et dont les protestations de piété ne sont qu'un masque commode. Si d'authentiques chrétiens ont été choqués, qu'ils sachent que Molière n'entendait à aucun moment les représenter dans la peinture de Tartuffe, et que l'auteur, au contraire, fait preuve du plus vif respect pour la véritable et sincère dévotion. Une analyse objective de la pièce montre à tout critique dépourvu de préjugés le luxe de précautions déployées par l'auteur pour ôter à son propos la moindre ambiguïté. Dans une lettre anonyme, publiée en 1665, en réponse aux attaques du sieur de Rochemont contre le *Dom Juan*, un critique subtil pousse encore plus loin l'argument, pour défendre Molière: non seulement l'auteur de *Tartuffe* n'a pas ridiculisé la véritable dévotion, mais, eût-il souhaité le faire, la chose se révélerait structurellement impossible.

> Pour moi je ne sais pas par où l'on pourrait jouer un vrai dévot; pour jouer les personnes il faut représenter naturellement ce qu'elles sont; si l'on représente ce que fait un véritable dévot, l'on ne fera voir que

---

[29] G. Couton, *ibid.,* p. 838.

de bonnes actions; si l'on ne fait voir que de bonnes actions, le véritable dévot ne sera point joué. L'on me dira peut-être qu'au lieu de lui faire faire de bonnes actions, on lui en fait faire de méchantes; si l'on lui fait faire de méchantes actions, ce n'est plus un dévot, c'est un hypocrite, et l'hypocrite par conséquent est seul joué, et non pas le vrai dévot.[30]

Le raisonnement est ingénieux et ne manque pas de force; mais il montre en même temps combien, entre les deux camps, le malentendu est total. Pour les uns, la scène est incapable de tromperie: elle manifeste nécessairement la vérité des personnages représentés. Pour les autres, le théâtre est inapte à distinguer la vraie et la fausse dévotion. Les protestations vertueuses de Molière et de ses partisans ne touchent pas le vrai problème.

Mettre en scène un faux dévot, employant le langage de la dévotion, c'est présenter le discours de la dévotion comme un possible artifice, de l'ordre du théâtral; c'est déclarer la capacité du religieux à être travesti — idée qui semblait insupportable, au XVIIe siècle, à bien des personnes religieuses. Dans cette perspective, peu importait, somme toute, que le langage de Tartuffe fût l'expression d'une authentique piété ou la feinte d'un hypocrite, que son costume fût la traduction d'un état religieux ou le travestissement d'un imposteur. Ce que les adversaires du théâtre n'étaient pas prêts à admettre, c'est que les mêmes paroles puissent être proférées dans une chaire et sur une scène; c'est que le verbe religieux, la dignité ecclésiastique, aient certains traits en commun avec la parole et le costume du comédien. En ce sens, quoi que Molière ait pu dire et sans doute penser, les chrétiens véritables étaient fondés eux aussi à se sentir agressés par la pièce de *Tartuffe*, qui ébranlait leur conception du sacré. Le comédien en permanence, et à plus forte raison lorsqu'il se mêle de mimer la dévotion, est au prêtre comme un double maléfique et démystificateur.

Seuls des esprits libres et audacieux, comme Pascal, osent au XVIIe siècle regarder en face la fragilité des moyens par lesquels s'exprime la foi. Qu'un faux dévot discoure comme un vrai, que le prêtre et le comédien partagent certains caractères, est sans nul doute, pour l'auteur des *Pensées*, une situation navrante, mais c'est le lot de notre condition.

---

[30] *Lettre sur les Observations d'une comédie du sieur de Molière intitulée* Le Festin de Pierre, Molière, *O. C.* 2, p. 1228.

> Ce n'est point ici le pays de la vérité. Elle erre inconnue parmi les hommes. Dieu l'a couverte d'un voile qui la laisse méconnaître à ceux qui n'entendent pas sa voix. Le lieu est ouvert au blasphème, et même sur des vérités au moins bien apparentes. Si l'on publie les vérités de l'Evangile, on en publie de contraires, et on obscurcit les questions en sorte que le peuple ne peut discerner.[31]

On ne s'étonnera donc pas que Tartuffe fasse siens et détourne sur une scène les préceptes du christianisme, puisque «le lieu est ouvert au blasphème». Le comédien n'est pas la cause véritable du blasphème, mais les conditions précaires dans lesquelles s'énonce la vérité. Ou, pour user d'un langage plus religieux, l'incarnation du Christ porte comme corollaire la possibilité de la parodie. En se faisant chair, le Verbe se prête à toutes les manipulations. Pascal introduit une nouvelle conception du sacré, qui intègre le blasphème comme une donnée fondamentale de notre vie spirituelle. Si aucune parole n'est apte à exprimer essentiellement le contenu sacré de la foi, la parole mercenaire et trompeuse du comédien se trouve banalisée; et l'horreur religieuse qu'elle suscitait chez certains se dissipe, jusqu'à ne plus être même compréhensible aujourd'hui.

3 — La question morale

Les raisons philosophiques et religieuses, évoquées jusqu'ici, font preuve d'un relatif raffinement théorique. Elles touchent, ou entendent toucher, à des questions structurelles et profondes. Mais il ne faudrait pas se méprendre: l'essentiel de l'hostilité contre les comédiens, au XVIIe siècle, tient à des préoccupations bien plus attendues, d'ordre platement moral. Les actrices, qui font commerce de leur corps en l'exposant à tous les regards, ne peuvent paraître que comme des femmes de petite vertu. Elles mènent d'ailleurs souvent une vie dissolue, et les comédiens donnent à toute la cité l'exemple de personnes peu respectueuses des lois et de l'honnêteté. Le métier de comédien est «illicite et mauvais»: cette conviction, qu'exprime le titre du deuxième chapitre du *Traité de la Comédie*, est, pour Nicole, de l'ordre de l'évidence, et c'est elle qui légitime au premier chef l'entreprise du moraliste contre le théâtre. S'il n'y avait pas de spectateurs, il n'y aurait pas de comédiens. La première

---

[31] Pascal, *Pensées*, fr. 425 (éd. Sellier).

raison de s'abstenir de la Comédie est donc de ne pas encourager un métier répréhensible.

Nicole tente d'aller plus loin, et c'est là une originalité de sa position. Il sent que les griefs moraux, élevés habituellement contre les comédiens, ne fournissent pas un socle théorique inébranlable. La conduite des comédiens ne dépend-elle pas de chacun d'eux? Leur immoralité peut toujours passer pour accidentelle. Le moraliste suivra donc une autre voie.

> Il est impossible qu'on considère le métier de comédien, et qu'on le compare avec la profession chrétienne, qu'on ne reconnaisse qu'il n'y a rien de plus indigne d'un enfant de Dieu et d'un membre de Jésus-Christ que cet emploi. On ne parle pas seulement des dérèglements grossiers, et de la manière dissolue dont les femmes y paraissent, parce que ceux qui justifient la Comédie en séparent toujours ces sortes de désordres par l'imagination, quoiqu'on ne les en sépare jamais effectivement. On ne parle que de ce qui en est entièrement inséparable.[32]

Les «dérèglements grossiers», la «manière dissolue», tous les désordres moraux que l'on observe dans l'existence des comédiens suffiraient certes à condamner leur profession, et Nicole ne manque pas de les évoquer. Mais il sait comment les défenseurs du théâtre s'ingénient à distinguer entre les acteurs et plaident pour un traitement sélectif. Il s'agira donc, pour l'ennemi du théâtre, de montrer l'immoralité du métier de comédien *per se* et non *per accidens*[33]. C'est à cela que tendent les considérations philosophiques et religieuses: elles installent le débat sur un terrain essentiel et théorique, écartant de la sorte tout examen individuel du comportement des personnes. Un honnête comédien, vivant en dehors de la scène comme un respectable bourgeois, resterait condamnable de par sa profession même. Cette hypothèse n'est au demeurant, pour Nicole, qu'une pure vue de l'esprit. L'inconduite des comédiens est tellement ordinaire, qu'elle devient un trait constitutif de leur métier. Ce n'est que par stratégie rhétorique, pour assurer à son argumentation l'efficacité maximale, que l'auteur du *Traité de la Comédie* accepte de mettre entre parenthèses ses griefs moraux.

---

[32] Nicole, *Traité de la Comédie* (1667), §1.

[33] «C'est en analysant la spécificité de ce métier que [Nicole] conclut à l'immoralité du comédien» (J.-M. Piemme, «Le théâtre en face de la critique religieuse...», p. 51).

Ces préjugés hostiles au comédien sont fermement ancrés dans la société du XVIIᵉ siècle. Ainsi les jésuites, que l'on enrôle un peu facilement sous la bannière des amis du théâtre, ne manifestent pas une indulgence particulière pour les acteurs professionnels. Ils ont bien garde de traiter sur le même plan «*l'inventio* dramaturgique» et «*l'actio* histrionique»[34]: la première est parée de toutes les vertus, pédagogiques et spirituelles; la seconde marque une régression vers la chair et la séduction d'ordre érotique. Le choix de la Compagnie, comme le montrent bien les arguments du Père Cellot, s'oriente strictement vers un théâtre d'amateurs (celui des collèges) ou de fauteuil (celui qui ne donne lieu à aucune représentation). On ne contestera pas que le théâtre des collèges jésuites ait pu donner lieu à des dérives, et s'écarter dans certains cas de son dessein authentique. Cela n'ôte rien à sa vocation originelle, qui en fait un art paraliturgique, soucieux de donner à des réalités religieuses, et dans un but religieux, une forme inspirée des valeurs esthétiques humanistes. C'est, à l'époque, par pure polémique anti-jésuite qu'on confond cet art avec le théâtre profane. Contrairement aux idées répandues, Marc Fumaroli peut ainsi conclure à un certain antagonisme entre les jésuites et le théâtre.

> Le fait que de nombreux dramaturges profanes, et même des comédiens, soient sortis des rangs de leurs collèges, ne contredit nullement la réserve ou l'hostilité de principe que la Société de Jésus porte au théâtre profane.[35]

Cette hostilité envers le théâtre, d'une congrégation qui a tant fait pour l'acceptation et l'illustration du genre repose essentiellement sur le rejet du comédien.

La distinction de fait entre un genre littéraire, senti comme indifférent, et un spectacle, qui repose sur l'intervention honnie des comédiens, se retrouve dans le plaidoyer embarrassé, mais cohérent, par lequel Port-Royal est contraint de justifier sa traduction de Térence. Goibaud du Bois, répondant à Racine, prend la défense du théâtre imprimé, contre le théâtre représenté:

---

[34] Voir M. Fumaroli, «*Sacerdos sive rhetor...*», p. 483.

[35] M. Fumaroli, *ibid.*, p. 457.

> Vous voulez abuser du mot de comédies, et confondre celui qui les fait
> pour le théâtre, avec celui qui les traduit seulement pour les écoles;
> mais il y a tant de différence entre eux, qu'on ne peut pas tirer de
> conséquence de l'un à l'autre. Le traducteur n'a dans l'esprit que des
> règles de grammaire, qui ne sont point mauvaises par elles-mêmes, et
> qu'un bon dessein peut rendre très bonnes; mais le poète a bien
> d'autres idées dans l'imagination: il sent toutes les passions qu'il
> conçoit, et il s'efforce même de les sentir, afin de les mieux conce-
> voir.[36]

Il y a comédie et comédie. Un texte écrit, fait pour les écoles, n'a aucune commune mesure avec celui qui est «fait pour le théâtre»: la condamnation de l'un n'implique pas celle de l'autre; la nocivité du théâtre ne tient pas au texte lui-même, mais à sa mise en œuvre pour éveiller les passions.

Face à la méfiance morale traditionnelle contre le théâtre représenté et les acteurs, sur qui repose la représentation, les défenseurs de la Comédie s'efforcent de mettre en place ce que nous appellerions aujourd'hui une «sociologie» des comédiens[37]. Certains, à juste titre, ont été mis par les lois au ban de la société, mais d'autres bénéficient de fait d'une reconnaissance sociale, sont soutenus par les princes et mènent une existence de chrétiens. Il ne faudrait pas que l'infamie dans laquelle sont relégués les premiers s'étende aux seconds, et les ramène à une marginalité sociale, dont ils ont su sortir. La distinction entre l'acteur véritable et l'histrion, sa caricature débauchée, est érigée en dogme fondamental par les partisans du théâtre modéré chrétiennement, et cela avec d'autant plus de vigueur qu'ils peuvent s'appuyer — comme sur une doctrine d'Etat — sur la déclaration royale de 1641.

L'édit que prit Louis XIII le 16 avril 1641, sous l'impulsion de Richelieu, revêt une importance considérable, tant bien entendu sur le plan de la réglementation, que pour percevoir l'opinion modérée, et sans doute la plus commune, à l'endroit des comédiens. Ce texte, qui leur est très favorable, dissimule dans un premier temps ses intentions véritables sous des accents répressifs.

---

[36] Goibaud du Bois, *Réponse à l'auteur de la lettre contre les* Hérésies Imaginaires *et les* Visionnaires; *in*: Racine, G.E.F., t. IV, pp. 307-308.

[37] J'emprunte ce terme à M. Fumaroli, «La querelle de la moralité du théâtre au XVIIe siècle», p. 80.

> Les continuelles bénédictions qu'il plaît à Dieu épandre sur notre règne, nous obligeant de plus en plus à faire tout ce qui dépend de nous pour retrancher tous les dérèglements par lesquels il peut être offensé; la crainte que nous avons que les comédies qui se représentent utilement pour le divertissement des peuples, < soient quelquefois > accompagnées de représentations peu honnêtes qui laissent de mauvaises impressions dans les esprits, fait que nous sommes résolu de donner les ordres requis pour éviter tels inconvénients. A ces causes, nous avons fait et faisons très expresses inhibitions et défenses [...] à tous comédiens de représenter aucunes actions malhonnêtes, ni d'user d'aucunes paroles lascives ou à double entente, qui puissent blesser l'honnêteté publique; et ce sur peine d'être déclarés infâmes et autres peines qu'il y écherra. Enjoignons à nos juges, chacun en son détroit, de tenir la main à ce que notre volonté soit religieusement exécutée. Et en cas que lesdits comédiens contreviennent à notre présente ordonnance, nous voulons et entendons que nos dits juges leur interdisent le théâtre et procèdent contre eux par telles voies qu'ils aviseront à propos, selon la qualité de l'action, sans néanmoins qu'ils puissent ordonner plus grandes peines que l'amende ou le bannissement.[38]

Le législateur, comme il en a le devoir, se montre principalement soucieux de l'ordre public, semblant bien déterminé ici à dénoncer les comédiens, comme susceptibles de mettre cet ordre en péril. «Actions malhonnêtes», «paroles à double entente»: la déclaration royale évoque rapidement mais précisément les accusations d'immoralité habituellement proférées. S'agit-il donc de rappeler les juges à la sévérité, par une de ces interventions, aussi rituelles que vaines, dont le besoin, en matière de jeux et divertissements, se fait régulièrement sentir? On notera cependant que l'édit se préoccupe aussitôt de cantonner cette sévérité dans des bornes précises, en veillant à ce que les peines encourues n'excèdent pas l'amende et le bannissement. Surtout, le texte prend d'emblée position sur le caractère bénéfique du théâtre, et retient comme principe avéré que «les comédies [...] se représentent utilement pour le divertissement des peuples». Cette proclamation, de caractère vaguement thomiste, est loin — on s'en doute — de faire l'unanimité des moralistes.

---

[38] Cet édit — ou plus exactement Déclaration — a été registré au Parlement le 24 avril 1641 (vol. GGG, f° 234). Voir: Isambert, *Recueil général des anciennes lois françaises*, t. 16 (mai 1610 - mai 1643), pp. 536-537.

Mais le législateur révèle dans un deuxième temps l'objet réel de son intervention, qui est moins de lutter contre le comportement licencieux des histrions, que de protéger des rigueurs de la loi les comédiens qui se montrent respectables.

> ... Et en cas que lesdits comédiens règlent tellement les actions du théâtre qu'elles soient du tout exemptes d'impuretés, nous voulons que leur exercice, qui peut innocemment divertir nos peuples de diverses occupations mauvaises, ne puisse leur être imputé à blâme, ni préjudicier à leur réputation dans le commerce public: ce que nous faisons afin que le désir qu'ils auront d'éviter le reproche que l'on leur a fait jusqu'ici, leur donne autant de sujet de se contenir dans les termes de leur devoir <ès> représentations publiques qu'ils feront, que la crainte des peines qui leur seraient inévitables, s'ils contrevenaient à la présente déclaration.[39]

Les derniers mots du texte, avec leur menace latente et leur velléité éducative, renouent certes avec le langage de la fermeté, mais en signalant que les mesures incitatives portent plus de fruits que la répression. La position officielle est en tout cas clairement établie: les comédiens font œuvre utile; leurs déportements ne sont pas inévitables et l'on s'en protégera d'autant mieux qu'on accordera à leur profession la reconnaissance qu'elle mérite.

Après cette ferme et explicite déclaration de 1641, peut-on encore fonder une argumentation contre le théâtre sur la réprobation sociale à l'égard des comédiens? On s'attendrait que les adversaires de la Comédie renoncent à un tel discours. Mais il ne semble pas qu'ils aient vu, ou surtout qu'ils aient accepté de voir, l'évolution de la profession de comédien et de son image dans la société. Varet persiste à poser le problème dans les termes qui sont ceux de Tertullien, et à dénoncer une incohérence, que le pouvoir civil s'employait précisément à dissiper.

> Les comédiens de ce temps-ci sont-ils d'une autre considération dans le monde que ceux de ce temps-là? «Quelle est, dit Tertullien[40], cette corruption qui fait que l'on aime ceux que les lois publiques condamnent; qu'on approuve ceux qu'elles méprisent; qu'on relève un art et un emploi, en même temps qu'on note d'infamie ceux qui s'y

---

[39] *Ibid.*, p. 537.

[40] Varet cite, assez fidèlement, le chapitre 22 du *De Spectaculis*.

adonnent? Quel est le jugement par lequel on couvre de confusion des gens pour une profession qui les rend recommandables? Ou plutôt, quel aveu ne fait-on pas, par ce jugement, de la corruption qui est inséparable de ce divertissement puisque, quelque agréables que soient ceux qui le donnent, ils ne laissent pourtant pas de demeurer dans l'infamie dont on les a notés?»[41]

Il n'est certes pas tolérable que l'on approuve un spectacle et que l'on condamne ceux qui le rendent possible. Varet, comme Tertullien, souhaiterait que l'on étende à la Comédie le discrédit qui pèse sur les comédiens. Mais c'est par un tour inverse que la contradiction est en passe d'être levée. Sans doute la note d'infamie n'a pas totalement disparu des mentalités. Furetière en est le témoin, qui, dans son *Dictionnaire*, range les comédiens au côté des bourreaux, parmi les «infâmes de fait», c'est-à-dire les personnes automatiquement déshonorées par leur profession.

Infâme. Qui est sans honneur, qui ne mérite aucune estime dans le monde. Il y a des infâmes de droit, tels que sont ceux qui sont notés par les lois, ou par des jugements publics; d'autres qui sont infâmes de fait, qui exercent une profession honteuse, ou qui n'est point pratiquée parmi les honnêtes gens, comme celle de charlatan, de comédien, de bourreau, de questionnaire.

Mais cette infamie est de l'ordre des préjugés, plutôt que de nature juridique. Le point, convenons-en, reste symptomatique et digne de réflexion[42]. L'article de Furetière atteste la solidité des préventions

---

[41] Varet, *De l'Education chrétienne des enfants*, pp. 282-283.

[42] C'est ce à quoi s'emploiera encore Rousseau, en plein XVIIIe siècle. L'auteur de la *Lettre à d'Alembert*, qui affecte de ne pas poser le problème du théâtre à travers les comédiens («Tout ce que j'ai dit jusqu'ici des effets de la comédie étant indépendant des mœurs des comédiens, n'en aurait pas moins lieu, quand ils [...] deviendraient par nos soins autant de modèles de vertu.» p. 156), instruit cependant un procès en règle contre leur profession, s'appuyant sur la force et la persistance des préjugés pour en justifier finalement la teneur: «Il ne s'agit [...] pas de crier d'abord contre les préjugés; mais de savoir premièrement si ce ne sont que des préjugés; si la profession de comédien n'est point, en effet, déshonorante en elle-même: car, si par malheur elle l'est, nous aurons beau statuer qu'elle ne l'est pas, au lieu de la réhabiliter, nous ne ferons que nous avilir nous-mêmes.» (pp. 162-163).

ordinaires contre le théâtre. Il est en tout cas impossible d'affirmer en 1666[43], comme le fait Varet, que «les lois publiques condamnent» les comédiens. Elles ont clairement cessé de le faire, et si elles continuent à sévir contre les histrions, c'est en leur refusant le titre, désormais honorable, de comédiens.

Pour Antoine Singlin, la cause est entendue: le théâtre est condamnable, parce que les comédiens sont condamnés. Et cette condamnation est d'autant plus significative, qu'elle émane conjointement des autorités civiles et religieuses: les premières protègent l'Etat contre les désordres moraux; les secondes assurent la pureté de l'Eglise en excommuniant les comédiens.

> Le métier de comédien est déclaré [...] infâme par les lois civiles, n'y ayant point de désordres dont elles ne croient capables ceux qui s'y attachent. L'Eglise aussi les retranche de sa communion [...] Les comédiens ne peuvent pécher que mortellement puisqu'on les excommunie; ainsi le péché de ceux qui les approuvent et leur commandent de jouer ne peut être petit. On a donc tort de s'imaginer que la Comédie soit devenue aujourd'hui une chose si innocente, comme si elle avait changé de nature. Comme les comédiens sont toujours infâmes, la Comédie est toujours un mal. La subsistance des peines prouve clairement la subsistance des crimes.[44]

Il n'est donc pas nécessaire de s'interroger plus avant, ni d'instruire soigneusement le procès. L'obéissance docile aux autorités, la confiance dans le bien-fondé de leurs décisions, doivent suffire au chrétien pour arrêter son opinion. Il ne saurait y avoir de progrès notable dans la Comédie, puisque la réprobation contre les comédiens n'a pas varié depuis l'époque des Pères.

Le raisonnement de Singlin laisse songeur. On ne peut tout d'abord qu'être embarrassé par son aspect sophistique. Le père Caffaro, en 1694, a beau jeu de se railler de cette logique, sans doute répandue, qui se fonde sur la peine pour aboutir à la culpabilité.

> Jusqu'ici, je ne vois rien de mauvais dans l'institution de la Comédie. Ah! disent ses ennemis, elle n'est que trop mauvaise puisqu'elle est

---

[43] Ou même en 1656, si, en accord avec l'avis liminaire, il faut faire remonter à cette date la rédaction de l'ouvrage de Varet.

[44] Antoine Singlin, *Lettre à la Duchesse de Longueville*.

> défendue. Jusqu'à présent, je l'avoue, je croyais qu'on défendît les choses parce qu'elles étaient mauvaises, et non pas qu'elles fussent mauvaises parce qu'elles étaient défendues.[45]

Cela montre au moins l'importance symbolique que revêt le statut des comédiens dans le débat théorique sur la Comédie. Les honnêtes gens, peu préoccupés de polémique morale, se bornent à prendre acte des mesures réglementaires. L'excommunication des comédiens atteste le caractère pernicieux de leur art. Si le raisonnement de Singlin est sophistique, il est probablement très représentatif de l'opinion moyenne: nul doute qu'il paraissait solide à la Duchesse de Longueville, à qui il était destiné. Mais les comédiens encourent-ils réellement les condamnations dont Singlin fait état? Sa référence aux lois civiles fait peu de cas des dispositions expressément contraires de 1641. Si l'on veut fonder la réprobation morale sur l'existence d'une condamnation pénale, encore faudrait-il que celle-ci existe effectivement.

Serait-ce donc que les exigences de l'Eglise divergeraient de la tolérance, voire de la bienveillance, dont le pouvoir civil se met à faire preuve à l'endroit des comédiens? On lèverait certes les contradictions, en concluant à l'opposition de deux logiques. Singlin n'aurait que partiellement tort, quand il rapporte à deux sources une condamnation dont la nature est devenue exclusivement religieuse. Mais il ne faudrait pas trancher trop hâtivement sur ce point, la position de l'Eglise face au théâtre ayant donné lieu à des caricatures, qui se sont peu à peu transformées en lieux communs.

Il n'entre pas dans mon sujet d'aborder la question historique, complexe et controversée, de l'excommunication des comédiens. On se reportera, pour une discussion plus approfondie de ce problème, aux travaux détaillés de Jean Dubu, dont je me contenterai d'indiquer ici les apports les plus notables. Le mythe de l'excommunication des comédiens s'est bâti sur la confusion entre deux notions: celle, grave et solennelle, d'excommunication; celle, de moindre portée disciplinaire, qui consiste à refuser aux pécheurs publics, l'accès à la sainte table. La logique de cette dernière interdiction se laisse aisément pénétrer: elle est exposée en toutes lettres, notamment, dans la *Somme Théologique* de saint Thomas[46]. La

---

[45] François Caffaro, *Lettre d'un théologien illustre...*, in: Urbain et Levesque, *op. cit.*, p. 90.
[46] *IIIa pars*, Q. 80, art. 6 (*Utrum sacerdos debeat denegare corpus Christi peccatori petenti*) et Q. 81, art. 2 (*Utrum Christus dederit Judae corpus suum*).

faute des pécheurs publics n'est pas *a priori* plus grave que celle d'autres pécheurs: elle est seulement connue de toute la communauté, et doit donc être traitée autrement que des péchés, même effroyables, qui sont tenus secrets. Un usurier public, enfreignant ouvertement les prescriptions de l'Eglise, ne peut être admis à la communion, à moins de renoncer publiquement à ses pratiques; s'il exerce en secret son métier répréhensible, il n'appartient plus au prêtre de le sanctionner. Notons bien cependant que, dans aucun des deux cas, il n'est question d'excommunication au sens strict[47].

Bien conscients de ces distinctions, les théologiens du XVIIe siècle, qui ne se privent pas de jouer sur la proximité des termes, prennent garde de ne pas prononcer le mot d'excommunication à propos des comédiens. Dans l'ensemble de ses *Maximes et Réflexions sur la Comédie*, Bossuet ne fait état d'aucune excommunication, et dressant, dans le onzième chapitre, la liste de toutes les mesures ecclésiales contre les comédiens, il se contente d'indiquer leur mise au nombre des pécheurs publics[48]. La formule de Singlin («Les comédiens ne peuvent pécher que mortellement puisqu'on les excommunie») est ainsi particulièrement maladroite et contestable. Quant à savoir même si les comédiens, sans être excommuniés, étaient écartés des sacrements par l'Eglise, au titre de pécheurs publics, la chose ne va pas sans difficultés. La liste des pécheurs publics était en effet établie par le rituel de chaque diocèse[49]. Or celui qui, après le Concile de Trente, devait servir de modèle à tous les autres — le Rituel Romain de Paul V — évoque les prostituées, les concubins, les usuriers, les sorciers, les devins, les blasphémateurs, mais ne fait aucune mention explicite des comédiens. Tout au plus peut-on estimer que leur

---

[47] Jean Dubu résume très clairement la portée de la confusion: «Du refus de la communion, démarche personnelle d'un prêtre responsable envers un fidèle connu dans une situation précise, préjudiciable, par la paroisse, on passe insensiblement, en la faussant, à la notion d'*excommunication*, décision solennelle qui ne peut être fulminée que par les plus hautes instances.» («L'essor du théâtre et sa condamnation par les autorités ecclésiastiques de 1550 à 1650», p. 112).

[48] «On les passe à la sainte table comme des pécheurs publics» (*op. cit.*, p. 202).

[49] Rappelons qu'on entend par 'rituel', un formulaire des sacrements tels qu'ils doivent être administrés pour être valides, avec l'ordre des cérémonies à observer, les rubriques liturgiques. La question délicate de ces rituels en France au XVIIe siècle, et de leur évolution sur la question des comédiens, a été remarquablement traitée par Jean Dubu («De quelques rituels des diocèses de France au XVIIe siècle et du théâtre», «L'Eglise catholique et la condamnation du théâtre en France au XVIIe siècle»).

métier est sous-entendu, dans une formule générale qui conclut l'énumération[50]. Ce n'est pas faire preuve d'une grande détermination contre la Comédie. Tout au long du XVIIe siècle, les catholiques français hostiles au théâtre, s'appliqueront à modifier ce rituel dans un sens rigoriste: il leur suffisait pour cela d'inclure subrepticement les comédiens dans la liste des pécheurs publics. L'évêque de Châlons, Félix Vialart de Herse, est en 1649 le premier à se livrer à l'opération, dans le rituel de son diocèse. D'autres évêques suivent son exemple, de plus en plus nombreux au fur et à mesure que le siècle avance, sans qu'on puisse cependant conclure à une décision systématique et assumée de l'épiscopat de France. Quand un lecteur non prévenu consultait ces rituels rigoristes, il pouvait se croire devant l'enseignement antique et universel de l'Eglise catholique, alors que s'exprimait seule la volonté réformatrice et limitée d'un évêque particulier.

Malgré qu'ils en aient, les ennemis de la Comédie des années 1660-1670 ne peuvent donc se prévaloir d'une parfaite conformité de vue avec leur Eglise. Sans aller jusqu'à parler à leur sujet d'une dissidence religieuse — des pans très orthodoxes du clergé ne cachent pas leurs sentiments hostiles au théâtre — , il faut bien convenir que les rigoristes se trouvent en la matière bien plus proches de la position des Eglises de la Réforme, que de celle des autorités romaines[51]. La lutte contre les comédiens, les accusations persistantes d'immoralité, pèsent en tout cas d'un grand poids dans la querelle de la moralité du théâtre. Aussi mesurée que soit l'attitude respective de l'Eglise catholique et des pouvoirs de police, les moralistes continuent à fonder une partie de leurs attaques sur la personne du comédien. On comprend la violence de la charge de Bossuet contre Molière, dans un des passages les plus connus de ses

---

[50] Voici le passage du Rituel de Paul V (cité par J. Dubu, «De quelques rituels...», pp. 95-97.): *Fideles omnes ad sacram communionem admittendi sunt, exceptis iis qui justa ratione prohibentur. Arcendi autem sunt publici indigni, quales sunt excommunicati, interdicti, manifesteque infames, ut meretrices, concubinarii, foeneratores, magi, sortilegi, blasphemi, et alii ejus generis publici peccatores, nisi de eorum poenitentia et emendatione constet, et publico scandalo prius satisfecerint.*

[51] C'est l'argument que développe Voltaire, avec une sournoise ironie, au siècle suivant: «Ce sont les hérétiques, il le faut avouer, qui ont commencé à se déchaîner contre le plus beau de tous les arts. Léon X ressuscitait la scène tragique; il n'en fallait pas davantage aux prétendus réformateurs pour crier à l'œuvre de Satan. Aussi la ville de Genève et plusieurs illustres bourgades de Suisse ont été cent cinquante ans sans souffrir chez elles un violon.» (*Questions sur l'encyclopédie* [1771], article: «Police des Spectacles»).

Maximes et Réflexions sur la Comédie. L'auteur de *Tartuffe*, outre sa célébrité, qui en faisait une cible de choix, cumule la double qualité de poète et de comédien.

La postérité saura peut-être la fin de *ce poète comédien*...[52]

Dans cet assemblage remarquable de compétences, Bossuet exprimait la profondeur de sa condamnation. Mais c'est peut-être encore plus comme comédien que comme poète, que Molière faisait les frais d'une telle exécration.

---

[52] Bossuet, *Maximes et réflexions sur la Comédie*, p. 185.

CHAPITRE III

POÉTIQUE

Le théâtre, au XVIIe siècle, est incriminé d'abord en tant que spectacle. Beaucoup d'arguments qu'on lui oppose servent aussi, sans modifications majeures, à combattre les jeux, les danses, les fêtes, les carnavals. La grande référence religieuse que produisent les défenseurs du théâtre — la *Somme Théologique* — assimile d'ailleurs les comédiens et les joueurs, et concerne finalement tous les délassements, confondus sous l'appellation globale de «mouvements extérieurs du corps»[1]. La polémique autour de la moralité de la Comédie n'appartient donc pas proprement au domaine littéraire. De là vient sans doute une partie de la déconvenue initiale des lecteurs modernes, qui souhaiteraient trouver dans les ouvrages suscités par la querelle, des attaques plus abstraites, plus «textuelles», plus proches en somme, dans leurs préoccupations, des réflexions sur les règles, que mènent les doctes, à la même période. Si la théorie littéraire n'est pas le premier souci des détracteurs du théâtre, elle n'est cependant pas absente de leurs considérations. Implicite dans certains développements, délibérément assumée dans d'autres, une attention théorique se fait jour parfois, qui ressortit véritablement à la poétique. Pour Nicole et ses amis, le théâtre ne se confond pas avec le texte théâtral, mais une étude soigneuse de celui-ci fait partie des moyens pour lutter contre celui-là.

On remarquera d'abord, dans les ouvrages anti-théâtraux des années 1660, la présence de nombreuses citations, tirées de pièces contemporaines. Dans certains cas, pour étayer les thèses défendues, de véritables commentaires de textes sont amorcés. Le phénomène est d'autant plus frappant qu'on constate, un quart de siècle plus tard, que Bossuet s'abstient de toute allusion précise à une œuvre théâtrale, et *a fortiori*, ne

---

[1] Saint Thomas, *Somme Théologique, IIa-IIae*, question 168. Le titre même de la question 168 est très général: «*De modestia secundum quod consistit in exterioribus motibus corporis*». Le premier article considère les mouvements extérieurs qui se font avec sérieux; les trois articles suivants touchent aux conduites de jeu.

cite aucun extrait d'une pièce, quelle qu'elle soit. Varet, comme Nicole, s'attarde longuement sur la *Théodore* de Corneille, en fournissant les textes. Le traité de Conti se caractérise par la densité des références concrètes. On peut les répartir en trois catégories. Certaines analyses s'appuient sur l'exemple d'une œuvre, dont un long passage est cité et analysé. Dans le cadre étroit du *Traité de la Comédie et des spectacles*, le lecteur ne rencontrera pas moins de trente-six vers, empruntés à deux œuvres de Corneille (*Le Cid, Pompée*), et à l'*Alcionée* de du Ryer. A d'autres moments, sans citer le texte, Conti évoque très précisément un épisode d'une tragédie: les deux duels du *Cid*, ou «le récit de la défaite des Mores»; les dialogues «tendres et passionnés» d'Emilie et de Cinna, la clémence d'Auguste; «l'affliction de Sévère lorsqu'il trouve Pauline mariée», dans *Polyeucte*; la vengeance de Cléopâtre dans *Rodogune*[2]. Il arrive encore que l'auteur se contente de faire globalement allusion à une pièce, tel l'*Herodes infanticida* de Daniel Heinsius[3], en dehors de tout passage spécifique. Tout cela atteste une connaissance effective du répertoire, et le dessein bien arrêté d'envisager la Comédie sous les formes tangibles qui se présentaient au spectateur de l'époque, et pas seulement comme un spectacle, dont la nocivité tiendrait aux seules caractéristiques matérielles.

Il y a une étrange culture théâtrale des ennemis du théâtre. La même impression ressort de la lecture du *Recueil de choses diverses*, écho des conversations et des intérêts d'un salon proche de Port-Royal, que l'on pourrait donc imaginer assez peu préoccupé de théâtre, mais où abondent les discussions littéraires et les allusions aux grandes œuvres dramatiques[4]. Dans le cadre de notre querelle, la victime de cette culture théâtrale est généralement Corneille. Auteur célèbre, et à ce titre, cible de choix, le grand poète offrait en outre l'avantage d'incarner un authentique christianisme. Convaincre d'immoralité des pièces aussi édifiantes, dans leur intention, que *Polyeucte* ou *Théodore*, œuvres d'un «des plus grands poètes de ce temps», «le plus honnête de tous les Poètes de théâtre»[5], c'est condamner d'un seul coup l'ensemble du répertoire dramatique.

---

[2] Conti, *op. cit.*, pp. 38-39; 35-36; 36; 41.

[3] *Ibid.*, p. 22.

[4] Voir l'édition critique du *Recueil de Choses diverses* procurée par Jean Lesaulnier: *Port-Royal insolite*, Klincksieck, 1992.

[5] C'est par ces formules que Nicole désigne Corneille dans son *Traité de la Comédie* (éd. 1667, §12 et 13).

Georges Couton a bien souligné le statut symbolique de Corneille et le sens que prenait, dans ces conditions, l'attaque menée contre lui.

> Tous les ennemis du théâtre ont même idée que Nicole: la tragédie cornélienne étant la plus inattaquable au moins en apparence, la dialectique qui l'abattra abattra à plus forte raison tout le théâtre contemporain. S'il faut parler le langage allégorique cher aux gens de ce temps, Corneille est une citadelle érigée au pays de Comédie qui le protège tout entier.[6]

Protestant des compétences littéraires de Nicole, Barbier d'Aucour, dans sa lettre à Racine, n'hésite pas à mettre Corneille au même rang que les illustres modèles de l'Antiquité.

> Mais enfin il n'empêche pas qu'on ne connaisse ce qu'il y a de beau dans les ouvrages de Sophocle, d'Euripide, de Térence et de Corneille, et qu'on ne l'estime son prix: on peut même dire qu'il [Nicole] s'y connaît, et qu'il sait les règles par où il en faut juger. Il n'ignore pas que ce qu'il y a de plus fin dans l'éloquence, les grâces les plus naturelles, les manières les plus tendres et les plus capables de toucher, se trouvent dans ces sortes d'ouvrages.[7]

La condamnation par Nicole du théâtre en général, et de Corneille en particulier, ne serait pas le fait d'un béotien, insensible aux grâces des chefs-d'œuvre: l'auteur du *Traité de la Comédie* est parfaitement apte à juger des qualités littéraires d'une pièce, et s'il proscrit la Comédie, c'est en se fondant sur l'analyse de ses plus remarquables productions.

1 — Les vertus chrétiennes au théâtre

Un genre littéraire n'est pas une forme vide, susceptible d'accueillir n'importe quel contenu, de véhiculer tous les messages qu'il plairait à l'auteur. Pour user d'un langage anachronique (mais qui a le mérite de faire ressortir la portée théorique et la permanence de ce débat), les moralistes ont été amenés, dans leur lutte contre la Comédie, à mettre en évidence le problème capital de la non-neutralité du médium. Le choix

---

[6] Georges Couton, *La Vieillesse de Corneille*, p. 158.

[7] Barbier d'Aucour, *Réponse à la lettre adressée à l'auteur des* Hérésies Imaginaires; *in*: Racine, G.E.F., t. IV, p. 319.

d'un médium particulier entraîne subrepticement l'adoption de certaines valeurs, quand bien même on n'aurait aucune intention de s'y conformer. Tout ne peut pas s'exprimer au théâtre, et notamment les vérités essentielles de la foi chrétienne, qui se trouvent ainsi structurellement exclues de l'univers fictif élaboré. Par de telles idées, Nicole et ses amis annoncent en quelque sorte les conceptions modernes des théoriciens de la communication, résumées dans la célèbre formule du penseur canadien Marshall McLuhan: «Le message, c'est le médium»[8]. Autrement dit, le message apparent — le contenu du discours — est un leurre; les éléments significatifs, ceux qui exercent une influence profonde, tiennent au support de ce message. Quand il lance l'idée selon laquelle le médium serait le seul facteur véritablement déterminant du processus de la communication, McLuhan pense bien entendu à tous les moyens modernes de communication (radio, télévision, informatique — qu'il appelle alors cybernétique), davantage qu'au théâtre. Mais la mise en garde qui ponctue régulièrement ses analyses, appel à la vigilance critique plutôt qu'objurgation morale, rejoint les constatations bien concrètes que font au XVIIe siècle Nicole et Varet à partir des pièces religieuses de Corneille. Les spectateurs y sont victimes d'une illusion; ils se font piéger par un spectacle dont les postulats, intransigeants, s'imposent à eux sans qu'ils en prennent conscience.

> Tous les média ont ce pouvoir d'imposer à quiconque n'est pas sur ses gardes les postulats sur lesquels ils reposent.[9]

L'attention de Nicole, et de la plupart des moralistes de sa tendance, se fixe sur la nature du héros théâtral. Celui-ci doit respecter des exigences esthétiques et techniques, offrir des caractéristiques élémentaires, faute de quoi la pièce ne saurait exister. Or les caractéristiques d'un héros théâtral sont tout simplement incompatibles avec les vertus chrétiennes.

---

[8] Voir Marshall McLuhan, *Pour comprendre les média (Les prolongements technologiques de l'homme)*, Tours: éditions Mame, Paris: éditions du Seuil, 1968 [traduction française de: *Understanding media, the extensions of man*, New York: McGraw-Hill Book Company, 1964].

[9] Marshall McLuhan, *op. cit.*, p. 31.

Le silence, la patience, la modération, la sagesse, la pauvreté, la pénitence ne sont pas des vertus dont la représentation puisse divertir des spectateurs; et surtout on n'y entend jamais parler de l'humilité, ni de la souffrance des injures. Ce serait un étrange personnage de Comédie qu'un Religieux modeste et silencieux. Il faut quelque chose de grand et d'élevé selon les hommes, et au moins quelque chose de vif et d'animé — ce qui ne se rencontre point dans la gravité et la sagesse chrétiennes. Et c'est pourquoi ceux qui ont voulu introduire des Saints et des Saintes sur le théâtre ont été contraints de les faire paraître orgueilleux, et de leur mettre dans la bouche des discours plus propres à ces héros de l'ancienne Rome, qu'à des Saints et à des Martyrs.[10]

Les vertus chrétiennes sont de nature essentiellement non spectaculaire; elles se manifestent sous une forme négative: le silence est absence de parole; la patience, absence de révolte; la pauvreté, quel que soit le sens spirituel qu'on lui donne, se définit par un dénuement. L'hypothèse cocasse du «religieux modeste et silencieux» égaré sur une scène, l'exprime sous une forme savoureuse: le vrai chrétien est un héros impossible, qui contredit à toutes les normes de représentation de l'héroïsme. La sainteté est non seulement peu divertissante: elle est, à la limite, imperceptible. L'humilité, quand elle est pleinement réalisée, tend à l'effacement de la personne; et tout ce qui permet, inversement, d'identifier la vertu d'humilité et de la désigner, est ce par quoi elle manque à son idéal, ce qui en elle est de l'ordre de la mise en scène. Ce n'est pas refuser toute forme de grandeur à la vie chrétienne que de parler ainsi; c'est plutôt prendre acte, avec Pascal, que chacun des trois ordres se caractérise par une idée différente de la grandeur. La marque que l'on s'inscrit dans un nouvel ordre est précisément son invisibilité au regard des précédents.

La grandeur de la sagesse, qui n'est nulle sinon de Dieu, est *invisible* aux charnels et aux gens d'esprit. Ce sont trois ordres différents. De genre.[11]

Le théâtre a besoin de grandeur, mais — comme le précise Nicole — de «quelque chose de grand et d'élevé selon les hommes», c'est-à-dire d'une

---

[10] Nicole, *Traité de la Comédie* (1667) §14.
[11] Pascal, *Pensées*, fr. 339 (je souligne).

grandeur qui n'est pas reconnue comme telle par les chrétiens, tandis que celle qu'ils tentent d'atteindre n'aurait aucune consistance sur une scène. Le modèle chrétien par excellence, le héros — si l'on veut — dans l'ordre de la foi, à savoir Jésus-Christ, est un bien piètre héros, selon les normes du spectaculaire qui ont cours dans le monde, et qui régissent l'univers du théâtre. C'est ce dont convient Pascal, dans son développement sur les trois ordres; mais à ceux que trouble la bassesse et l'obscurité de la vie du Christ, l'apologiste répond en renversant l'objection: la bassesse de son existence est une «preuve de Jésus-Christ», car c'est une forme supérieure de grandeur.

> Il est bien ridicule de se scandaliser de la bassesse de Jésus-Christ, comme si cette bassesse était du même ordre duquel est la grandeur qu'il venait faire paraître.
> Qu'on considère cette grandeur-là dans sa vie, dans sa passion, dans son obscurité, dans sa mort, dans l'élection des siens, dans leur abandonnement, dans sa secrète résurrection et dans le reste. On la verra si grande qu'on n'aura pas sujet de se scandaliser d'une bassesse qui n'y est pas.[12]

Le Christ, autrement dit, n'est pas un personnage théâtral, pas plus que ne peuvent l'être tous les hommes qui s'efforcent de l'imiter.

Ecrire pour le théâtre, c'est faire le choix d'un certain système de représentation, et de l'idéologie qui en est indissociable, laquelle se trouve en totale contradiction avec les valeurs évangéliques. La chose apparaît concrètement et de façon exemplaire dans des pièces qui, prenant un sujet de nature religieuse, présentent la contradiction en leur propre sein. C'est la raison de l'attention extrême manifestée pour la tragédie de Corneille, *Théodore vierge et martyre*, dans les ouvrages de Nicole et Varet. Jouée pendant la saison 1645-1646, et publiée dès octobre 1646, *Théodore* fut un échec suffisamment flagrant, pour que l'auteur se soit senti tenu d'en proposer quelques raisons. Avec une altière honnêteté, il n'épargne pas à sa tragédie les critiques de fond. Nous y reviendrons. Mais il laisse entendre en même temps que la pièce n'avait pas pâti de ses seuls défauts, et qu'elle avait dû affronter une hostilité concertée. Derrière ces «diverses conjonctures qui pourraient [l]e justifier aucunement»[13], dont fait état

---

[12] Pascal, *ibid.*

[13] Corneille, *O. C.* 2, p. 270.

Corneille dans la dédicace de l'ouvrage imprimé, Georges Couton a sans doute raison de déceler l'existence d'une véritable querelle de *Théodore*[14]. Elle n'a pas été signalée par l'histoire littéraire, qui ne dispose sur elle que de peu d'informations, mais elle est suffisamment attestée par les échos que trouve la tragédie dans les écrits anti-théâtraux. Il n'est pas impossible que ces escarmouches autour de *Théodore* soient le premier acte de la querelle qu'on voit se développer, dans toute son ampleur, au cours de la décennie 1660-1670.

Le héros de théâtre, fût-il appelé au martyre et à la sainteté, se doit, selon Nicole, de manifester dans ses paroles orgueil et galanterie. L'exemple de la sainte d'Antioche, que choisit Corneille comme héroïne de sa seconde tragédie religieuse, en administre une preuve éclatante.

> Il faut que la dévotion de ces Saints de théâtre soit toujours un peu galante. C'est pourquoi la disposition au Martyre n'empêche pas la Théodore de M. de Corneille de parler en ces termes.
> *Si mon âme à mes sens était abandonnée,*
> *Et se laissait conduire à ces impressions*
> *Que forment en naissant les belles passions.*[15]

Théodore, certes, résiste à cette galanterie: l'amour qu'elle ressent (et qu'elle confesse) pour Didyme n'influe en aucune manière sur sa conduite. Les belles passions sont impuissantes sur son âme. Mais le personnage serait sans relief et incapable d'émouvoir les spectateurs, si l'amour divin n'était pas en quelque manière combattu par un attachement humain. Une martyre toute d'une pièce, entièrement préoccupée de sa vocation religieuse, n'a pas sa place dans le cadre d'une tragédie. Corneille juge donc nécessaire de mettre dans la bouche de Théodore une longue évocation de ses troubles, des précautions qu'elle prend contre elle-même, et des rigueurs qu'elle oppose à Didyme pour se protéger des sentiments qu'il lui inspire. Mais les déchirements affectifs de l'héroïne, exprimés avec une belle et douloureuse noblesse, ne font pas que dégrader l'image idéale d'une sainte chrétienne: ils exercent sur l'auditeur une influence néfaste. Varet, qui cite (un peu plus brièvement) le même

---

[14] Voir l'introduction de G. Couton à son édition du *Traité de la Comédie* de Nicole (pp. 18-21) et la notice de la pièce, dans l'édition de la Pléiade (*O. C.* 2, pp. 1315-1317).

[15] Nicole, *Traité de la Comédie* (1667), §14. La citation de *Théodore* est tirée de l'acte II, scène 2 (v. 392-394).

passage de la pièce, s'offusque d'y trouver une forme de justification d'une «amour déréglée». Rendue sublime par la résistance de la sainte, sa passion pour Didyme apparaît sous un jour respectable.

> Quoique l'auteur la lui fasse combattre, elle ne laisse pas pourtant de donner lieu à ceux qui l'entendent de justifier en eux-mêmes, par son exemple, la passion qu'ils ressentent, et de l'entretenir sous prétexte de n'y vouloir point consentir.[16]

La tragédie de Corneille transforme une vierge intrépide en une fragile et galante créature, et d'un modèle suprême pour la chrétienté, elle fait une insidieuse menace.

L'humilité, l'effacement sont incompatibles avec le caractère d'un héros de tragédie. Cette autre donnée structurelle, selon Nicole, trouve aussi son illustration dans des paroles de Théodore. Princesse d'Antioche, privée de son rang par l'occupation romaine, l'héroïne de Corneille satisfait aux exigences de grandeur de la tragédie. Mais elle évoque sa naissance avec un orgueil pénétré, une fierté aristocratique, dont on peut s'étonner chez une chrétienne prête au martyre, et qui devrait jeter sur les honneurs du monde un regard désillusionné.

> Et l'humilité de théâtre souffre qu'elle réponde de cette sorte en un autre endroit:
> *Cette haute puissance à ses vertus rendue,*
> *L'égale presque aux rois dont je suis descendue;*
> *Et si Rome et le temps m'en ont ôté le rang,*
> *Il m'en demeure encor le courage et le sang.*
> *Dans mon sort ravalé je sais vivre en Princesse,*
> *Je fuis l'ambition, mais je hais la faiblesse.*[17]

Transposées sur une scène, les réalités chrétiennes subissent une véritable métamorphose: «l'humilité de théâtre», «les saints de théâtre» sont la caricature, adaptée aux exigences de la Comédie, de l'humilité et de la sainteté. Dans ce processus, il n'entre à proprement parler aucune malveillance. Nicole n'accuse pas Corneille d'avoir dégradé, à dessein, le personnage de Théodore, en lui imposant des traits de fierté humaine et de galanterie. Cette métamorphose est de l'ordre des nécessités techniques.

---

[16] Varet, *op. cit.*, p. 273.

[17] Nicole, *Ibid.* La citation de *Théodore* est tirée de l'acte II, scène 4 (v. 503-508).

L'auteur s'est trouvé «contraint» de la «faire paraître orgueilleu[se]»; et Nicole insiste sur le caractère automatique et péremptoire de ces transformations: «*il faut* quelque chose de grand...», «*il faut* que la dévotion soit...». La conclusion est simple à tirer. Une martyre chrétienne ne peut fournir de personnage à une tragédie: soit elle conserve ses traits authentiques, et la pièce enfreint des principes poétiques constitutifs; soit elle s'adapte aux nécessités scéniques, et elle ne garde d'elle-même qu'une inconsistante apparence.

Varet résume l'action de *Théodore*, en montrant comment l'ensemble de ses ressorts échappe fatalement à une logique religieuse.

> Si l'on [...] représente le martyre d'une sainte, il faut que ce soit une intrigue d'amour qui la fasse mourir; que ce soit parce qu'une autre fille aime éperdument le jeune prince, qui a une passion violente pour cette sainte, et qu'une mère furieuse n'épargne pas le sang de cette sainte, pour satisfaire la passion de cette pauvre malheureuse.[18]

Le martyre, dont Corneille a voulu donner dans sa pièce une édifiante illustration, est le témoignage extrême d'un chrétien, face aux persécutions que subit sa foi. Il faut bien convenir que les malheurs de Théodore, tels que les évoque la tragédie, ne dépendent pas exclusivement de ses convictions religieuses. Mais surtout, la cause réelle de sa mort réside bien dans l'amour que Placide, le fils du gouverneur, éprouve pour elle, et qu'il refuse à une autre femme. La foi de Théodore ne sert à ses ennemis que de prétexte pour la perdre: c'est une fragilité du personnage, qui la rend vulnérable à toutes les pressions. Aussi déterminée et furieuse même que soit sa disposition au martyre, celle-ci apparaît finalement comme un élément annexe dans les meilleurs passages de la pièce, une donnée hétérogène, et à certains moments, fâcheuse. Cette *tragédie chrétienne* — comme le porte son sous-titre — ne parvient pas à se dérouler sur un plan chrétien.

On touche ici à un point essentiel, et qui explique l'intérêt disproportionné porté par Nicole et Varet à une œuvre secondaire du grand Corneille: l'imperfection de *Théodore* et son évidente faiblesse. Dans l'examen qu'il joint à la pièce en 1660, dans l'édition collective de son théâtre, Corneille détaille, sans complaisance, les qualités et les défauts de la tragédie. Si certains caractères lui semblent «vigoureux et animés»; si,

---

[18] Varet, *op. cit.*, p. 272.

en dépit de quelques problèmes généraux, il trouve l'ensemble «ingénieusement conduit», il doit convenir que l'insatisfaction laissée par sa pièce tient au personnage de Théodore.

> [Il y a des caractères] traînants, qui ne peuvent avoir grand charme, ni grand feu sur le théâtre. Celui de Théodore est entièrement froid. Elle n'a aucune passion qui l'agite, et là même où son zèle pour Dieu qui occupe toute son âme devrait éclater le plus, c'est-à-dire dans sa contestation avec Didyme pour le martyre, je lui ai donné si peu de chaleur, que cette scène bien que très courte ne laisse pas d'ennuyer. Aussi, pour en parler sainement, une vierge et martyre sur un théâtre, n'est autre chose qu'un terme qui n'a ni jambes ni bras, et par conséquent point d'action.[19]

Le jugement est sévère; émanant de l'auteur de *Polyeucte*, il surprend quelque peu. On comprend en tout cas aisément le profit que pouvaient en tirer les détracteurs du théâtre. Corneille, en effet, fait bien plus que désigner des défauts ponctuels et contingents, susceptibles d'être corrigés: c'est le sujet même de sa pièce, et le personnage principal, qui lui paraissent inadaptés à la scène. Froideur, absence de passion, inertie, et en fin de compte ennui, sont les effets normaux d'une discordance entre le théâtre et les vertus chrétiennes. Seul un auteur aussi conscient que Corneille des réalités de la foi et des nécessités théâtrales, pouvait prendre acte avec une telle netteté d'un échec structurel. Après avoir honnêtement tenté de concilier deux univers inconciliables, celui de la sainteté et celui de la tragédie, Corneille conclut non seulement à l'insuccès de ses efforts, mais plus généralement à l'échec inévitable de toute tentative similaire.

La pièce est finalement victime des scrupules de son auteur, et ne réussit sur aucun plan. Nicole montre que par ses complaisances envers les valeurs héroïques — fierté et galanterie — Corneille a dénaturé son héroïne; mais, de l'avis même de l'écrivain, le résultat est insuffisant, et n'assure pas à Théodore une présence et une force théâtrales. Citant l'examen de 1660, Varet surenchérit.

> Ce qui est reconnaître de bonne foi qu'une vierge véritable fait un très méchant personnage sur un théâtre; qu'il demande plus de galanterie et plus de «chaleur» qu'il n'y en a dans une vierge chrétienne; et que

---

[19] Corneille, Examen de *Théodore*, *O. C.* 2, pp. 271-272.

si les autres scènes de cette pièce ne sont pas si «ennuyeuses», c'est qu'en effet Théodore n'y parle ni en vierge, ni en martyre.[20]

En d'autres termes, si la pièce ennuie, c'est que Corneille ne s'y est pas montré assez impie: l'auteur de théâtre n'échappe à la critique que dans la mesure où il se dégage des exigences morales et religieuses. L'idée d'un théâtre chrétien est donc une supercherie. Ceux qui s'appuient sur l'existence de pièces religieuses pour soutenir que la Comédie a évolué, qu'elle n'est plus immorale puisqu'elle fait parfois cause commune avec la religion chrétienne, invoquent des faux-semblants. Car ces pièces n'ont qu'une teinture de religion, un thème et des situations qui peuvent abuser des critiques sommaires, tandis que leur logique dramatique, leurs effets, leurs réussites relèvent des mêmes principes que ceux de toutes les Comédies. Conti refuse ainsi à *Polyeucte* le titre de Comédie sainte, dont les défenseurs du théâtre pourraient tirer argument.

> La seconde chose qu'ils objectent est qu'il y a des Comédies saintes, qui ne laissent pas d'être très belles, et sur cela on ne manque jamais de citer *Polyeucte*, car il serait difficile d'en citer beaucoup d'autres. Mais en vérité, y a-t-il rien de plus sec et de moins agréable que ce qui est de saint dans cet ouvrage? Y a-t-il rien de plus délicat et de plus passionné que ce qu'il y a de profane? Y a-t-il personne qui ne soit mille fois plus touché de l'affliction de Sévère lorsqu'il trouve Pauline mariée, que du martyre de Polyeucte? Il ne faut qu'un peu de bonne foi pour tomber d'accord de ce que je dis. Aussi Dieu n'a pas choisi le théâtre pour y faire éclater la gloire de ses martyrs.[21]

Les agréments de la pièce sont réels, mais, si l'on en croit Conti, ils ne tiennent pas à sa composante religieuse: ils se déploient malgré elle. *Polyeucte* se révèle une belle tragédie profane, handicapée par une affectation de discours chrétien.

En s'attaquant aussi fermement à l'idée d'un théâtre chrétien, les adversaires de la Comédie poursuivent en fait un double but, stratégique et théorique. Il s'agit pour eux d'abord — comme nous l'avons vu — d'écarter les objections que constituent les pièces religieuses de Corneille, ou d'autres auteurs; de dissiper toute idée d'une convergence possible entre le théâtre et la foi. Molière s'ingénie, dans la préface de *Tartuffe*, à

---

[20] Varet, *op. cit.*, p. 275-276.

[21] Conti, *op. cit.*, pp. 36-37.

faire état des liens qui unissent la religion au monde du théâtre. Il évoque les Confrères de la Passion, interprètes initialement de mystères et pièces religieuses, qui, après qu'ils eurent cessé de jouer eux-mêmes la comédie, bénéficièrent jusqu'en 1629 d'un monopole du théâtre à Paris; ils possédaient encore en 1669 la salle de l'Hôtel de Bourgogne (derrière l'église St-Eustache), qu'ils louaient aux «Grands Comédiens».

> [La Comédie] doit sa naissance aux soins d'une confrérie à qui appartient encore aujourd'hui l'Hôtel de Bourgogne; [...] c'est un lieu qui fut donné pour y représenter les plus importants mystères de notre foi; [...] on en voit encore des comédies imprimées en lettres gothiques, sous le nom d'un docteur de Sorbonne.[22]

Et bien entendu, l'auteur de *Tartuffe* se réfère pour finir à *Polyeucte* et à *Théodore*, comme aux plus illustres exemples modernes de tragédies sacrées. Si *Polyeucte* a été applaudi, pourquoi refuserait-on à *Tartuffe* le droit de lutter, avec ses moyens propres, pour la pureté de la religion? Plus généralement, pourquoi dénier au théâtre le droit de se charger de missions religieuses? Il n'est pas nécessaire de remonter au Moyen-Age pour trouver la preuve des services qu'il peut rendre à la Foi.

> Sans aller chercher si loin, [...] l'on a joué de notre temps des pièces saintes de Monsieur de Corneille, qui ont été l'admiration de toute la France.[23]

On répondra donc à Molière et à ceux qui recourraient à de semblables arguments, que cette alliance apparente entre la Comédie et la religion n'est qu'un montage superficiel, une habile manœuvre qu'ont imaginée les auteurs de Comédie, pour se garantir des attaques auxquelles les vouait leur immoralité. Ils ont maquillé leurs pièces en ouvrages religieux, tout comme, au dire de Tertullien, on avait camouflé des théâtres en temples, durant l'antiquité. Pour Varet, le rapprochement est d'autant plus significatif, que la célébration de la passion amoureuse sur les scènes théâtrales en fait de véritables temples de Vénus.

---

[22] Molière, *O. C.* 1, pp. 884-885. La dernière remarque est généralement interprétée comme une allusion à Jehan Michel, auteur vers la fin du XVe siècle de la *Passion d'Angers*, et qui était docteur de Sorbonne (mais en médecine), confondu avec un homonyme théologien et évêque.

[23] *Ibid.*, p. 885.

Ceux qui ont voulu rendre chrétienne la Comédie, en y mêlant les actions des saints et des saintes, ont fait à peu près comme Pompée, lequel, au rapport de Tertullien, voyant que les censeurs romains avaient fait abattre plusieurs fois les théâtres, parce qu'ils corrompaient les mœurs du peuple, et voulant empêcher qu'ils ne détruisissent celui qu'il avait fait élever dans Rome, y fit bâtir un temple qu'il dédia à Vénus, et appela cet édifice, non pas le théâtre, mais le *temple de Vénus*; «et c'est ainsi, dit Tertullien, qu'en donnant ce titre spécieux à cet ouvrage, qui ne méritait que d'être condamné, il éluda par cette superstition les règlements que les censeurs eussent pu faire, pour le faire abattre.»[24]

Mais la Comédie n'est pas plus chrétienne pour aborder des sujets chrétiens, que le théâtre de Pompée ne devenait un temple, pour avoir été en partie consacré à une divinité païenne. On ne saurait donc tirer, d'une fallacieuse apparence, des conclusions solides sur un changement de nature du théâtre. Même quand elle semble traiter des tribulations d'une vierge et martyre, la Comédie reste fondamentalement profane.

Le second objectif est beaucoup plus ambitieux, et nous ramène à des préoccupations de poétique. Indépendamment de l'usage que les défenseurs de la Comédie pourraient faire des pièces «religieuses» de Corneille, il importe à Nicole et à ses amis de démasquer leur vraie nature, à cause des conséquences théoriques qui en découlent. Il ne fait aucun doute que Corneille, auteur d'une paraphrase en vers de l'*Imitation de Jésus-Christ* et chrétien convaincu, souhaitait profondément christianiser le théâtre, en composant une tragédie comme celle de *Théodore*. S'il n'y est pas parvenu, c'est que les nécessités scéniques l'interdisaient. Cet échec est instructif. Il démontre que dans toutes les œuvres de théâtre, y compris celles qui ne se soucient pas de religion, l'expression des valeurs chrétiennes est exclue. Le phénomène, simplement, n'apparaît pas de façon aussi éclatante quand il ne suscite aucune tension interne. Mais l'impossibilité de porter sur scène une sainte, quand on en fait le dessein, prouve combien les valeurs implicites du théâtre sont opposées à celles du christianisme. Les personnages qui n'ont aucune vocation à la sainteté, et qui remplissent les Comédies sans y poser aucun problème technique, sont bien les illustrations et les modèles d'une vie non chrétienne. La démystification des tragédies sacrées n'est donc pas un enjeu en soi, mais

---

[24] Varet, *op. cit.*, p. 288. La citation de Tertullien est tirée du chapitre 10 (n. 6) du *De Spectaculis*.

le moyen privilégié de faire percevoir l'horreur réciproque du théâtre et du christianisme. Les auteurs de Comédies auraient donc tort de se croire les victimes d'un ostracisme décrété par l'Eglise. L'exclusion est réciproque, et le conflit parfaitement logique, comme le soutient Goibaud du Bois, avec une grande fermeté, dans sa lettre à Racine:

> Et doutez-vous qu'il ne soit bien aisé de faire voir que le christianisme a de l'horreur pour le théâtre, puisque d'ailleurs le théâtre a tant d'horreur pour le christianisme? L'esprit de pénitence qui paraît dans *l'Evangile* ne fait-il pas peur à ces esprits enjoués qui animent la comédie? Les vertus des chrétiens, ne sont-ce pas les vices de vos héros? Et pourrait-on leur pardonner une patience et une humilité évangélique?[25]

Nous avons trouvé sensiblement les mêmes raisons sous la plume de Nicole. Toutes les perfections auxquelles appelle l'Evangile sont autant de traits qui ôteraient son intérêt et son charme au héros dramatique. Ce qui sur scène passe pour vertu est ce dont la foi chrétienne nous enseigne à nous libérer. Les notions de vice et de vertu s'inversent, quand on passe de l'Eglise au théâtre. La fréquentation de chacun de ces lieux implique donc l'adoption du système de valeurs qui y a cours.

A Corneille, et à d'autres poètes enthousiastes du début du siècle[26], qui se réjouissent de participer à une conversion du théâtre, les moralistes opposent l'idée que le discours idéologique de la Comédie est contenu, intrinsèquement, dans la définition poétique du genre. Celui-ci n'est donc pas susceptible d'amendement. Le propos, les personnages et, dans une certaine mesure, les thèmes, sont prédéterminés par le cadre qui leur est affecté. Cette réflexion rejoint un grand argument platonicien — rencontre plus ou moins consciente, de la part des adversaires modernes de la Comédie, mais en parfaite cohérence avec la logique des filiations.

---

[25] Goibaud du Bois, *Réponse à l'auteur de la lettre contre les* Hérésies Imaginaires *et les* Visionnaires; *in*: Racine, G.E.F., t. IV, p. 299.

[26] Tel Godeau, qui, dans le Discours accompagnant ses *Poésies Chrétiennes* (repris, sous des formes diverses, à partir de 1633) célébrait avec emphase la purification du théâtre: «Déjà le théâtre où [les muses] oubliaient si souvent leur qualité de Vierges se purifie, et il y a sujet d'espérer que la scène se pourra prendre bientôt sur les bords du Jourdain, de même que sur les bords du Tibre et du Tage; que le sang des Martyrs la rougira, et que la Virginité y fera éclater ses triomphes.» Nous verrons que l'évêque de Vence ne devait pas s'en tenir à cette position optimiste.

Dans le dixième livre de la *République*, Socrate réaffirme le bien fondé de sa décision d'expulser le poète mimétique hors de la cité, et ajoute de nouvelles raisons. Il s'interroge notamment sur les caractères qui inspirent de préférence les imitateurs, et en vient à la conclusion que la liberté, théoriquement absolue, de tout imiter — le noble comme le vil — ne s'exerce pas dans la réalité: l'imitation implique en fait un objet donné, en rapport avec un public donné.

> Ce tempérament raisonnable et qui se comporte avec calme, en tant que jamais il ne s'écarte de lui-même, n'est ni bien facile à imiter, ni, une fois qu'on l'aura imité, aisé à bien comprendre, surtout pour le public des fêtes et pour des hommes de divers lieux qui sont venus se rassembler au théâtre.[27]

Les valeurs suprêmes au nom desquelles s'exprime Platon, et qu'il estime sacrifiées sur la scène de théâtre, ne sont pas les mêmes que celles de Nicole ou de Varet, mais la portée théorique de l'argumentation est identique. L'idéal, prôné dans ce passage de la *République*, est celui d'un homme maître de ses passions, capable de garder son calme dans le malheur, de délibérer[28]. S'il est vrai que toute *mimèsis* contamine son artisan comme son public, c'est ce personnage-là, et lui seul, dont l'imitation est acceptable. On conviendra facilement que le sage de Platon ferait aussi piètre figure sur scène que le «Religieux modeste et silencieux», imaginé par Nicole. Le propos de la *République* est d'ailleurs très concret: il prend en compte le public, les circonstances, l'atmosphère générale qui entoure une représentation théâtrale, et qui, tout autant que les nécessités poétiques, restreint les latitudes de l'imitateur. Un double problème se poserait à celui-ci, s'il s'aventurait à mettre en scène un héros équanime et réfléchi: problème de poétique d'abord (cet objet n'est pas «facile à imiter») et de réception, ensuite, s'il surmontait le premier (cet objet n'est pas «aisé à bien comprendre [...] une fois qu'on l'aura imité»).

---

[27] Platon, *La République* 604e (traduction L. Robin, *O.C.*, Pléiade).

[28] Cf. Rousseau: «Il n'y a que la raison qui ne soit bonne à rien sur la scène. Un homme sans passions, ou qui les dominerait toujours n'y saurait intéresser personne; et l'on a déjà remarqué qu'un stoïcien dans la tragédie, serait un personnage insupportable.» (*Lettre à d'Alembert...*, p. 69). Est-ce à Platon que Rousseau fait allusion? On peut le penser. Le philosophe des Lumières démontre en tout cas ici une parfaite conformité de vue avec l'auteur de la *République*, dont il adopte à la fois l'argumentation concernant le théâtre, et l'idéal de sagesse.

Désireux de gloire, soucieux d'efficacité, le poète imitatif se portera naturellement vers l'objet le plus facile à imiter, qui devient, de fait, l'objet naturel de la scène théâtrale.

Les questions de réception appartiennent au domaine que le XVIIe siècle a théorisé sous le nom de *bienséances*. Nous y reviendrons. Mais si l'on peut reprocher à un auteur le désir trop marqué de s'adapter à un public, les contraintes d'ordre poétique semblent encore plus inflexibles que celles des spectateurs, et leur loi s'applique, malgré qu'on en ait. La responsabilité des écrivains s'en trouve, en quelque sorte, atténuée. L'immoralité du théâtre est inscrite dans le genre lui-même et s'impose éventuellement malgré la moralité de l'auteur. Avec une certaine élégance polémique, Senault concentre toute sa critique sur le genre théâtral, affichant pour les écrivains une indulgence, qui doit témoigner de sa modération, et de son objectivité.

> [Les poètes] expriment beaucoup mieux les passions violentes que les modérées, les injustes que les raisonnables, et les criminelles que les innocentes. Si bien que *contre leur intention même* ils favorisent le péché qu'ils veulent détruire, et ils lui préfèrent des armes pour combattre la vertu qu'ils veulent défendre.[29]

Ce n'est pas la faute de Corneille si «Chimène exprime mieux son amour que sa piété», si «son inclination est plus éloquente que sa raison», si «elle excuse mieux le parricide qu'elle ne le condamne», et si, pour tout dire, «elle paraît incomparablement plus amoureuse qu'irritée»[30]. Certaines passions prennent du relief sur scène, impressionnent les spectateurs; certains arguments forcent la conviction du public, alors que d'autres, quoique l'auteur entendît leur assurer le plus grand poids, semblent inconsistants. Le poète est somme toute victime du genre qu'il sert, et qui transmet automatiquement ses principes idéologiques constitutifs. Varet lui même, malgré le peu de sympathie que lui inspirent les écrivains de théâtre, est prêt à leur accorder le bénéfice de l'irresponsabilité. Et si la nocivité de leurs œuvres ne souffre pas d'exception, il admet que la malignité des auteurs n'est pas nécessairement à l'origine. Ils font

---

[29] Senault, *op. cit.*, p. 208 (je souligne).
[30] *Ibid.*, p. 207.

courir un grave danger moral au public de leurs pièces, «quelques pures et saintes que puissent être leurs intentions»[31].

*****

Par les chemins particuliers qu'emprunte la querelle de la moralité du théâtre, on rejoint un débat esthétique majeur du XVIIe siècle. En ouvrant un fossé infranchissable entre la foi chrétienne et les nécessités théâtrales, les adversaires de la Comédie confortent un dogme fondamental du classicisme: celui de la séparation rigoureuse du profane et du religieux. Dans son *Traité de la Comédie et des Spectacles*, Conti évoque une pièce néo-latine de Daniel Heinsius[32], l'*Herodes infanticida*, qui passa un temps pour une référence, en matière de tragédie religieuse.

> Les différentes beautés des pièces consistent aujourd'hui aux diverses manières de traiter l'amour [...] Il est vrai que l'*Hérode* de Monsieur Heinsius est un poème achevé, et qu'il n'y a point d'amour; mais il est certain aussi que la représentation en serait fort ennuyeuse.[33]

Conti ne pouvait guère ignorer la vive polémique que cette œuvre, publiée en 1632, alimenta pendant plus de dix ans dans la République des Lettres. Balzac, qui prit la tête des hostilités, ne déniait pas à Heinsius le droit de traiter un sujet religieux, mais il mettait en cause le mélange dans une même œuvre de références chrétiennes et d'allusions à la mythologie antique[34]. Ce n'est pas le même reproche que formule Conti: il semble plutôt juger trop peu profane, et finalement trop peu théâtrale, cette pièce, qui d'ailleurs n'avait pas vocation à être portée sur la scène. Mais dans

---

[31] Varet, *op. cit.*, p. 272.

[32] Daniel Heinsius (1580-1655), érudit hollandais, est aussi l'auteur d'un *De tragœdiae constitutione* (1611), qui prétendait «exposer très clairement l'opinion d'Aristote sur la tragédie», et qui constitua de fait au XVIIe siècle un des commentaires les plus justes sur la *Poétique* d'Aristote (consulté notamment par Racine).

[33] Conti, *op. cit.*, p. 22.

[34] Sur cette querelle de Balzac et d'Heinsius, voir: R. Lebègue, «L'*Herodes infanticida* en France», *Neophilologus* XXIII, 1938, pp.388-394. On consultera aussi les analyses de K. Loukovitch (*L'Evolution de la tragédie religieuse classique en France*, pp. 106-110). La dissertation de Balzac, «Sur une tragédie intitulée *Herodes infanticida*», a été récemment rééditée par R. Zuber, avec une riche introduction (Balzac, *Œuvres diverses*, Champion 1995, pp. 173-215).

tous les cas, ce qu'illustre l'*Herodes*, c'est la difficulté d'intégrer un matériau religieux dans un genre littéraire d'origine et de nature profanes. Qu'on l'accuse d'avoir poussé trop loin le compromis ou pas assez, Heinsius fournit avec sa pièce le premier modèle d'un monstre esthétique et moral, l'exemple des risques que prend un poète quand il ne respecte pas la frontière qui sépare littérature et religion.

Des objections précises et limitées de Balzac, on glissera tout naturellement à l'exclusion formulée par Boileau, dans la deuxième moitié du siècle, et la plus représentative de la sensibilité classique. Quand bien même l'unité d'inspiration que souhaitaient Balzac et ses amis eût été respectée, le simple choix d'un sujet religieux est condamné par l'*Art poétique* comme une confusion des genres.

> Chez nos dévots aïeux le théâtre abhorré
> Fut longtemps dans la France un plaisir ignoré.
> De pèlerins, dit-on, une troupe grossière
> En public à Paris y monta la première
> Et, sottement zélée en sa simplicité,
> Joua les Saints, la Vierge et Dieu, par piété.
> Le savoir, à la fin dissipant l'ignorance,
> Fit voir de ce projet la dévote imprudence.
> On chassa ces docteurs prêchant sans mission.[35]

L'exécration du théâtre chez les dévots et le désir de donner au théâtre un contenu dévot, apparaissent ici comme deux erreurs symétriques, antithétiques dans leurs effets, mais comparables dans leur cause: elles résultent l'une et l'autre de l'intervention abusive des religieux dans le domaine théâtral. S'il n'est aucunement prêt à déférer à la condamnation de la Comédie prononcée par Nicole[36], Boileau partage avec le moraliste la conviction que le théâtre ne saurait faire cause commune avec la foi chrétienne. On eût souhaité connaître plus exactement en quoi consiste, pour Boileau, la sottise et l'imprudence du projet dévot: ses sarcasmes sont-ils fruits d'un simple dégoût pour les œuvres concernées, ou reposent-ils sur des principes théoriques, comparables à ceux de Nicole?

---

[35] Boileau, *Art poétique*, chant III (v.81-89).

[36] C'est incontestablement à l'auteur du *Traité de la Comédie* que pense Boileau, quand, à un autre endroit de l'*Art poétique*, il raille «ces tristes esprits / Qui, bannissant l'amour de tous chastes écrits, / D'un si riche ornement veulent priver la scène, / Traitent d'empoisonneurs et Rodrigue et Chimène.» (chant IV, v. 97-100).

Les préoccupations de l'*Art poétique* sont essentiellement esthétiques, mais les scrupules moraux n'en sont pas exclus. Le double sens du verbe 'jouer' fournit ainsi à Boileau une spirituelle formule, dont on peut dégager la signification sous-jacente: jouer les saints — ce que font les comédiens dans les mystères, et autres œuvres d'inspiration religieuse —, c'est se moquer des saints[37]. Qu'on le fasse «par piété» ne change rien. Nicole tient-il un autre discours, dans ses considérations sur le personnage de Théodore?

Quand il reproche aux acteurs de se donner imprudemment la mission de prêcheurs, le théoricien Boileau rejoint le souci purement moral de l'évêque Godeau, tel qu'il est exprimé dans un célèbre sonnet sur la Comédie, dont la pointe sert à tous de loi incontestée:

> [...] pour changer leurs mœurs et régler leur raison,
> Les Chrétiens ont l'Eglise, et non pas le théâtre.[38]

Partisans et adversaires de la Comédie, pour des raisons d'ordre différent, s'entendent, dans la deuxième moitié du siècle, pour bannir du théâtre les préoccupations religieuses. C'est en vertu de ce principe que le Président de Lamoignon, reprenant l'argumentation du sonnet de Godeau, condamnait la deuxième version de *Tartuffe* en 1667:

> Il ne convient pas à des comédiens d'instruire les hommes sur les matières de la morale chrétienne et de la religion; ce n'est pas au théâtre à se mêler de prêcher l'Evangile.[39]

Mais un amateur de tragédie et libre penseur, comme Saint-Evremond, ne manifeste pas plus de faveur pour le mélange du profane et du sacré, et rejette l'idée de «merveilleux chrétien» pour des raisons que ne désavouerait pas Nicole. Il indique clairement qu'en la matière, la cause des dévots et celle des libertins se rejoignent, et il invoque finalement une incompati-

---

[37] On rencontrait déjà, sous la plume de B. A. sieur D. R., une utilisation analogue du double sens: «C'est une chose inouïe en France de *jouer* la religion sur un théâtre.» (*Observations sur une comédie de Molière intitulée* le Festin de Pierre, *loc. cit.*, p. 1203).

[38] Antoine Godeau, «Sur la Comédie», *Poésies chrétiennes* (Nouvelle édition, revue et augmentée, 1654).

[39] Note de Brossette, dans la correspondance Boileau-Brossette, citée par Mongrédien (*Recueil des textes et des documents du XVIIe siècle relatifs à Molière*, t. 1, p. 291).

bilité fondamentale, tant esthétique que morale, entre le théâtre et la religion.

> Si [...] un auteur introduisait des anges et des saints sur notre scène, il scandaliserait les dévots comme profane et paraîtrait imbécile aux libertins. [...] L'esprit de notre religion est directement opposé à celui de la tragédie. L'humilité et la patience de nos saints sont trop contraires aux vertus des héros que demande le théâtre. [...] Le théâtre perd tout son agrément dans la représentation des choses saintes, et les choses saintes perdent beaucoup de la religieuse opinion qu'on leur doit, quand on les représente sur le théâtre.[40]

Que les saints n'aient pas leur place sur le théâtre, ne porte pas condamnation de la Comédie, aux yeux de Saint-Evremond. La divergence n'est pas négligeable, mais c'est la seule qui distingue ces positions de celles de Nicole. Les remarques de Saint-Evremond sur l'humilité et la patience pourraient être empruntées au *Traité de la Comédie*.

Rares sont, dans les années 1660-1670, les voix qui soutiennent en France la cause d'un théâtre chrétien. On en entendra une cependant, de façon inattendue, chez les adversaires de la Comédie. Argument opportuniste ou conviction profonde, le sieur de Rochemont, dans les *Observations* qu'il publie contre *Dom Juan*, oppose à Molière la Comédie voulue par Richelieu et les fugaces réussites qu'elle aurait suscitées.

> Les vierges et les martyrs ont paru sur le théâtre, et l'on faisait couler insensiblement dans l'âme la pudeur et la foi avec le plaisir et la joie.[41]

Le polémiste prend là le contre-pied des thèses de Port-Royal, et propose un modèle contre lequel se déchaînent tous ses alliés. Peut-être, dans cet éloge d'un théâtre édifiant, que Molière serait venu étouffer, ne faut-il voir qu'un moyen rhétorique d'aggraver les charges qui pèsent contre

---

[40] Saint-Evremond, *De la Tragédie ancienne et moderne* (1674), in: *Œuvres en prose*, éd. R. Ternois, STFM, 1969, t. 4, pp. 172-175. Pour une étude synthétique des positions de Saint-Evremond concernant la tragédie, et de la manière dont cet admirateur de Corneille critique les tentatives religieuses de *Polyeucte*, on se reportera avec profit à l'article de Claude Chantalat: «Saint-Evremond et la tragédie», *XVII*, n° 184, pp. 529-546.

[41] B. A. Sr. D. R., *Observations sur une comédie de Molière intitulée* le Festin de Pierre, *in:* Molière, *O. C. 2*, p. 1201.

l'auteur de *Dom Juan*. Il n'est pas impossible cependant, à partir de telles divergences, de mettre en cause l'appartenance à Port-Royal de ce mystérieux sieur de Rochemont[42].

Le point n'aurait guère d'importance et ne s'écarterait pas du simple débat d'érudition, s'il ne permettait de supposer, chez les adversaires de la Comédie, l'existence de familles distinctes et de clivages idéologiques bien réels. Une étude attentive des *Observations sur [...] le Festin de Pierre* suggère, par de multiples indices, le milieu de la Compagnie du Saint-Sacrement. L'allusion répétée à la Reine mère, Anne d'Autriche, principal appui du parti dévot; l'importance accordée à la répression du duel et des jurements, dont on sait que la Compagnie s'était fait un objectif tout particulier; l'impression générale que donne ce pamphlet d'émaner d'un groupe participant au pouvoir: tous ces éléments, ainsi que de nombreux traits qu'il serait trop long de détailler, évoquent cette puissante et secrète association de dévots, qui a évolué, à l'égard de Port-Royal, de l'émulation à la plus franche hostilité. Les manuels d'histoire littéraire se plaisent à souligner le rôle de premier plan, pris par la Compagnie du Saint-Sacrement dans la lutte contre *Tartuffe*. La chose ne fait guère de doute, mais elle laisse penser à tort que cette cabale de dévots était à la pointe du combat contre la Comédie dans son ensemble. Les arguments de Rochemont rendent un son plus atténué. Derrière la condamnation de Molière, et pour rendre celle-ci encore plus nette, l'auteur dessine en creux ce que serait une bonne manière de faire du théâtre; il imagine un autre *Dom Juan*, contre lequel les dévots n'auraient aucune critique à formuler.

> [Molière] devait pour le moins susciter quelque acteur pour soutenir la cause de Dieu et défendre sérieusement ses intérêts. Il fallait réprimer l'insolence du maître et du valet et réparer l'outrage qu'ils faisaient à la majesté divine; il fallait établir par de solides raisons les vérités qu'il décrédite par des railleries; il fallait étouffer les mouvements d'impiété que son athée fait naître dans les esprits.[43]

---

[42] Depuis l'ancienne étude de Ch. Livet («Problèmes moliéresques», *Le Moniteur universel*, 14 mars 1878), on identifie généralement B. A. sieur D. R. avec l'avocat Barbier d'Aucour, ami de Port-Royal, dont la veine polémiste s'est plusieurs fois manifestée et qui exprimera ses positions hostiles au théâtre en avril 1666, en intervenant dans la querelle entre Racine et Nicole.

[43] *Ibid.*, p. 1206.

Derrière ces suggestions, comme dans les évocations élogieuses des anciennes tragédies sacrées, se profile l'idéal d'un théâtre modéré chrétiennement[44], d'un théâtre moralisé par la religion, et devenu compatible avec son enseignement. Cet idéal rejoint le désir d'une emprise religieuse sur la société, qui anime tous les efforts de la Compagnie du Saint-Sacrement. Si les *Observations* de Rochemont traduisent bien une position consistante à l'égard de la Comédie, caractéristique d'une certaine famille de dévots, il faut convenir que celle-ci est très éloignée de l'extrémisme et de l'intransigeance dont on voit les effets chez Nicole, et chez les augustiniens en général[45].

Molière est attaqué par Rochemont comme un impie et un libertin, bien plus finalement que comme un auteur de théâtre. Paradoxalement, le service de la religion est invoqué ailleurs pour défendre le même Molière. Un grief fondamental fait au *Tartuffe* est en effet d'avoir porté sur la scène du théâtre la question religieuse. À cela, l'auteur anonyme de la *Lettre sur la comédie de l'imposteur* répond, non sans malice ni habileté, que si le théâtre est un lieu d'immoralité, c'est le lieu même où la religion doit avoir pour souci de se produire.

> Puisque [son] intérêt consistant, comme il fait, à convertir les méchants, il faut qu'elle les cherche pour les combattre, et qu'elle ne peut les trouver, pour l'ordinaire, que dans des lieux indignes d'elle.[46]

A Godeau qui refusait de voir la foi chrétienne sur la scène, considérant que «les Chrétiens ont l'Eglise, et non pas le théâtre», le défenseur du *Tartuffe* rétorque: la religion «fait, quand il lui plaît, un temple d'un palais, un sanctuaire d'un théâtre»[47]. Si le théâtre répugne à l'expression des vérités religieuses, ce serait là la marque qu'elles y sont particulièrement à leur place.

*****

---

[44] Le jésuite Ottonelli est l'auteur d'un traité, *Della cristiana moderazione del teatro* (1646), dans lequel Marc Fumaroli voit le modèle de toute une tradition romaine, de «transformation par l'intérieur du théâtre profane, grâce à l'éducation des dramaturges et des spectateurs, voire des comédiens» (M. Fumaroli, «*Sacerdos sive rhetor...*», p. 457).

[45] On remarquera, à ce sujet, l'absence de toute citation et même mention de saint Augustin, dans les *Observations* de B. A. sieur D. R.

[46] *Lettre sur la comédie de l'imposteur*, édition Mc Bride, p. 95.

[47] *Ibid.*

On peut discuter sur cette incompatibilité, que les moralistes de Port-Royal prétendent absolue, entre les scènes de spectacle et l'enseignement chrétien. On peut se demander si les mystères médiévaux étaient à ce point dépourvus, dès l'origine, de toute consistance religieuse. Depuis le XVIIᵉ siècle, le théâtre et le cinéma ont en outre donné des exemples impressionnants de leur aptitude à traiter, avec profondeur et vérité, de la grâce, du péché, des miracles, du martyre... Il suffit d'évoquer les œuvres de Bernanos, Dreyer, Bresson. Mais sans s'éloigner tant de la décennie qui retient notre attention, les dernières tentatives théâtrales de Racine se veulent une nouvelle manière de résoudre le problème. Voici comment s'exprime la Piété, dans le prologue d'*Esther*:

> Et vous, qui vous plaisez aux folles passions
> Qu'allument dans vos cœurs les vaines fictions,
> Profanes amateurs de spectacles frivoles,
> Dont l'oreille s'ennuie au son de mes paroles,
> Fuyez de mes plaisirs la sainte austérité:
> Tout respire ici Dieu, la paix, la vérité.[48]

Cette apostrophe avait paru si belle aux religieuses de Port-Royal, qu'elles en inscrivirent les derniers vers sur les murs de leur maison des Champs. Réconcilié avec Port-Royal, Racine proclame dorénavant toute sa suspicion à l'égard du plaisir théâtral; dans des termes qui sont ceux des plus orthodoxes ennemis de la Comédie, il condamne la frivolité des spectacles, mais aussi il les tient à son tour pour responsables de l'excitation de «folles passions». Avec la tragédie d'*Esther*, le poète ne prétend pas trouver la voie d'une conciliation: un sujet religieux ne peut convenir à la scène théâtrale; la Piété, qui se présente comme l'inspiratrice de la pièce, annonce des paroles ennuyeuses, et met en garde d'éventuels spectateurs égarés. Les plaisirs qui se préparent sont des plaisirs d'une autre nature et qui contredisent, par leur «sainte austérité», tous les principes admis. Ce n'est donc pas en s'adaptant aux nécessités du théâtre que la pièce compte faire entendre des accents religieux, mais en adaptant son public: *Esther* se présente en 1689 comme un nouveau modèle théâtral, un spectacle qui ne conviendrait qu'à des oreilles chrétiennes[49].

---

[48] Prologue d'*Esther* (v. 67).

[49] Il faut convenir qu'après le succès remporté par la pièce, Racine s'écarte notablement des paroles qu'il prête à la Piété, dans le prologue. L'empressement de toute la cour et le plaisir

Quels que soient les préjugés, les crispations idéologiques, les interprétations tendancieuses et finalement la fragilité de ses conclusions, ce débat — moral et esthétique — sur les rapports entre théâtre et valeurs chrétiennes, soulève un problème théorique essentiel et beaucoup plus général. En soutenant que la Comédie était structurellement inapte à traduire l'Evangile, Nicole et ses amis développent une forme de soupçon, qui peut désormais s'étendre à bien d'autres domaines: ils mettent définitivement en péril la croyance rassurante en la neutralité des formes littéraires et des moyens d'expression. Ils montrent comment un auteur comme Corneille, chrétien et désireux de faire œuvre chrétienne, peut se laisser abuser par les postulats tacites du genre qu'il adopte. On leur représentera que les contraintes poétiques de la tragédie, sur lesquelles ils fondent leur démonstration, sont susceptibles d'évolution. Leurs critiques portent moins sur l'essence du genre théâtral, que sur sa définition contingente, à une certaine époque. Il reste qu'ils vérifient, à leur manière, que tout médium impose son propre message.

2 — La question technique des bienséances

Le respect des bienséances appartient à ces problèmes techniques, sur lesquels se penchent volontiers les doctes au XVIIᵉ siècle, et que Conti exclut *a priori* des perspectives d'un moraliste.

> La critique ordinaire de la Comédie fonde ses jugements sur l'application qu'elle fait des règles de la poétique aux ouvrages des particuliers dont elle prétend découvrir les défauts, ou les beautés. [...] Elle regarde [...] si les passions y sont traitées avec délicatesse, ou avec force et véhémence selon leur nature, ou selon leur degré; si les caractères et les mœurs des nations, des âges, des conditions, des sexes et des personnes y sont gardées.[50]

Ces questions sont celles des bienséances internes, qui veillent (entre autres) à ce que les mœurs des personnages soient *convenables*, c'est-à-

---

qu'ont pris à Esther les grands seigneurs, lui prouveraient plutôt «qu'on se peut aussi bien divertir aux choses de piété qu'à tous les spectacles profanes» (Préface, *in*: Racine, *O. C.*, p. 812.).

[50] Conti, *op. cit.*, pp. 1-2. L'auteur du *Traité de la Comédie et des spectacles* poursuit: «La critique que j'entreprends aujourd'hui n'est pas de cette nature; elle laisse à la poétique toute sa juridiction, mais aussi elle lui est beaucoup supérieure.»

dire qu'elles correspondent au sentiment spontané que s'en font les spectateurs. L'une des autorités habituellement invoquées en la matière est celle d'Horace, qui développe longuement ce point, dans son *Art Poétique*[51].

L'*Epigrammatum delectus*, choix d'épigrammes de Martial et d'autres auteurs, dont la paternité est aujourd'hui rendue à Nicole[52], est resté célèbre pour l'importante réflexion théorique qui introduit l'ouvrage. Dans cette dissertation sur la vraie et la fausse beauté[53], Nicole s'efforce d'aborder la question esthétique dans la ligne et selon les principes de Descartes; il propose une méthode qui, dégagée de la prévention et de la précipitation, permette de fonder rationnellement le jugement esthétique. Sa définition de la beauté systématise en fait la notion de bienséance, sans que le terme soit prononcé:

> [La raison] prendra pour règle générale qu'est beau ce qui convient à la nature de la chose elle-même, et également à la nôtre.[54]

De cette double convenance, découle la distinction entre bienséance interne et externe. La représentation d'un objet est satisfaisante pour l'esprit, et sera donc perçue comme belle, quand elle correspond fidèlement aux caractères essentiels de l'objet (c'est la bienséance interne), et quand elle rencontre les goûts et les attentes du public (c'est la bienséance externe). La bienséance est trop souvent comprise comme une soumission à un catalogue de préjugés, d'ordre idéologique, alors que cette notion, complexe, se situe au confluent de considérations morales et logiques. La définition de Nicole a surtout le mérite de montrer son fondement philosophique: la bienséance repose sur une conception

---

[51] «Il vous faut marquer les mœurs de chaque âge et donner aux caractères, changeant avec les années, les traits qui conviennent.» (Horace, *Art Poétique*, v. 156-157)

[52] *Epigrammatum delectus*, Charles Savreux, 1659. Pour les questions d'attribution de cet ouvrage, et une première analyse, voir: Mesnard (Jean), «L'*Epigrammatum delectus* de Port-Royal et ses annexes (1659): problèmes d'attribution», in: *Ouverture et dialogue, Mélanges offerts à Wolfgang Leiner*, Tübingen: Gunter Narr, 1988, pp.305-318. [repris dans J. Mesnard, *La Culture du XVIIᵉ siècle*, PUF, 1992, pp. 197-209.]

[53] *De vera pulchritudine et adumbrata* (1659). Voir l'édition et la traduction de ce texte par Béatrice Guion, sous le titre: *La vraie beauté et son fantôme* (Paris: Champion, 1996).

[54] «.., *id generatim pulchrum esse decernet, quod tum ipsius rei naturae, tum nostrae etiam conveniat*» (éd. Guion, p. 55). Cette définition des bienséances est analysée par René Bray, *La Formation de la doctrine classique*, p. 216.

générale de la beauté, contestable certes, mais constitutive de l'esthétique classique. Comme le remarquait René Bray, non sans un certain découragement, «on pourrait croire que toute la poétique se résume en cette règle»[55].

Dans le *Traité de la Comédie*, Nicole applique au domaine spécifique du théâtre les principes esthétiques généraux qu'il avait dégagés dans sa dissertation de 1659. Des conséquences morales imprévues en découlent.

> Le but même de la comédie engage les poètes à ne représenter que des passions vicieuses. Car la fin qu'ils se proposent est de plaire aux spectateurs; et ils ne le sauraient faire qu'en mettant dans la bouche de leurs acteurs des paroles et des sentiments conformes à ceux des personnes qu'ils font parler, et à ceux des personnes devant qui ils parlent. Or on ne représente guère que des méchants, et on ne parle que devant des personnes du monde qui ont le cœur et l'esprit corrompus par de mauvaises passions et de mauvaises maximes.[56]

On reconnaît dans ce texte une référence aux deux formes de bienséance. La conformité des paroles et des sentiments avec le personnage représenté est la bienséance interne (convenance d'une chose avec sa propre nature) et la conformité avec le public correspond à la bienséance dite externe (convenance d'une chose avec notre nature). Le raisonnement rigoureux de Nicole prend le tour d'un syllogisme, dont la conclusion serait énoncée initialement. Pour plaire au public — dessein tout à fait respectable, et même le plus légitime qui soit, dans une perspective classique — il faut lui présenter des personnages cohérents et qui rencontrent ses propres valeurs. Or le public naturel du théâtre est corrompu[57], et les personnages mis en scène par la tragédie comptent un nombre considérable de «méchants». Les nécessités internes et externes convergent donc et imposent au poète de privilégier, au théâtre, la représentation du vice.

La convenance d'une chose avec sa propre nature, qui est l'objectif absolu de la Comédie, comme de toute forme d'art, implique une absence

---

[55] *Ibid.*, p. 215.

[56] Nicole, *Traité de la Comédie* (1667), §16.

[57] Dans sa longue analyse du *Misanthrope*, Rousseau adopte les mêmes conceptions que Nicole à propos du public de théâtre, et aboutit aux mêmes conclusions: «Convenons que l'intention de l'auteur étant de *plaire à des esprits corrompus*, ou sa morale porte au mal, ou le faux bien qu'elle prêche est plus dangereux que le mal même...» (*Lettre à d'Alembert...*, p. 110 — je souligne).

structurelle de perspective morale. Pour remporter du succès et pour s'approcher autant que possible d'un chef d'œuvre, il n'est demandé à l'œuvre d'art que de «correspondre». Rien de plus étranger à Nicole et aux théoriciens classiques que l'idée d'une réussite artistique fondée sur la provocation, ou le décalage. Certes l'utilité de l'art est simultanément requise au XVIIe siècle, avec une quasi unanimité, et le désir d'édification morale est revendiqué par les artistes[58]. Mais nul ne paraît se troubler de l'incompatibilité entre cette vocation convenue de l'œuvre d'art et les principes esthétiques selon lesquels elle est jugée. La vocation morale de l'artiste, si chère aux théoriciens classiques, est-elle plus qu'une rituelle incantation, une conviction de principe, étalée dans les préfaces et les traités, mais peu contraignante dans les faits? On pourra objecter à Nicole que sa définition de la beauté comme simple convenance, en excluant toute préoccupation morale, contient en germes les développements critiques du *Traité de la Comédie*. On ne pourra pas lui dénier en revanche une juste perception des valeurs qui fondent réellement le jugement esthétique à son époque, et avec lesquelles il est d'ailleurs en parfait accord.

Sa qualité de critique littéraire permet à Nicole un autre angle d'attaque. De façon tout à fait insolite dans la querelle contre la Comédie, le moraliste recourt aux services du connaisseur des belles lettres. Jean-Marie Piemme signale à juste titre l'originalité dont fait preuve le *Traité de la Comédie*, l'exactitude et la technicité de la notion de bienséance, ici convoquée.

> On remarquera par cette définition fondée en raison combien Nicole est loin de la querelle entre le théâtre et l'Eglise.[59]

Le raisonnement de Nicole tranche, il est vrai, avec l'habituel inventaire des autorités patristiques dans lequel se cantonne bien souvent le débat. Ce détour par des considérations techniques offre en fait un double bénéfice au moraliste. Il accroît d'abord l'arsenal des arguments opposa-

---

[58] A l'exception notable de Corneille, chez qui est net le refus de subordonner le théâtre à une perspective morale. Pour G. Forestier, ce sont de pures raisons de poétique qui l'amènent à donner des «dénouements providentiels» à certaines de ses pièces: la coïncidence avec la vulgate morale des théoriciens est parfaitement fortuite. Voir: G. Forestier, *Essai de génétique théâtrale. Corneille à l'œuvre*, et notamment les pp. 348-358.

[59] J.-M. Piemme, «Le théâtre en face de la critique religieuse: un exemple, Pierre Nicole», p. 55.

bles à la Comédie. Mais surtout il décharge le polémiste du soupçon de partialité et d'acharnement. Car Nicole n'accuse pas le théâtre, en tant que genre, d'être immoral: il montre que la question morale est structurellement absente de la scène. Les contraintes de bienséance auxquelles est soumis le poète, ne lui permettent pas d'intervenir et de donner la parole à ses propres convictions, sauf à rompre le contrat esthétique et à mécontenter son public. Le contenu moral du théâtre est étroitement défini par les personnages qu'appellent les intrigues et par les attentes du public. Amoral par construction, le théâtre ne peut dans les faits que verser dans l'immoralité.

La notion de bienséance exprime, sous la forme d'une règle, le conformisme absolu sur lequel repose le spectacle théâtral. Celui-ci bâtit son illusion mimétique et obtient l'effet d'identification qu'il recherche, en faisant siens les préjugés de son public. Il se condamne par là même à ne pas éduquer ce public, dont il n'est, et ne peut être, que l'émanation. De toutes les critiques formulées par le *Traité de la Comédie*, c'est là sans doute le point dont Rousseau se sentira le plus proche, au siècle suivant. L'auteur de la *Lettre à d'Alembert* n'a de cesse que ne soit dénoncé le faux pouvoir dont le théâtre se prétend détenteur, alors que sa nature est de reproduire et de renforcer les opinions en vigueur. Les grands auteurs du XVIIe siècle en sont pour Rousseau la meilleure illustration.

> Qu'on n'attribue donc pas au théâtre le pouvoir de changer des sentiments ni des mœurs qu'il ne peut que suivre et embellir. Un auteur qui voudrait heurter le goût général composerait bientôt pour lui seul. Quand Molière corrigea la scène comique, il attaqua des modes, des ridicules; mais il ne choqua pas pour cela le goût du public, il le suivit ou le développa, comme fit aussi Corneille de son côté.[60]

*****

La transparence idéologique du théâtre, sa complicité automatique avec la morale ambiante, que traduit le règne des bienséances, peut sembler en contradiction avec les réflexions précédentes sur la non neutralité du médium. Peut-on critiquer la Comédie à la fois pour imposer subrepticement des règles qui lui sont propres, et pour se plier sans résistance aux attentes du public, quelles qu'elles soient? Rien n'interdit

---

[60] Rousseau, *Lettre à d'Alembert...*, pp. 69-70.

en effet de considérer qu'un autre public eût instauré une autre définition du genre, aussi contraignante et latente, mais parfaitement conforme aux valeurs chrétiennes. N'est-ce pas d'ailleurs ce que suggère la Piété, dans le prologue, déjà cité, d'*Esther*? L'immoralité du théâtre ne serait donc que conjoncturelle, et le rôle fondateur des bienséances, souligné par Nicole, ne devrait qu'engager à éduquer et convertir le public, pour qu'il convertisse à son tour le théâtre.

A cette objection, les analyses du *Traité de la Comédie* permettent de fournir une amorce de réponse. Les contraintes de la bienséance, nous l'avons rappelé, pèsent d'une façon double sur l'auteur de théâtre. Or si l'on peut concevoir — théoriquement tout au moins — un autre public pour la Comédie, les nécessités internes qui découlent de l'intrigue laissent une bien moindre marge de manœuvre. Comment imaginer en effet que puissent être bannis de la scène les personnages dépravés ou vicieux, dont les projets répréhensibles entraînent toutes les péripéties de l'action? De l'aveu même de Corneille, cette hypothèse est inconcevable.

> La plupart des poèmes tant anciens que modernes demeureraient en un pitoyable état si l'on en retranchait tout ce qui s'y rencontre de personnages méchants, ou vicieux, ou tachés de quelque faiblesse, qui s'accorde mal avec la vertu.[61]

Il ne s'agit pas d'une nécessité morale, mais d'une nécessité narrative. Reste à savoir si les conséquences en sont si différentes.

La Comédie ménageant aux méchants une place indispensable, comment leur donnera-t-elle la parole? Les laissera-t-elle sans entraves exposer leurs maximes? C'est ce à quoi veillent précisément les règles qui déterminent les bienséances internes. Le méchant doit correspondre à l'image que l'on a de lui, si c'est un personnage historique ou mythologique, et tenir les propos que l'on attend d'un tel caractère. Comme le leur rappelle Nicole, les poètes ne sauraient plaire à leur public «qu'en mettant dans la bouche de leurs acteurs des paroles et des sentiments conformes à ceux des personnes qu'ils font parler»[62]. Ces principes conduisent à fournir une tribune aux personnages les plus répugnants et à permettre qu'ils soutiennent par toutes les justifications et les sophismes conceva-

---

[61] Corneille, *Discours de l'utilité et des parties du poème dramatique*, in: *O. C.* 3, p. 129.

[62] Nicole, *Traité de la Comédie* (1667), §16.

bles, une conduite injustifiable. On peut à nouveau donner forme de syllogisme aux analyses de Nicole.

1. Respectant les exigences de la bienséance interne, le théâtre met des maximes méchantes dans la bouche des méchants. S'il y a des méchants, ils doivent s'exprimer méchamment.

2. L'intrigue théâtrale ne peut fonctionner qu'avec des obstacles: le théâtre met nécessairement des méchants sur scène.

Conclusion: le théâtre est toujours dans la situation de prôner des comportements vicieux au moyen de maximes vicieuses.

Nicole aurait pu illustrer ses craintes en prenant l'exemple de Médée, représentée par Corneille avec tous les traits horribles que la fable prête à la magicienne infanticide. Le poète s'en explique dans l'épître dédicatoire qui accompagne la pièce:

> Je vous donne Médée toute méchante qu'elle est [...] Dans la portraiture il n'est pas question si un visage est beau, mais s'il ressemble, et dans la Poésie, il ne faut pas considérer si les mœurs sont vertueuses mais si elles sont pareilles à celles de la personne qu'elle introduit.[63]

On ne peut signifier de façon plus explicite que la question morale n'a pas lieu d'être dans la Comédie. La raison précise qu'allègue Corneille est d'ailleurs répertoriée par les théoriciens, qui se préoccupent, à la suite d'Aristote, que les mœurs des personnages soient *semblables*, c'est-à-dire conformes à l'image traditionnelle qu'on en a[64]. Il reste que l'auteur de *Médée* devait apporter plus tard quelques aménagements à cette doctrine. Sensible sans doute aux dommages que de tels principes infligeaient à la cause de la moralité du théâtre, il paraît bien adopter une position plus restrictive dans l'avis au lecteur d'*Attila*:

> J'espère un jour traiter cette matière plus au long, et faire voir quelle erreur c'est de dire qu'on peut faire parler sur le théâtre toutes sortes de gens selon toute l'étendue de leurs caractères.[65]

---

[63] Corneille, épître dédicatoire de *Médée*, *O. C.* 1, p. 535.

[64] Aristote, *Poétique* 1454a 25. Corneille développe ce précepte dans son premier discours: «La qualité de semblables, qu'Aristote demande aux mœurs, regarde particulièrement les personnes que l'histoire ou la fable nous fait connaître, et qu'il faut toujours peindre telles que nous les y trouvons.» (*O. C.* 3, p. 132).

[65] Corneille, *O. C.* 3, p. 642.

Les bienséances internes devraient-elles donc être subordonnées à des préoccupations d'ordre moral? C'est ce qui semble se dégager de cette réflexion assez allusive, que ne viendront malheureusement pas éclairer les développements annoncés. En 1668 en tout cas, Corneille ne peut plus s'en tenir aux principes d'ordre technique derrière lesquels il s'abritait; il lui faudrait justifier différemment l'innocuité du personnage de Médée. Cette évolution est bien entendu conséquence des attaques multiples subies par la Comédie, et auxquelles le poète a choisi de réagir sommairement, à l'occasion de la publication d'*Attila*, «pour fermer la bouche à ces ennemis d'un divertissement si honnête et si utile»[66].

Les méchants au théâtre font parfois partie des «personnages intéressants», c'est-à-dire de ceux à qui les spectateurs sont portés à s'identifier. Retrouvant les inquiétudes des moralistes du XVIIe siècle, Rousseau s'indigne particulièrement du caractère de ces personnages, et du prestige que recueillent leurs pernicieuses maximes, quand ils ont la latitude de les développer.

> L'auteur, pour faire parler chacun selon son caractère, est forcé de mettre dans la bouche des méchants leurs maximes et leurs principes, revêtus de tout l'éclat des beaux vers, et débités d'un ton imposant et sentencieux, pour l'instruction du parterre.[67]

Perverse «instruction», renversement des valeurs: la responsabilité en est à nouveau imputée à cette préoccupation technique de «faire parler chacun selon son caractère». La bienséance dont se réclame le théâtre aboutit à l'exaltation des méchants.

Mais par delà la résonance procurée à certaines maximes, le problème plus général qui se pose est celui de l'omniprésence des méchants dans la Comédie. Nicole est amené ainsi à accuser le théâtre, borné par ses contraintes génériques, de manquer le réel, dans certains de ses aspects essentiels.

> Les affections même communes ne sont pas propres pour donner le plaisir qu'on recherche dans les Comédies, et il n'y aurait rien de plus froid qu'un mariage chrétien dégagé de passion de part et d'autre. Il faut toujours qu'il y ait du transport. Il faut que la jalousie y entre, que

---

[66] *Ibid.*

[67] Rousseau, *Lettre à d'Alembert*, p. 91.

> la volonté des parents se trouve contraire, et qu'on se serve d'intrigue
> pour la faire réussir.[68]

Nicole considère trois ingrédients de la fable théâtrale: les passions, les adresses, la fin. Tant le personnage, que l'action de théâtre obéissent à une norme du genre, qui consacre une forme de falsification spécifiquement théâtrale. La logique narrative interne du théâtre impose une vision du monde particulière: les sentiments qu'on y représente ne peuvent être qu'exacerbés, et contrariés. Le «transport», c'est-à-dire — selon Furetière — «l'agitation de l'âme par la violence des passions», n'est pas cependant l'état le plus habituel de nos sentiments, lesquels, d'autre part, ne rencontrent pas systématiquement des obstacles dans leur cours. De même que l'héroïsme moral, incarné par les saints, ne correspondait pas aux structures narratives de la Comédie, la vie quotidienne, sous sa forme convenable, voire vertueuse, ne saurait figurer sur les scènes.

Comme le fait très justement remarquer J.-M. Piemme[69], cette argumentation déplace la traditionnelle mise en cause de la *mimèsis*, au nom de laquelle, depuis Platon, les auteurs religieux soupçonnent la Comédie. Nicole accuse le théâtre d'être infidèle à la réalité, non pas de la refléter. S'il était plus mimétique, il nous représenterait des comportements plus habituels et des situations ordinaires: des parents complaisants, un amour partagé, qu'aucune rivalité ne viendrait mettre en péril. Rien ne s'opposerait à la peinture d'un «mariage chrétien», avec ses joies discrètes, et ses périls peu spectaculaires. Nicole, dont le seul objectif est de déconsidérer la Comédie, n'entend certes pas lui suggérer de nouvelles formes; son objection est purement opportuniste et théorique. Elle annonce cependant tout le courant de pensée dont, au siècle suivant, Diderot se fera l'interprète le plus convaincu. Son plaidoyer pour le genre sérieux porte condamnation de l'inspiration théâtrale qui prévalait chez les grands classiques.

> Quoi! vous ne concevez pas l'effet que produiraient sur vous une scène
> réelle, des habits vrais, des discours proportionnés aux actions, des
> actions simples [...]? Un renversement de fortune, la crainte de

---

[68] Nicole, *Traité de la Comédie* (1667), §15.

[69] «[Nicole] dénonce le manque de réalisme du théâtre, c'est-à-dire son manque de coïncidence avec le réel. [...] Le théâtre est condamnable non parce qu'il copie la vie (ce qui était une thèse souvent avancée par la critique religieuse) mais parce qu'il la trahit.» (J.-M. Piemme, *op. cit.*, p. 53).

l'ignominie, les suites de la misère [...] ne sont pas des événements rares; et vous croyez qu'ils ne vous affecteraient pas autant que la mort fabuleuse d'un tyran, ou le sacrifice d'un enfant aux autels des dieux d'Athènes ou de Rome?[70]

Rousseau, quant à lui, se moque d'Aristote, et cite ironiquement la définition que donne la *Poétique*, de la différence entre comédie et tragédie:

> *Comoedia enim deteriores, tragoedia meliores quam nunc sunt imitari conantur*[71]. Ne voilà-t-il pas une imitation bien entendue, qui se propose pour objet ce qui n'est point, et laisse, entre le défaut et l'excès, ce qui est, comme une chose inutile?[72]

Ces héros de tragédie, dont la supériorité sur le commun tenait, selon Corneille, au «caractère brillant et élevé d'une habitude vertueuse, ou criminelle»[73], ne nous ressemblent pas, et sont même conçus dans ce dessein. C'est leur éloignement de la réalité qui leur donne droit de cité au théâtre. Il en résulte que la Comédie présente un univers factice, où l'affrontement paraît la seule forme de relation et où les méchants paradent, dangereux autant par leurs propos que par la place qu'ils tiennent.

Est-il cependant indifférent que le théâtre présente le triomphe du vice ou sa déroute? Et s'il apparaît que les criminels qu'il se plaît à mettre en scène, trouvent habituellement, dans la catastrophe finale, la juste punition de leurs forfaits, le spectacle n'en est-il pas que plus édifiant? Au lieu de juger la moralité de la pièce d'après celle des personnages, il faudrait

---

[70] Diderot, *Entretiens sur le fils naturel* (troisième entretien), *in: Œuvres complètes*, éd. Assézat et Tourneux, t. VII, p. 146.

[71] Aristote commence son traité en différenciant les moyens, les objets et les modes de la *mimèsis*. C'est par leur objet que se distinguent, selon lui, le genre comique et le genre tragique: «l'un entend en effet imiter des hommes pires, l'autre meilleurs que les contemporains.» (1448a 16).

[72] Rousseau, *Lettre à d'Alembert*, p. 82.

[73] Corneille, *Discours du poème dramatique, loc. cit.*, p. 129. Par une telle formule, Corneille essaye de rendre compatible avec la réalité du théâtre, les exigences qu'énonce Aristote sur la *bonté* des mœurs du héros tragique.

considérer la structure morale de l'intrigue[74]. Le célèbre sonnet sur la Comédie de Godeau en propose une formulation abstraite, et légèrement caricaturale.

> On y voit condamner les actes vicieux,
> Malgré les vains efforts d'une injuste puissance,
> On y voit à la fin couronner l'innocence,
> Et luire en sa faveur la Justice des Cieux.[75]

Dans ce deuxième quatrain, l'évêque de Grasse, avec habileté, présente la Comédie sous le jour le plus favorable, avant d'en récuser tous les bénéfices. Son schéma est la forme la plus générale de la pièce édifiante: un méchant sans scrupule, disposant du pouvoir, mais finalement mis en échec; une victime innocente, dont le salut inespéré porte témoignage de la Providence. S'il existe une œuvre morale, elle suit ce modèle, et loin de nuire à la portée de ses leçons, la présence de méchants en est l'indispensable ingrédient[76].

Pour un esprit du XVIIe siècle, quelle meilleure incarnation du héros immoral que Don Juan, «le plus grand scélérat que la terre ait jamais porté»[77], au dire même de son valet, dans la pièce de Molière? Don Juan parle bien, et sait donner à ses perverses maximes la forme la plus séduisante; ce maître dans l'art de la tromperie et de l'esquive, quand il le faut, manifeste bravoure et générosité. N'illustre-t-il pas le prestige dont la Comédie s'entend, si dangereusement, à parer la méchanceté? À ce reproche naturel, les défenseurs de Molière répondent en rappelant la conclusion de la pièce et la retentissante leçon que reçoivent les specta-teurs lorsqu'ils assistent au châtiment final de l'impie. C'est ce que

---

[74] Le problème est de ceux qui passionnent Rousseau, et qu'il traite longuement dans la *Lettre à d'Alembert*: «On me dira que dans ces pièces le crime est toujours puni, et la vertu toujours récompensée. Je réponds que, quand cela serait...» (pp. 83 sq).

[75] Antoine Godeau, «Sur la Comédie», v. 5-8.

[76] Un auteur de premier plan prend cependant ses distances à l'égard de cette forme de moralisme: Corneille n'entend pas en effet que la punition du vice soit le critère de la valeur morale d'une œuvre. «Quand le crime est bien peint de ses couleurs, quand les imperfections sont bien figurées, il n'est pas besoin d'en faire voir un mauvais succès à la fin pour avertir qu'il ne les faut pas imiter.» (*Epître* préfaçant *La Suite du Menteur*, O.C.2, p. 98). Sur cet «amoralisme» de Corneille, voir les analyses de G. Forestier, *op. cit.*, pp. 350-351.

[77] Molière, *Dom Juan*, acte I, sc. 1.

souligne l'auteur de la *Lettre sur les Observations*..., qui réplique au sieur de Rochemont, en élargissant la question à tout le répertoire théâtral.

> A l'entendre parler de *Dom Juan*, presque dans chaque page de son livre, il voudrait que l'on ne vît que des vertueux sur le théâtre. Il fait voir, en parlant ainsi, qu'il ignore qu'une des principales règles de la Comédie est de récompenser la vertu et de punir le vice, pour en faire concevoir de l'horreur, et que c'est ce qui rend la Comédie profitable.[78]

La comédie de Molière se conformerait ainsi avec exactitude à l'intrigue morale, telle qu'elle est définie par Godeau. «Grand Seigneur méchant homme», Don Juan met sa puissance au service du vice et oblige la justice céleste à se manifester particulièrement. Ses errements, ses provocations, dûment sanctionnés, loin de mettre la morale en péril, sont «ce qui rend la Comédie profitable». Conti balaie ce genre de plaidoyers et démontre aisément le caractère artificiel et illusoire d'une telle moralité. Le dénouement d'une pièce n'appartient que très accessoirement à l'univers qu'elle construit. Dans le cas de *Dom Juan*, le grotesque et conventionnel châtiment du héros ne saurait faire contrepoids à toute la démonstration de l'œuvre.

> Y a-t-il une école d'athéisme plus ouverte que le *Festin de Pierre*, où après avoir fait dire toutes les impiétés les plus horribles à un athée, qui a beaucoup d'esprit, l'auteur confie la cause de Dieu à un valet, à qui il fait dire, pour la soutenir, toutes les impertinences du monde? Et il prétend justifier à la fin sa Comédie si pleine de blasphèmes, à la faveur d'une fusée, qu'il fait le ministre ridicule de la vengeance divine.[79]

Les principes de l'abbé d'Aubignac ne contribueraient pas, pour leur part, à innocenter la pièce de Molière. Certes la présence de criminels sur une scène ne pose au docte abbé aucun problème d'ordre moral, et il convient avec tous les défenseurs de la Comédie qu'il faut juger globalement le propos d'une pièce et non pas s'offusquer des accents

---

[78] *Lettre sur les Observations d'une comédie du sieur de Molière intitulée* Le Festin de Pierre, Molière, *O. C.* 2, p. 1225.

[79] Conti, *Sentiments des Pères de l'Eglise sur la Comédie et les spectacles*, «Avertissement», p. 24 [deuxième partie du *Traité de la Comédie et des Spectacles*, éd. Billaine, 1667].

épars qui s'y font entendre. Mais le dénouement de l'œuvre n'est pas pour lui le point crucial. L'auteur de la *Pratique du théâtre* assouplit ainsi le schéma de Godeau.

> La principale règle du poème dramatique est que les vertus y soient toujours récompensées, ou pour le moins toujours louées, malgré les outrages de la fortune, et que les vices y soient toujours punis, ou pour le moins toujours en horreur, quand même ils triomphent. Le théâtre donc étant ainsi réglé, quels enseignements la philosophie peut-elle avoir qui n'y deviennent sensibles?[80]

Plus subtil dans sa conception de l'intrigue théâtrale, ou tout simplement plus réaliste, d'Aubignac repousse les bornes de la moralité, en introduisant deux conditions minimales («pour le moins» [...] «pour le moins»). On ne doit pas considérer l'issue effective de la pièce, mais les sentiments qu'elle a excités chez les spectateurs. Il peut se faire que le vice triomphe, au terme du dernier acte, ou que la vertu ne trouve aucun avantage, sans que pour cela l'œuvre autorise l'accusation d'immoralité. Tant que le crime, quels que soient ses succès, est présenté sous un jour odieux, le théâtre est réglé et l'enseignement qu'il dispense digne de la philosophie.

D'Aubignac ne voit pas que ces assouplissements peuvent se retourner contre sa cause. Il veut décharger de l'accusation sommaire d'immoralité, toutes les pièces qui représentent l'innocence opprimée; mais il ôte en même temps des arguments à celles qui se prétendent morales, du simple fait que la vertu y est récompensée. En établissant d'une façon moins mécanique la signification morale d'une œuvre, il contribue à démystifier les procédés auxquels recourent habituellement les auteurs pour sauver les formes et donner à leur théâtre une allure vertueuse: dénouements édifiants, discours moralisateurs, figures exemplaires. De même que le triomphe du crime, à lui seul, ne rend pas une pièce immorale, l'expression de la vertu ne suffit pas à assurer son honnêteté. Le mythe d'un théâtre moral, mettant en scène les méchants pour que pèse sur eux la réprobation générale, relève d'une simple imposture. Dans son *Traité de la Comédie et des Spectacles*, Conti répond à l'objection que la Comédie, poursuivant un idéal de fidélité, se doit de tout représenter, et qu'elle remplit sa fonction éducative dès lors que «le vice y est repris, et que la

---

[80] D'Aubignac, *La Pratique du théâtre*, Livre 1, chap.1, p. 6.

vertu y est louée, et souvent même récompensée»[81]. Connaisseur concret du monde du théâtre, Conti apprécie la place exacte du discours vertueux dans le dispositif général: quelle place tient-il dans l'œuvre? quels acteurs s'en chargent? quels efforts y consacre l'auteur?

> [Le] poète, qui après avoir répandu son venin dans tout un ouvrage d'une manière agréable, délicate et conforme à la nature et au tempérament, croit en être quitte pour faire faire quelque discours moral par un vieux roi représenté, pour l'ordinaire, par un fort méchant comédien, dont le rôle est désagréable, dont les vers sont secs et languissants, quelquefois même mauvais, mais tout du moins négligés, parce que c'est dans ces endroits qu'il se délasse des efforts d'esprit qu'il vient de faire en traitant les passions.[82]

Quand on débarrasse une Comédie de toutes les cautions morales parasites, que l'auteur se sent obligé d'introduire; quand on écarte les «vieux rois» et qu'on laisse de côté les tirades édifiantes, auxquels nul spectateur ne prête attention, l'œuvre apparaît sous son vrai jour, et avec sa pleine force de séduction: charmante peinture des passions, complaisante évocation des vices. C'est aux méchants que la scène appartient, et ce sont leurs maximes qu'elle fait valoir.

*****

En tant que genre littéraire, la Comédie admet des règles, et respecte des exigences d'ordre poétique. La réussite des spectacles et la satisfaction du public dépendent étroitement, que l'auteur le reconnaisse ou non, de sa docilité à l'égard des lois du genre. Rien ne lui interdit, évidemment, de les transgresser, mais la sanction est immédiate. L'exemple canonique en est, pour Nicole et ses amis, la pièce de *Théodore*, esthétiquement monstrueuse et moralement révoltante, qui échoue pour avoir tenté d'acclimater les valeurs chrétiennes dans un univers fondé sur leur négation. Un écrivain de théâtre n'ébranle pas impunément les bases de son art.

Les quelques considérations poétiques dans lesquelles s'aventurent les ennemis de la Comédie, les conduisent à une conclusion tranchée: entre

---

[81] Conti, *op. cit.*, p. 34.
[82] Conti, *op. cit.*, pp. 34-35.

l'Eglise et le théâtre, l'antipathie est mutuelle et absolue[83]. Tribune offerte aux méchants et interdite aux saints, lieu d'un discours anti-chrétien, la scène accueille des spectacles qui, structurellement, désavouent la morale chrétienne. On ne saurait donc s'étonner de l'aversion qu'éprouvent les esprits les plus pieux pour les divertissements théâtraux, puisque, comme Goibaud du Bois l'écrit à Racine, «le théâtre a tant d'horreur pour le christianisme». Il reste à convaincre que le théâtre ne constitue pas seulement un adversaire symbolique, mais qu'il représente un véritable danger pour les spectateurs: c'est ce dont se chargeront d'autres arguments, de nature anthropologique.

---

[83] La *République* de Platon aboutissait à une conclusion similaire, sur les rapports de la poésie et de la philosophie: «Déclarons encore [à notre raison], de peur qu'elle ne nous accuse d'une sorte de rudesse et de rusticité, qu'un différend existe de longue date entre la philosophie et l'art des poètes.» (607 b).

CHAPITRE IV

ANTHROPOLOGIE

Le danger prétendu du théâtre est celui d'un rapport pernicieux entre un divertissement particulier, avec ses caractéristiques et ses contraintes, et un public, composé d'hommes et de femmes, dont les réactions, les appétits, la fragilité intéressent aussi le moraliste au premier chef. Le procès contre la Comédie peut être instruit de chacun de ces points de vue, et la condamnation morale reposer sur une analyse de l'objet ou sur un examen de la vulnérabilité des sujets. Il ne suffit pas que la Comédie, par sa nature, soit amenée à contredire l'Evangile; encore faut-il que cette contradiction trouve un écho chez les spectateurs, qu'elle les engage dans un autre mode de vie et de pensée, qu'elle agisse sur eux. Sans cela, la Comédie ne serait qu'un adversaire théorique, mais bien inoffensif, et qui ne mériterait pas qu'on lance contre lui une telle croisade. Les ravages du théâtre, que dénoncent Nicole et ses amis, tiennent autant à la nature des spectateurs qu'à celle du spectacle.

Nous avons vu, dans le chapitre précédent, que les arguments poétiques, ou techniques, ne sont pas absents de la querelle. Le fait peut surprendre, tant les rôles semblent étroitement répartis: détracteurs du théâtre et amateurs ne partagent pas les mêmes préoccupations, et développent, sur une réalité identique, des analyses de tonalité et d'ordre bien différents. Cette polyphonie critique, qui laisse retentir dans des sphères distinctes les voix de Nicole et du Père Rapin[1], est propre au XVIIe siècle. J. Goldzink souligne à juste titre la rupture qu'opérera Diderot, en réunissant ces deux discours parallèles:

> ... deux discours largement séparés: le discours moral sur l'utilité du théâtre, conduit à l'initiative hargneuse de l'Eglise, et le discours de la poétique, refuge des techniciens de la plume et des abbés subtils autant que modérés.[2]

---

[1] Qui publie en 1674 ses *Réflexions sur la Poétique d'Aristote.*

[2] Jean Goldzink, *op. cit.*, p. 55.

Les deux domaines sont séparés, mais l'étanchéité n'est pas absolue. Les nécessités polémiques, le désir de trouver de nouveaux angles d'attaque, ou tout simplement l'air du temps, poussent un Nicole à jeter sur la Comédie un regard moins éloigné de celui des doctes. Les considérations sur la nature de l'intrigue théâtrale, sur les qualités du héros, sur le respect des bienséances, intègrent au discours moral des perspectives issues de la poétique. Les moralistes ne dédaignent pas de faire montre de leur compétence littéraire, surtout dans un milieu comme celui de Port-Royal, qui se pique de bien écrire.

Ce n'est point là cependant leur terrain naturel, et les développements qu'ils hasardent au sujet des règles et des exigences techniques de la Comédie, risquent de paraître bien pauvres, au regard des traités de poétique ou des difficultés abordées par les poètes eux-mêmes. La question de la Comédie soulève en fait d'autres problèmes, qui rejoignent bien plus directement le souci premier des moralistes: la connaissance de l'homme. Comment réagit-il en face d'un spectacle? Quelle influence les fictions exercent-elles sur son esprit et sur ses sentiments? Certaines stimulations ne se révéleraient-elles pas plus efficaces que d'autres? Et quelle faculté la raison conserve-t-elle de se prononcer et de neutraliser les séductions mimétiques? Toutes ces interrogations ressortissent davantage à l'anthropologie qu'à la poétique; elles correspondent à l'idée que le moraliste se fait, au XVIIe siècle, de son champ d'investigation. La Comédie n'est plus alors que l'occasion de mettre en lumière des lois générales, dont la portée excède de beaucoup le champ de la littérature. Faute de percevoir cette dimension essentielle de la querelle, on aurait tendance aujourd'hui à aborder les textes qu'elle a suscités comme des traités littéraires: ce malentendu est sans doute en partie à l'origine de la déception qu'ils occasionnent. Les traités contre la Comédie du XVIIe siècle appartiennent pleinement à la grande veine de la littérature morale, illustrée par Pascal et La Rochefoucauld. Le théâtre est condamné au nom d'une certaine conception de l'homme, de ses désirs.

1 — La contagion

Tous les augustiniens font reposer leur rejet de la Comédie sur une théorie de la contagion. L'idée qu'on puisse assister à un spectacle de façon détachée, par un simple sentiment de curiosité, d'intérêt temporaire et distant, leur est profondément étrangère. Le plaisir même, qui retient l'assistance au théâtre, est preuve, pour eux, qu'il se produit en chacun une transformation, une alchimie. De même que le comédien ne pourrait incarner son personnage sans partager, dans une certaine mesure, ses passions, les spectateurs ne sauraient goûter la représentation, s'ils n'accueillent pas, dans leur intimité, les sentiments qui leur sont représentés.

Que toute *mimèsis* soit à l'origine d'un processus de contamination, c'est déjà la conviction profonde sur laquelle se fonde la sévérité de Platon à l'égard de la poésie imitative.

> Toutes les compositions ayant ce caractère [imitatif] sont faites pour contaminer le jugement de ceux qui les écoutent.[3]

Après s'être particulièrement affligé de ce que le sage, lui-même, ne soit pas à l'abri d'une telle contamination[4], l'auteur de la *République* exprime en une formule dense le principe que tous les ennemis de la Comédie reçoivent comme une vérité première, indiscutable.

> Fatalement, c'est à nos émotions personnelles qu'ira profiter la substance de ces émotions étrangères.[5]

Au XVIIIe siècle encore, Rousseau s'inscrit, sans y trouver à redire, dans ce cadre idéologique de la *mimèsis* contagieuse. Tout au plus s'emploie-t-il à estomper le caractère abrupt et métaphysique de cette conception, en en soulignant le fondement psychologique. La contamination du spectateur par le personnage passe tout naturellement par le phénomène d'identification, mécanisme élémentaire que chacun peut voir à l'œuvre en soi-même.

> Osons le dire sans détour. Qui de nous est assez sûr de lui pour supporter la représentation d'une pareille comédie [*Le Légataire universel*, de Regnard], sans être de moitié des tours qui s'y jouent? Qui ne serait pas un peu fâché si le filou venait à être surpris ou manquer son coup? Qui ne devient pas un moment filou soi-même en

---

[3] Platon, *La République*, livre X (595 b).

[4] «Toutefois, le plus grand méfait de la poésie [...] c'est qu'elle est capable de contaminer même les sages.» (Platon, *La République*, livre X, 605 c). Dans cette citation, comme dans la précédente, le traducteur Léon Robin précise peut-être excessivement (en le rendant par 'contaminer') le sens du grec *'lôbè'/ 'lôbaomai'*: mutilation, ruine / mutiler, maltraiter.

[5] Platon, *La République*, livre X (606 b).

> s'intéressant pour lui? Car s'intéresser pour quelqu'un qu'est-ce autre
> chose que se mettre à sa place?[6]

La notion d'*intérêt*, à l'époque classique, exprime très heureusement
l'étroite interdépendance entre les réactions d'ordre intellectuel et affectif.
S'intéresser pour un personnage, c'est suivre avec curiosité ses aventures,
dans la mesure où l'on s'identifie à lui. L'intérêt que l'on éprouve pour
une œuvre est la marque d'une présence, conformément à l'étymologie
(*interesse*: être, se placer au milieu de); il dépend d'une implication et
d'une véritable participation. «On s'intéresse dans les spectacles, nous dit
Furetière, dans des représentations fabuleuses, quand l'auteur sait bien
émouvoir les passions.» La langue classique est incapable de désigner une
complicité intellectuelle — ce que signifie aujourd'hui le mot d'intérêt,
dans son sens affaibli — qui ne passerait pas par une pleine identification. Le détour par la *Lettre à d'Alembert* nous protège du faux-sens que
l'état actuel de la langue pousserait sans doute à commettre, en lisant
Bossuet:

> Le premier principe sur lequel agissent les poètes tragiques et
> comiques, c'est qu'*il faut intéresser le spectateur*, et si l'auteur ou
> l'acteur d'une tragédie ne le sait pas émouvoir, et le transporter de la
> passion qu'il veut exprimer, où tombe-t-il, si ce n'est dans le froid,
> dans l'ennuyeux, dans le ridicule, selon les règles des maîtres de
> l'art?[7]

Il n'y a pas de moyen terme entre ennuyer et transporter, c'est-à-dire
contaminer. S'intéresser à l'amour de Rodrigue pour Chimène, ne peut
être que partager, avec le héros du *Cid*, son amour pour Chimène.

Toute représentation des passions implique ainsi, tant chez l'acteur que
chez les spectateurs, une excitation de ces mêmes passions. Une phrase
célèbre du grand évêque de Carthage, saint Cyprien — à qui la tradition
attribuait aussi un traité entier contre les spectacles — résume la
conviction anthropologique qui anime l'ensemble des moralistes, dans leur
lutte contre la Comédie: *Adulterium discitur dum videtur*. On apprend
l'adultère en le voyant représenter[8]. L'observation équivaut à un appren-

---

[6] Rousseau, *Lettre à d'Alembert...*, pp. 111-112.

[7] Bossuet, *Maximes et réflexions sur la Comédie*, pp. 176-177 (je souligne).

[8] Saint Cyprien de Carthage, *Lettre à Donat*, n. 8, l. 174.

tissage; la représentation est fatalement éducation. L'imitation réalisée sur la scène engage les spectateurs à se faire imitateurs à leur tour. À la faveur du spectacle théâtral, les passions se propagent de la sorte selon un double circuit — interne et externe. Dans le même registre que celui de saint Cyprien, Nicole traduit en deux mots ce mécanisme de diffusion: la Comédie est exercice et école de vice.

> Il faut donc que ceux qui représentent une passion d'amour en soient en quelque sorte touchés pendant qu'ils la représentent. [...] Ainsi la comédie, par sa nature même, est une école et un exercice de vice, puisque c'est un art où il faut nécessairement exciter en soi-même des passions vicieuses.[9]

La nocivité est double, dans cette pédagogie du vice, qui fait de l'instituteur la première des victimes[10]. Il reste que les plus nombreux à subir les effets néfastes de la contamination sont bien les spectateurs.

Rien que de très attendu, dira-t-on, dans cette mise en garde: l'idée de contagion fournit un argument moralisateur commode. On comprend que les adversaires de la Comédie y aient recouru. Mais la formule lapidaire de saint Cyprien, de par sa brutalité même, entraîne des conséquences théoriques plus troublantes. Pour développer sa pensée, l'évêque de Carthage prend un exemple, dont l'absence de subtilité fait toute la richesse de sens.

> Une femme mariée, venue pudique peut-être au spectacle, s'en retourne du spectacle impudique.[11]

Le phénomène est évoqué comme l'enchaînement brutal et mécanique d'une cause et d'une conséquence. Un spectacle, par sa propre puissance,

---

[9] Nicole, *Traité de la Comédie* (1667) §1.

[10] J.-M. Piemme commente avec une grande justesse cette circularité du processus chez Nicole: «Le comédien se définit par sa double caractéristique: il est victime — mais son consentement empêche de voir là une circonstance atténuante — et moyen, car c'est à travers lui que se concrétise l'immoralité de la comédie. Dans la même optique, le théâtre devient une «école de vice» — car on y apprend aux autres à aimer les passions — et un «exercice de vice» car les acteurs eux-mêmes doivent souvent répéter et feindre pour amener leur jeu à la qualité requise.» (*op. cit.*, p. 52)

[11] «*Quae pudica fortasse ad spectaculum matrona processerat, de spectaculo revertitur impudica.*» (saint Cyprien, *ibid.*)

agit sur celui qui y assiste, quelles que soient ses dispositions. Comme dans une réaction chimique, les effets se produisent selon une logique particulière et constante, qui n'est pas susceptible de fluctuations. La *Lettre à Donat* n'envisage aucune donnée circonstancielle — psychologique ou sociologique: cette femme était-elle fragile ou forte? sa vertu correspondait-elle à une résolution profonde ou n'était-elle que simple conformisme? se satisfaisait-elle de sa vie de femme mariée? Il y aurait place pour de fines analyses et des distinctions subtiles. Mais c'est précisément la perspective que refuse saint Cyprien. Il dénonce le mécanisme dans son aveugle violence. Le bouleversement moral subi par la femme pudique est total, instantané et indifférent aux circonstances: au cours du spectacle, l'adultère est pour ainsi dire consommé dans son âme.

On ne saurait objecter ici les précautions du poète; ses efforts éventuels pour atténuer les traits les plus vifs de ses peintures ne changent rien à l'affaire. La qualité morale du public, sa plus ou moins grande vulnérabilité, n'entrent pas davantage en ligne de compte. Cette conception récuse par avance les thèses conciliatrices et prudentes derrière lesquelles s'abritent certains défenseurs du théâtre. Intervenant tardivement dans le débat, Boileau croit ainsi satisfaire tous les camps en reconnaissant les éventuels dangers du théâtre, mais en exonérant le genre dramatique de toute responsabilité intrinsèque.

> Le poème dramatique est une poésie indifférente de soi-même et qui n'est mauvaise que par le mauvais usage qu'on en fait. Je soutiens que l'amour, exprimé chastement dans cette poésie, non seulement n'inspire point l'amour, mais peut beaucoup contribuer à guérir de l'amour les esprits bien faits, pourvu qu'on n'y répande point d'images, ni de sentiments voluptueux. Que s'il y a quelqu'un qui ne laisse pas, malgré cette précaution, de s'y corrompre, la faute vient de lui, et non pas de la Comédie.[12]

C'est cette neutralité de la *mimèsis*, cette «indifférence» idéale du spectacle, que battent en brèche les théoriciens de la contagion. La neutralité est pour eux une vue de l'esprit. Toute représentation, quelle qu'en soit la retenue, s'impose au spectateur, par une sorte de fascination

---

[12] «Lettre de Monsieur Despreaux sur la Comédie», *in*: Desmolets, *Continuation des Mémoires de Littérature et d'Histoire*, 1749, t. VII, partie seconde, pp. 273-274. Cette lettre de Boileau à l'avocat et littérateur Jacques Losme de Monchesnay, date de 1707; elle s'inscrit dans le cadre d'une polémique que Boileau avait eue avec le Père Massillon.

dont il ne saurait sortir indemne. Si l'amour est une passion contagieuse, la Comédie, en le mettant en scène, organise sa propagation. Les raffinements introduits par le théâtre moderne ne font que voiler la brutalité du processus, sans le modifier. En dépit des aménagements, que reconnaît Nicole, le ressort du théâtre reste la contamination:

> Si l'on considère les Comédies de ceux qui ont le plus affecté cette honnêteté apparente, on trouvera qu'ils n'ont évité de représenter des objets entièrement déshonnêtes, que pour en prendre d'autres aussi criminels, et qui ne sont guère moins *contagieux*.[13]

La maître de Port-Royal, saint Augustin, dont l'autorité pèse d'un si grand poids dans la querelle de la moralité du théâtre, ne veut voir en la Comédie qu'une maladie, «*miserabilis insania*» — «une étrange maladie de l'âme», traduit Arnauld d'Andilly[14]. Que cette maladie se manifeste sous un jour parfois aimable, l'auteur de *la Cité de Dieu* n'en disconvient pas, qui a garde de confondre la brutalité du cirque avec la «folie raffinée des jeux scéniques»[15]. Mais, outre la subversion de la sensibilité qu'elle occasionne, proprement pathologique (le plaisir de la douleur, sur lequel repose la tragédie), elle mérite le nom de maladie par sa puissance de contagion. De même que la peste se répand en épidémie, la Comédie séduit les esprits et suscite en eux un délire communicatif: elle affecte quelques-uns, puis se propage à tous, telle une peste des âmes (*animorum pestilentia*). Saint Augustin rappelle, dans *la Cité de Dieu*, les origines religieuses du théâtre, et la première vocation médicale de ces spectacles, qu'il désigne avec mépris du nom de «spectacles de turpitudes».

> Les dieux ordonnaient qu'on leur offrît des jeux scéniques, pour calmer la peste de vos corps. Votre pontife [Scipion Nasica] défendait qu'on construisît un théâtre, pour prévenir la peste de vos âmes.[16]

---

[13] Nicole, *Traité de la Comédie* (1667) §13 — je souligne.

[14] Saint Augustin, *Confessions*, livre III, ch. 2; la traduction d'Arnauld d'Andilly est donnée dans l'édition Philippe Sellier («Folio»), p. 289. Pour une étude plus détaillée de l'argumentation de saint Augustin, voir: L. Thirouin, «La condamnation morale du théâtre: l'autorité de saint Augustin»; actes du Colloque international *Religion et Politique: les avatars de l'augustinisme*, Université de Saint-Etienne, 4-7 octobre 1995.

[15] «*Ludorum scaenicorum delicata insania*», *La Cité de Dieu* (I, 32).

[16] Saint Augustin, *La Cité de Dieu, ibid*. L'expression 'spectacle de turpitudes' (*spectacula turpitudinum*), dont les moralistes font, au XVIIᵉ siècle, un usage récurrent, provient de ce

On assiste ainsi à un comportement paradoxal, qui consiste à inoculer une maladie pour en soigner une autre, la première se révélant après coup bien moins à craindre que celle qu'on lui a substituée. L'évêque d'Hippone ne prête bien entendu aucun pouvoir thérapeutique à Asclépios ni aux méthodes de ses émules; il tient que la peste des corps se calme d'elle-même, le moment venu, sans que les spectacles célébrés y aient en rien contribué. Mais il se plaît à rapprocher ces deux fièvres: l'une qui cause de l'effroi, par les menaces qu'elle fait peser sur la santé physique, l'autre qui donne du plaisir, alors qu'elle produit dans les âmes des ravages, d'autant plus terribles que l'âme est plus précieuse que le corps.

Cette assimilation du théâtre à la peste ne peut manquer, à des oreilles modernes, d'évoquer les pages enflammées d'Antonin Artaud, où le même parallèle sert de suprême inspiration. Le *Théâtre et son double*, manifeste provocateur, entend rendre aux arts de la scène leur véritable signification, lutter contre la tyrannie du texte, contre la dégradation en littérature d'un art dangereux, violent et tout puissant, plus proche d'une catastrophe ou d'un fléau que d'un divertissement. C'est dans cette intention qu'Artaud représente toutes les analogies qui «mettent l'action du théâtre comme celle de la peste sur le plan d'une véritable épidémie»[17]. Mais à qui Artaud doit-il cette comparaison du théâtre et de la peste? A saint Augustin précisément, et aux pages de la *Cité de Dieu*, dans lesquels les adversaires du théâtre, au XVIIe siècle, puisaient une bonne part de leur assurance. Artaud ne cherche d'ailleurs en aucune manière à dissimuler sa dette, puisqu'il se met formellement sous le patronage de saint Augustin, et cite longuement le premier livre de la *Cité de Dieu*.

> Saint Augustin dans la *Cité de Dieu* accuse cette similitude d'action entre la peste qui tue sans détruire d'organes, et le théâtre qui, sans tuer, provoque dans l'esprit non seulement d'un individu, mais d'un peuple, les plus mystérieuses altérations.[18]

---

même chapitre (I, 32).

[17] Antonin Artaud, «Le théâtre et la peste», *in*: *Le Théâtre et son double*, Gallimard (coll. «idées»), 1964, p. 34.

[18] *Ibid.*, pp. 35-36. Ce passage est suivi d'une longue citation d'Augustin, tirée de la *Cité de Dieu*, I, 32.

Artaud se fait l'écho fidèle des analyses augustiniennes, dont il résume très exactement la teneur, dans la double injonction par laquelle il conclut sa citation.

> Il importe avant tout d'admettre que comme la peste, le jeu théâtral soit un délire et qu'il soit communicatif. L'esprit croit ce qu'il voit et fait ce qu'il croit: c'est le secret de la fascination.[19]

C'est bien là le mécanisme que dénonçait saint Cyprien dans la *Lettre à Donat*: la vue entraîne une adhésion, et cette adhésion se traduit par un comportement mimétique. *Adulterium discitur dum videtur*. Le simple spectacle ébranle et modifie le spectateur. Et si Artaud se soucie moins d'adultère que d'inceste, et de dérèglements extrêmes, il rejoint, avec sa théorie de la fascination, la longue tradition patristique. Le théâtre est pour lui essentiellement contagieux, mais c'est en cela qu'il est excellent. L'auteur du *Théâtre et son double* se contente d'inverser les signes sans modifier les termes; la contagion est une faculté admirable du spectacle dramatique, la peste est l'événement grandiose et terrible qu'il faut poursuivre. Ni saint Augustin, ni Nicole n'eussent imaginé qu'on pût soutenir que «l'action du théâtre, comme celle de la peste, est bienfaisante»[20]. Si Artaud, de toute évidence, n'apprécie pas à l'identique le délire et la contagion, il se rencontre sur l'essentiel avec les moralistes augustiniens, et partage les mêmes convictions qu'eux sur la *mimèsis* et la vulnérabilité du spectateur. Peu importent les intentions de saint Augustin: il a perçu dans le théâtre une puissance formidable de fascination; il «ne révoque pas en doute un seul instant [...] la réalité de cette fascination»[21]. Artaud se réjouit de trouver en ce Père de l'Eglise un renfort déterminé, dont les craintes contribuent à restaurer le théâtre dans ses authentiques prérogatives. Il est en tout cas frappant de constater que condamnation et exaltation du théâtre s'opèrent au nom d'analyses similaires. Les adversaires idéologiques d'Artaud, au XVIIᵉ siècle, seraient bien davantage les défenseurs de la Comédie, ceux qui voudraient vider la querelle en en niant la portée. Le théâtre, pour eux, raisonnablement moral, n'a pas de plus grande ambition que celle de distraire honnêtement:

---

[19] *Ibid.*, p. 37.

[20] *Ibid.*, p. 44.

[21] *Ibid.*, p. 37.

ils insistent sur l'innocuité, l'insignifiance presque, de ces spectacles, où Artaud et saint Augustin s'accordent à déceler la peste.

Laissons Antonin Artaud, dont les accents encore saisissants ont le mérite de nous faire mieux percevoir les enjeux du débat. Il reste que si, à la suite de saint Augustin, on analyse le théâtre en termes de contagion, il est difficile d'échapper à une certaine forme de raisonnement circulaire. Le théâtre contamine le spectateur, mais par le jeu de la bienséance externe, le spectateur contamine le théâtre. L'observation des bienséances, dont le *Traité de la Comédie* fait ressortir les conséquences morales, met les poètes dans la dépendance des spectateurs. Nicole souligne combien les auteurs, pour contenter leur public, sont tenus de s'accommoder à ses vicieuses inclinations; comment de la sorte le théâtre est nécessairement voué à l'immoralité.

> Il n'y a rien de plus pernicieux que la morale poétique et romanesque, parce que ce n'est qu'un amas de fausses opinions [...] qui ne sont agréables qu'en ce qu'elles flattent les inclinations corrompues des lecteurs, ou des spectateurs[22].

C'est la perversion du public qui détermine celle du spectacle. L'auteur du *Traité de la Comédie* se trouve alors aux prises avec deux logiques, qu'il admet séparément, mais qui se contredisent: 1. Une logique esthétique de la convenance: chacun n'aime que ce qui lui ressemble; le théâtre reproduit fatalement la perversité des spectateurs. 2. Une logique morale, qui vise à condamner le théâtre en raison du mal qu'il peut faire à un esprit pur. Mais s'il est pur, quel plaisir peut-il trouver dans la représentation théâtrale? et s'il est corrompu, quel mal le théâtre représente-t-il pour lui? La contagion est double; elle fonctionne dans les deux sens. Une solution serait de considérer, comme le fera Rousseau, que le théâtre est pernicieux parce qu'il est conçu pour un certain type de public dépravé — mais ce serait là concéder au genre une forme d'innocuité structurelle (on pourrait alors envisager un théâtre moral pour un public non perverti), ce à quoi Nicole n'est aucunement prêt.

A ce genre d'objection, un augustinien répondrait sans doute que l'hypothèse d'un spectateur à l'âme pure relève de la seule spéculation. La contagion théâtrale ne doit pas s'entendre comme l'inoculation de maladies nouvelles, mais comme le réveil d'une infection latente. Je

---

[22] Nicole, *Traité de la Comédie* (1667), §17.

reviendrai bientôt sur ce point. Il demeure que la logique de la convenance, développée d'un point de vue poétique, atténue les responsabilités qui
pèseraient sur la Comédie, selon la seule logique de la contagion. Sans
multiplier les excursions anachroniques, on remarquera que les débats
récurrents, et généralement sommaires, qui se tiennent aujourd'hui sur
l'immoralité de la télévision, achoppent sur la même difficulté. Entreprise
commerciale, la télévision n'a pas davantage vocation que les poètes du
XVIIe siècle à contrarier les attentes de son public: la physionomie qu'elle
adopte est plus ou moins le reflet de ceux à qui elle s'adresse. On sent
bien cependant que ce médium, particulièrement adapté, joue son rôle
propre dans l'évolution des mentalités; autrement dit, que tout en se
conformant aux désirs, il intervient dans la nature de ces désirs; qu'une
personne se gardant scrupuleusement de son contact a toutes chances de
se comporter différemment d'un téléspectateur assidu. La sociologie de la
communication, dont Nicole sur ce point peut être tenu pour un précurseur, s'efforce tant bien que mal de prendre en compte ce double
mouvement de contagion — sans recourir, on l'imagine, à une notion
aussi morale[23].

*****

Pour les adversaires de la Comédie, la *mimèsis* est donc toujours liée à
une contagion. Cette conviction fondatrice, dont nous avons souligné la
brutale simplicité, amène à poser sur des bases autres, le problème de la
signification réelle d'une œuvre, et de son effet concret sur ses destinataires. Nicole met en évidence un principe, qui pourrait se formuler de la
sorte: la puissance spécifique de la représentation n'est pas modifiée par
le cadre idéologique qui entoure cette représentation. Il y a une efficace
propre d'une représentation, un effet intrinsèque, qui ne dépend pas du
discours accompagnant cette représentation, des raisons pour lesquelles
elle est produite. Je présente à dessein sous une forme très abstraite une
analyse qui n'apparaît chez les moralistes, et chez Nicole en particulier,
qu'à travers des exemples concrets. Mais le caractère désuet — il faut

---

[23] L'article «Communication de masse», de l'*Encyclopedia Universalis*, donne une idée de
ce discours: «Contrairement à une vue naïve et répandue, le contenu des mass-media ne
serait donc pas déterminé unilatéralement par l'offre, mais serait le résultat d'une *adaptation
réciproque* de l'offre et de la demande.» (O. Burgelin, *Encyclopedia Universalis*, vol. 10,
p. 595)

bien le reconnaître — de ses applications risque de masquer la portée de la thèse. Cette position extrême et sans nuance met le doigt sur un paradoxe crucial, que nous ne sommes pas plus aptes à lever aujourd'hui, après que trois siècles ont passé.

Le cas le plus simple, parce que l'histoire de la littérature en fournit l'illustration permanente, est celui d'une œuvre peignant conjointement une passion condamnable et la sanction qu'elle attire, une conduite perverse et toutes les peines qui en résultent. Certains auteurs, de bonne foi, pensent travailler à l'édification de leur public en lui présentant, sous le jour le plus captivant, les infortunes du vice. D'autres trouvent là un moyen commode de protester de leur innocence, tout en laissant à leur plume une liberté que la censure pourrait être tentée de réduire. Il n'est pas question bien entendu de regretter l'époque où les écrivains, pour défendre un roman, devaient arguer de son dénouement. Le progrès est certain, qui rendrait aujourd'hui impossible un procès contre *Madame Bovary*. Mais l'abandon de la vigilance morale, que l'on trouvait alors nécessaire de maintenir à l'endroit des œuvres d'art, s'accompagne d'une certaine naïveté théorique. On supporte mal l'idée de taire, ou de faire taire, de censurer quelques formes de représentation que ce soit, mais nos sociétés — comme tout corps social — reposent sur la répression de certaines pulsions. Les cibles seules ont changé depuis le temps de Louis XIV, et si la capacité de tolérance est incomparablement plus grande, elle ne saurait être illimitée. La tentation subsiste toujours de montrer l'insupportable tout en le dénonçant, ou même pour le dénoncer. On éprouve alors la véracité de ce que les adversaires de la Comédie avaient découvert, à l'occasion de leur controverse: que la répression qui accompagne une représentation est sans effet sur cette représentation. La force de contagion qu'un spectacle met en mouvement est aveugle et aberrante; elle se déploie sans égard pour ce qui l'environne.

La structure d'une œuvre, l'économie de ses moyens, son développement obéissent à des lois d'ordre syntaxique, qui déterminent sa valeur littéraire: il n'est pas indifférent que tel épisode se produise avant tel autre, ou qu'il entraîne tels effets plutôt que d'autres. Mais si l'on se place du point de vue psychologique de la réception, si l'on considère le retentissement de l'œuvre en chacun de ses destinataires, il en va tout autrement; la logique qui s'applique est alors moins élaborée. L'œuvre n'apparaît pas comme la résultante de tous ses éléments, organiquement associés en un objet unique, mais comme une collection de moments, dotés chacun de leur efficace propre. L'écho que rencontrera l'un d'eux, ne dépend que très secondairement de sa situation dans le système. Une scène, une image, une réplique peuvent causer un ébranlement affectif, indépendamment de leur contexte, hors duquel, cependant, elles n'auraient pas lieu d'être. Etrange distorsion, à laquelle on ne prête guère attention habituellement, mais dont les conséquences morales s'imposent. Rousseau résume le problème en une question directe:

> Pourquoi l'image des peines qui naissent des passions effacerait-elle celle des transports de plaisir et de joie qu'on en voit aussi naître, et que les auteurs ont soin d'embellir encore pour rendre leurs pièces plus agréables?[24]

Peines et plaisirs, qui sont étroitement solidaires dans une même construction narrative, déterminent sur un plan psychologique des impressions parallèles et indépendantes. L'impact d'une image ne préjuge pas de celui des autres images. Ce n'est pas par un discours, par un enchaînement construit et signifiant, que le spectateur est impressionné, mais par des scènes isolées. Des passions montrées sous un jour séduisant peuvent être intellectuellement déconsidérées par la catastrophe qu'elles entraînent. Mais fantasmatiquement, la liaison n'est pas perçue entre la jouissance initiale et la désolation ultime: ce sont deux sentiments disjoints; le plaisir que donne le premier n'est pas affecté par le second. Croire que l'effet d'une pièce dépend de sa signification abstraite relève d'une illusion intellectualiste. Le sens est construit, et non pas perçu. Or ce qui a force de contagion, et ce en quoi consiste l'effet véritable d'une œuvre théâtrale, est ce qui frappe directement les sens. Le dénouement, bien sûr, impressionne les spectateurs et jette sur toute l'œuvre une lumière rétrospective, mais il ne saurait faire que les émotions précédentes n'aient point eu lieu. Ou pour le dire plus brièvement, avec les mots de Rousseau:

> Le dénouement n'efface point l'effet de la pièce.[25]

Revenons à Nicole; les considérations qui précèdent s'inscrivent dans le droit fil d'une des remarques les plus fécondes et originales du *Traité de la Comédie*. La question soulevée ne semble pas de prime abord très consistante. Il s'agit de savoir si, l'amour étant une passion périlleuse et

---

[24] Rousseau, *Lettre à d'Alembert...*, p. 73.
[25] *Ibid.*, p. 122.

contagieuse, la Comédie cesse d'être répréhensible quand elle prend soin d'en représenter seulement des formes que la morale approuve. Nicole tient que ces précautions sont dérisoires.

> La représentation d'un amour légitime et celle d'un amour illégitime font presque le même effet, et n'excitent qu'un même mouvement qui agit ensuite diversement selon les différentes dispositions qu'il rencontre...[26]

On perçoit, à de tels exemples, combien est moderne la problématique de Nicole — modernité dissimulée dans un premier temps par l'aspect anachronique de ses présupposés moraux, et par la nature des problèmes qu'il semble se poser. Mais la question apparente — est-il moins risqué de représenter un amour qui se conclut dans le mariage? — importe bien moins que l'argumentation mise en jeu pour la résoudre. Acceptons temporairement de considérer la passion amoureuse avec la même suspicion qu'un moraliste augustinien: comme une caricature de la charité, l'attachement suicidaire à une créature, comme une pulsion délirante. Les règles imposées par la religion et la société parviennent à canaliser cette passion, jusqu'à la rendre compatible avec l'amour de Dieu et du prochain. Mais dans la représentation théâtrale, la puissance communicative qu'elle possède s'exerce sur les spectateurs de façon autonome, tandis que les limitations auxquelles elle est soumise ne sont pas susceptibles de produire la moindre excitation. Peu importe, alors, le jour sous lequel cette passion est donnée à voir.

> En excitant par les Comédies cette passion, on n'imprime pas en même temps l'amour de ce qui la règle. Les spectateurs ne reçoivent l'impression que de la passion, et peu ou point de la règle de la passion.[27]

L'amour légitime doit être considéré comme un objet théâtral composite: l'association d'une passion et de sa répression. Seule la passion est contagieuse.

Substituons à la passion amoureuse, affection qui aujourd'hui ne paraît pas si délétère, des pulsions dont on s'accorderait plus facilement à

---

[26] Nicole, *Traité de la Comédie* (1667) §4.
[27] *Ibid.*

dénoncer la nocivité: le racisme, la haine de l'autre, le désir de le dominer ou de le détruire. La difficulté que soulève Nicole apparaît alors dans toute sa gravité. Faut-il évoquer, dans leur horreur précise et concrète les atrocités commises par les nazis? On risque, ce faisant, d'exciter la part de sadisme, de voyeurisme malsain, tapie en chacun. Jeter un voile d'imprécision sur ces actes de barbarie, ce serait ôter au génocide juif ce qui en fait un événement inouï et sans équivalent exact dans l'histoire. Garder le silence, c'est faire le jeu du révisionnisme, étouffer la mémoire — éventualité dont on mesure particulièrement les dommages. Il faut bien se résigner à montrer l'horreur, tout en sachant que par là même, et malgré tous les commentaires et les avertissements dont on entoure images et témoignages, on s'expose à alimenter chez certains les passions sadiques et xénophobes que l'on se fixait pour tâche de combattre. Ce n'est pas certes que tous les «spectateurs», ni même une majorité d'entre eux, vont opérer ce détournement, mais deux points capitaux sont à retenir: 1. Tous sont susceptibles de le faire. Il y a dans la nature humaine des tendances obscures à convertir en jouissance intime le spectacle de la douleur. Un moraliste augustinien aurait pu y voir une manifestation du péché originel. Nos contemporains y décèleront plus volontiers un désir de mort, participant de façon normale à la structuration de la personnalité. Le fait est là. Quant à savoir pourquoi les mêmes scènes induisent, au sein d'un public unique, des réactions divergentes, on ne peut que faire acte d'impuissance avec Nicole, et constater qu'un même mouvement ayant été excité, il «agit ensuite diversement selon les différentes dispositions qu'il rencontre»[28]. 2. Le cadre idéologique qui entoure une représentation excitante n'interfère aucunement avec les effets propres de celle-ci. Le discours de condamnation ou de compassion qui, dans un journal télévisé, accompagne le compte rendu des tragédies diverses, ne dissipe pas les sentiments de curiosité ou de satisfaction morbide que peuvent susciter les scènes de ce genre. Toute représentation porte en elle-même une puissance latente de contagion — entendons par là une connivence avec les passions de l'homme — qui s'exprime de sa propre autorité. Feinte ou sincère, la réprobation n'a pas prise sur elle. J'imagine qu'un bourreau se délecte à lire les rapports d'Amnesty International.

Passion et répression sont ainsi absolument hétérogènes. Un auteur est responsable et maître de celle-ci, alors qu'il demeure impuissant devant celle-là. S'il met en scène une passion, il ne lui appartient plus d'en

---

[28] *Ibid.*

diriger les effets. Il peut contenir dans les bornes de la légitimité l'amour qu'il représente, en célébrant les bonheurs du mariage, en détaillant les ravages causés par les passions adultères, mais sa leçon de morale est inopérante: la passion évoquée séduit par elle-même. Dans les réflexions de Nicole sur la représentation d'un amour légitime, se pose en dernier ressort la question de la maîtrise de l'écrivain. Louis Marin l'a bien perçu:

> Aussi le texte dont l'écrivain est la source échappe-t-il à l'auteur, puisque ses limites n'étant pas parties du texte, le texte fonctionne comme *une source infinie d'excitation*, comme puissance libératoire en ce sens que la négation, la limite, n'y figure que comme absence et que l'absence comme telle ne peut imprimer d'excitation.[29]

Cette autonomie du texte n'est pas sans produire une certaine jubilation chez le critique moderne: il y voit un gage indestructible de liberté. Quelles que soient les censures, imposées de l'extérieur ou consenties, le texte est doté d'une puissance propre, «puissance libératoire», rebelle à toute manipulation. Nicole — est-il besoin de le dire? — ne partage pas cette mystique du texte, dont il ébauche les fondements. Il en retient avant tout l'incapacité de l'écrivain à imposer à son œuvre la fonction morale qu'il souhaite. Les poètes, tel Corneille, méritent tout au plus l'ironique indulgence de Senault, avec qui Nicole serait sans doute prêt à convenir que «contre leur intention même ils favorisent le péché qu'ils veulent détruire»[30]. Mais la réalité et la gravité de la contagion théâtrale autorisent à juger plus sévèrement de leur rôle. La responsabilité morale d'un auteur ne coïncide pas avec ses intentions et son projet artistique. Tel un apprenti sorcier, il déchaîne des forces, qu'il n'a pas ensuite les moyens de maîtriser[31]. Ni l'innocence de ses intentions, ni l'appareil moral qu'il croit utile d'échafauder n'amenuisent le danger objectif dont il est l'occasion.

---

[29] Louis Marin, «La critique de la représentation théâtrale classique à Port-Royal: commentaires sur le *Traité de la Comédie* de Nicole», p. 96; je souligne.

[30] *Cf. supra*: chap. III, p. 98.

[31] Dans le même ordre d'idées, on notera cette réflexion de Conti, sur les limites que connaît le pouvoir du dramaturge: «Les poètes sont maîtres des passions qu'ils traitent, mais ils ne le sont pas de celles qu'ils ont ainsi émues; ils sont assurés de faire finir celles de leur héros et de leur héroïne avec le cinquième acte [...] Mais le cœur ému par cette représentation n'a pas les mêmes bornes, il n'agit pas par mesures: dès qu'il se trouve attiré par son objet, il s'y abandonne selon toute l'étendue de son inclination.» (Conti, *op. cit.*, p. 26).

Adulterium discitur dum videtur, proclamait saint Cyprien. En intégrant les analyses de Nicole, on doit corriger cette formule et lui apporter un complément paradoxal: *adulterium discitur dum amor conjugalis videtur*. L'adultère est enseigné dès que l'amour est représenté, car ce n'était pas la scène d'adultère qui engageait à l'adultère, mais la fascination intrinsèque de la passion amoureuse. Si, selon ces théories, l'amour ne devient pas moins pernicieux au théâtre pour apparaître sous une forme légitime, il n'est pas exclu que de telles précautions inutiles aggravent même les effets de la Comédie. C'est ce que soutient notamment Mme de Sablé, dans une célèbre maxime.

> Plus [l'amour] paraît innocent aux âmes innocentes, et plus elles sont capables d'en être touchées. On se fait en même temps une conscience fondée sur l'honnêteté de ces sentiments; et on s'imagine que ce n'est pas blesser la pureté que d'aimer d'un amour si sage. Ainsi on sort de la comédie le cœur si rempli de toutes les douceurs de l'amour, et l'esprit si persuadé de son innocence qu'on est tout préparé à recevoir ses premières impressions.[32]

Nous reconnaissons le lieu commun de toute la querelle, l'habituelle mise en garde contre le théâtre d'apparence morale. Les considérations précédentes permettent cependant d'en saisir un peu mieux la logique. Qu'est-ce en effet qu'un théâtre moral, sinon le résultat d'une illusion? Les aménagements apportés ne peuvent être que de pure forme. «Sage», «légitime»: les qualités dont on couvre l'amour sont un vernis, rassurant pour l'honnête homme; mais la passion garde intacte sa puissance de contagion. En présentant le vice sur le mode de la réprobation, en soumettant à des normes morales les passions qu'il met en scène, le théâtre croit ôter le danger: il ne fait que l'envelopper, et le rendre ainsi plus insidieux. Les spectateurs les plus scrupuleux laissent leur vigilance s'endormir et deviennent à leur tour vulnérables. Tel est le corollaire inattendu du principe de contagion que Nicole voit à l'œuvre au théâtre.

> ... et souvent même, la représentation d'une passion couverte de ce voile d'honneur est plus dangereuse, parce que l'esprit la regarde plus

---

[32] Mme de Sablé, maxime n° 81. Ce texte, qui figure aussi sous une forme similaire dans les deux copies des *Pensées*, a été parfois attribué à Pascal. Si son style et sa teneur ne suffisaient pas à exclure cette attribution, divers documents confirment, sans contestation possible, que son auteur original est bien la marquise de Sablé.

sûrement, qu'elle y est reçue avec moins d'horreur, et que le cœur s'y laisse aller avec moins de résistance.[33]

*****

Dans ses *Observations* sur *Dom Juan*, Rochemont est choqué par l'impiété de la pièce; il reproche à Molière d'avoir

> donné à tous ses auditeurs des *idées* du libertinage et de l'athéisme, sans avoir eu soin d'en effacer les *impressions*.[34]

Les termes méritent attention. L'accusation est en effet plus technique et précise qu'il ne paraît à première vue. Elle repose sur une intéressante distinction entre *idée* et *impression*. 'L'idée' est la simple représentation mentale, une notion encore abstraite, tandis que 'l'impression', est l'idée agissante, l'idée qui subsiste et modifie celui qui est mis à son contact («Impression», d'après Furetière, «se dit des qualités qu'une chose communique à une autre, quand elle agit sur elle»). L'impression, c'est l'idée contagieuse. On pourrait théoriquement, selon ce système, effacer les impressions pernicieuses qu'est susceptible de laisser une idée; représenter un libertin sans contaminer le spectateur de libertinage. Ainsi Rochemont ne reproche pas à Molière d'avoir mis en scène un athée militant, en la personne de Don Juan, mais d'avoir rendu communicative la conviction de son héros.

Un des deux défenseurs de Molière qui répliquèrent au pamphlet, l'auteur de la *Lettre sur les Observations...*, tout en rejetant évidemment les conclusions de Rochemont, s'inscrit dans le même système que son adversaire; il semble s'entendre avec lui sur les conditions de moralité du théâtre. La seule différence est qu'il loue Molière d'avoir réussi de façon magistrale, ce que Rochemont reprochait précisément au dramaturge de n'avoir pas su faire. La tâche, concède-t-il, était périlleuse:

---

[33] Nicole, *Traité de la Comédie* (1667) §4, suite.

[34] B. A. Sr. D. R., *Observations sur une comédie de Molière intitulée* le Festin de Pierre, *in:* Molière, *O. C.* 2, p. 1205 (je souligne).

> Il était difficile de faire paraître un athée sur le théâtre et de faire connaître qu'il l'était sans le faire parler.[35]

Le défenseur de Molière pense visiblement que le libertinage se transmet par le moyen de l'argumentation: l'écueil majeur à éviter pour l'auteur était donc de donner à son athée l'occasion de «raisonner». Ne proposant aucun raisonnement, ou du moins aucun discours suivi digne de ce nom, Don Juan ne peut être accusé de «faire impression sur les esprits»[36]. Molière a réussi le tour de force de donner une idée claire de l'athéisme, sans que celui-ci ne produise aucune impression.

Pour Nicole, quelle que soit l'utilisation qu'on en fasse, cette distinction n'a pas lieu d'être: toutes les idées théâtrales forment des impressions. À cela se résument finalement ses remarques sur l'équivalence entre amour légitime et amour illégitime. Il n'existe pas d'état neutre, où le spectateur percevrait une scène sans être contaminé. La *mimèsis* théâtrale produit fatalement dans le public des impressions, qu'aucune précaution ne saurait atténuer. Le refus de distinguer entre 'idée' et 'impression' peut être tenu pour une thèse centrale du *Traité de la Comédie*[37].

Lecteur attentif et averti de Nicole, Bossuet a fort bien vu là un point clef de son argumentation. Il développe à son tour la question dans le cinquième chapitre de ses *Maximes et réflexions sur la Comédie:* «Si la comédie d'aujourd'hui purifie l'amour sensuel en le faisant aboutir au mariage». Le problème est bien celui que posait le moraliste de Port-Royal; il conduit à de semblables conclusions, dont la portée théorique est ici particulièrement mise en valeur.

> La passion ne saisit que son propre objet. [...] Le licite, loin d'empêcher son contraire, le provoque; en un mot, ce qui vient par réflexion n'éteint pas ce que l'instinct produit; et vous pouvez dire à coup sûr, de tout ce qui excite le sensible dans les Comédies les plus honnêtes, qu'il attaque secrètement la pudeur.[38]

---

[35] *Lettre sur les Observations d'une comédie du sieur de Molière intitulée* Le Festin de Pierre, Molière, *O. C.* 2, p. 1222.

[36] *Ibid.*

[37] On trouve là une nouvelle preuve de la profonde divergence théorique entre l'auteur des *Observations* et les moralistes de Port-Royal.

[38] Bossuet, *Maximes et réflexions sur la Comédie*, p. 186.

Le licite apparaît au jugement, à l'issue d'une réflexion; la passion suit son propre cours. Dans un même spectacle, instinct et réflexion trouvent chacun leur propre pâture. Deux dynamiques coexistent, sans faire obstacle l'une à l'autre. C'est, en des termes plus fermes et plus explicites, l'intuition qui fondait les analyses de Nicole. Bossuet le reconnaît d'ailleurs, saisissant cette occasion pour rendre au janséniste l'hommage qui lui est dû. L'allusion élogieuse à cet «habile homme de nos jours»[39], ayant traité la question de la Comédie, est transparente dans le contexte: Bossuet confesse là sa dette à l'égard du *Traité de la Comédie*.

Rousseau, au milieu du XVIIIᵉ siècle, ne s'émeut pas davantage de faire cause commune avec les moralistes de Port-Royal; certaines thèses qu'il soutient ont été — il en convient — «fortement alléguées par les écrivains ecclésiastiques»[40]. Parmi ces prédécesseurs dont le philosophe reconnaît ainsi l'héritage, il ne fait guère de doute que Nicole tient la première place. En effet, quelques lignes après cet aveu, l'auteur de la *Lettre à d'Alembert* aborde une difficulté dont les termes sonneront familiers.

> Quand il serait vrai qu'on ne peint au théâtre que des passions légitimes, s'ensuit-il de là que les impressions en sont plus faibles, que les effets en sont moins dangereux?[41]

Le problème posé, le vocabulaire même (et en particulier l'adjectif 'légitime') renvoient sans conteste à Nicole. La définition de l'impression théâtrale comme pure contagion, indifférente à l'agencement idéologique, est bien un résultat du *Traité de la Comédie*. Laissons à Rousseau le soin ultime d'illustrer ce mécanisme. Moins abrupt que Nicole, il s'entend mieux que lui à faire sentir la réalité psychologique de ce qui reste trop souvent, dans l'ouvrage du janséniste, de pures abstractions morales. Rousseau observe avec finesse la tournure du malentendu théâtral. Les héros sur la scène se plient à la discipline que leur impose le poète, mais dans son fauteuil, le spectateur se laisse emporter par une autre nécessité.

> Si les héros de quelques pièces soumettent l'amour au devoir, en admirant leur force, le cœur se prête à leur faiblesse; on apprend moins

---

[39] *Ibid.*, p. 188.

[40] Rousseau, *Lettre à d'Alembert...*, p. 119.

[41] *Ibid.*, p. 120.

à se donner leur courage qu'à se mettre dans le cas d'en avoir besoin.[42]

La contagion théâtrale possède sa propre logique; les impressions que garde le public ne coïncident pas avec le propos de la pièce.

2 — *Le désir corrompu*

Le spectacle théâtral est nocif, parce que son mécanisme repose sur la contagion. Fermement ancrée chez les adversaires de la Comédie, cette conviction soulève une difficulté. Pourquoi certaines passions feraient-elles, plutôt que d'autres, impression sur les spectateurs? Si des représentations alimentent la passion amoureuse, d'autres communiqueront peut-être le courage, la reconnaissance, l'amitié... Qu'est-ce qui empêche d'utiliser à des fins louables la puissance de contagion du théâtre? Il ne s'agit pas, dans cette optique, de moraliser le théâtre en s'en servant pour combattre des passions jugées pernicieuses, mais pour promouvoir certaines pulsions fécondes. Les principes définis précédemment excluent la première perspective, en stipulant que la répression d'une passion ne se communique pas à la manière d'une passion. Mais une conception plus positive des choses reste envisageable, fondée sur la force d'entraînement des exemples. Si la *mimèsis* est contagieuse, elle doit l'être pour le pire et pour le meilleur!

Ce bel équilibre ne correspond malheureusement pas à la nature réelle de l'homme, du moins telle que la conçoivent les moralistes augustiniens qui mènent le combat contre le théâtre. Une distinction s'impose entre les diverses passions que la Comédie est susceptible d'exciter. Il y a en l'homme un désir de mal, qui rend sur lui très efficace la représentation du mal, tandis que celle de la vertu, ne rencontrant point son désir, n'a pas d'effet. La contagion théâtrale a donc des limites. Ou pour mieux dire, elle est sélective; elle n'est agissante que quand elle trouve une réceptivité. J'ai déjà indiqué le caractère circulaire de tout le processus: la puissance de contagion du théâtre fait écho à une disposition du public à être contaminé. Pour que le spectacle déploie tout son charme, il faut une correspondance entre l'appétit du spectateur et les représentations qui lui sont données en pâture. Le théâtre, en tant que tel, n'a aucun moyen de créer un désir; il doit se conformer aux dispositions qu'il rencontre.

---

[42] *Ibid.*, p. 222.

Enoncées d'un point de vue anthropologique, ces remarques rejoignent celles que suggérait l'approche poétique. Il s'agit bien évidemment d'une seule et même réalité: le théâtre ne tolère qu'un certain type de héros et de situations dramatiques, parce que son public n'est sensible qu'à ce genre de stimulations. Les nécessités poétiques du genre recouvrent exactement les données anthropologiques.

La théologie chrétienne vient fort opportunément à la rescousse. Avec la notion de péché originel, elle fournit en effet un cadre approprié pour expliquer cette sensibilité sélective de l'homme. Aux yeux de l'oratorien Senault, la cause est entendue: si les prestiges de la scène ne jouent que dans un sens, si les seules passions contagieuses sont celles qui dégradent l'homme, c'est un effet direct de la blessure dont souffre sa volonté depuis la chute.

> L'homme est entièrement perverti depuis le péché, les mauvais exemples lui plaisent plus que les bons, parce qu'ils sont plus conformes à son humeur; quand on lui représente sur le Théâtre le vice avec ses laideurs et la vertu avec ses beautés, il a bien plus d'inclination pour celui-là que pour celle-ci.[43]

Le terme d'inclination doit être entendu avec toute la force qu'il possède dans le vocabulaire théologique: de même que la grâce *incline* vers Dieu le cœur de l'homme, d'une manière que les disciples de saint Augustin jugent irrésistiblement efficace, l'inclination que ressent le spectateur pour certaines représentations théâtrales, excède de beaucoup le simple goût. C'est un attrait immédiat, spontané, invincible, par lequel se crée, entre la scène et le public, une intime connivence. L'opposition au théâtre dépend étroitement — on le vérifie à nouveau — de l'attachement à une anthropologie augustinienne. L'homme que les moralistes de Port-Royal estiment menacé par la Comédie est un homme à la liberté blessée, exposé à des «délectations» contradictoires, entre lesquelles la plus forte détermine infailliblement son comportement.

En des termes non religieux, Rousseau ne raisonne pas très différemment. Dans son désir d'ôter à la Comédie tout projet moral ou éducatif, il ne manque jamais de mettre en évidence le conformisme qui y prévaut; il insiste sur l'affinité structurelle unissant les comédiens à la salle, et qui

---

[43] Senault, *Le Monarque ou les devoirs du souverain*, p. 208.

forme comme un pacte de plaisir théâtral. Le principe en est simple à énoncer:

> Le cœur ne s'intéresse point [aux passions] qui lui sont étrangères.[44]

Le théâtre s'efforce donc d'exciter des passions, mais son pouvoir de séduction se borne à reproduire celles qu'il rencontre. Rousseau s'écarte cependant de Senault sur un point capital: c'est qu'il ne se réfère, bien entendu, à aucune dépravation constitutive de l'homme. Les passions auxquelles le philosophe de Genève accorde le plus de prix ne lui paraissent pas inaptes à exciter l'émotion d'un auditoire. Au contraire.

> L'amour de l'humanité, celui de la patrie, sont les sentiments dont les peintures touchent le plus ceux qui en sont pénétrés.[45]

Mais, poursuit Rousseau, «quand ces passions sont éteintes», la Comédie ne peut plus faire appel à elles. Il lui faut bien s'en remettre à une sorte de fonds commun avec lequel elle est sûre d'entrer en résonance, à ces passions élémentaires, comme «l'amour proprement dit», qui ne risquent pas de s'effacer. Rousseau regarde celles-ci avec beaucoup moins de répugnance que les moralistes du siècle précédent. Il n'en considère pas moins l'amour comme une passion dangereuse, menant assez facilement l'homme sur la voie du désordre et de la dégradation morale; un péril relatif somme toute, plus ou moins dommageable selon qu'il se substitue à des idéaux plus ou moins élevés. Au bout du compte, une place étant faite à l'assouplissement des principes[46], l'auteur de la *Lettre à d'Alembert* se fait de la contagion théâtrale une idée très comparable à celle de ses prédécesseurs: celle d'une puissance qui renforce les passions les plus critiquables de l'homme, et reste inopérante pour exciter les sentiments dignes de l'être. Quand Voltaire met aux prises, sur une scène, le fanatisme de Mahomet et la vertueuse raison incarnée par Zopire, il donne

---

[44] Rousseau, *Lettre à d'Alembert...*, p. 221.

[45] *Ibid.*

[46] «Il vaut beaucoup mieux aimer une maîtresse que de s'aimer seul au monde», observe l'auteur de la *Lettre à d'Alembert* (p. 221). Cette remarque, savoureuse et modérée, montre suffisamment l'évolution des valeurs de référence, de Nicole à Rousseau, et surtout la disparition d'une forme de «fétichisme» moral, qui conduisait certains, au XVIIe siècle, un peu systématiquement, à faire de l'amour le risque par excellence.

au théâtre un de ses plus beaux moments; Rousseau en est en tout cas convaincu, et il ne ménage pas ses éloges à ce morceau de bravoure théâtral. Mais ce n'est pas ainsi, pour lui, qu'on lutte contre le fanatisme. Une fureur «aveugle et stupide», comme celle de Mahomet, s'adresse avec une grande efficacité à la déraison du public, tandis que les représentations de la vertu restent inutiles.

> Je crains bien [...] qu'une pareille pièce, jouée devant des gens en état de choisir, ne fît plus de Mahomets que de Zopires.[47]

Dans les faits, et sans qu'il faille évoquer une blessure originelle de la volonté, Rousseau constate la disparité des passions, inégalement capables de séduire.

Il n'est pas difficile de trouver des œuvres similaires et de montrer comment, en face des multiples passions qui s'affrontent sur la scène, le public ne garde en fait qu'une seule impression. Pour les défenseurs de la Comédie, le théâtre moral est celui qui montre tout, s'attachant simplement à faire l'éloge du bien. Conti évoque cette thèse comme une des deux objections qu'il juge nécessaire de traiter[48]. Pour y répondre, il prend l'exemple de *Cinna*, pièce édifiante qui montre le triomphe de la générosité sur des passions inférieures, et notamment sur un amour égoïste et destructeur. Mais est-ce bien ainsi que les spectateurs la regardent?

> Y a-t-il personne qui ne songe plutôt à se récréer en voyant jouer Cinna, sur toutes les choses tendres et passionnées qu'il dit à Emilie, et sur toutes celles qu'elle lui répond, que sur la clémence d'Auguste, à laquelle on pense peu, et dont aucun des spectateurs n'a jamais songé à faire l'éloge en sortant de la Comédie.[49]

---

[47] Rousseau, *ibid.*, p. 88.

[48] «Ils disent qu'il est vrai que la Comédie est une représentation des vertus et des vices, parce qu'il est de la fidélité des portraits de représenter leurs modèles tels qu'ils sont, et que les actions des hommes étant mêlées de bien et de mal, il est par conséquent du devoir du poème dramatique de les représenter en cette manière; mais que bien loin qu'il fasse de mauvais effets, il en a de tous contraires, puisque le vice y est repris, et que la vertu y est louée, et souvent même récompensée.» (Conti, *Traité de la Comédie et des spectacles*, pp. 33-34).

[49] Conti, *op. cit.*, pp. 35-36.

Passion étrangère à l'homme, la clémence d'Auguste ne cause sur lui qu'une impression insignifiante. Les seuls sentiments que la pièce nourrisse sont ceux qui rejoignent le désir corrompu du public.

Cette présentation reste néanmoins un peu sommaire, et ne rend pas parfaitement justice à l'anthropologie mise en œuvre. L'homme, même déchu, n'est pas conçu par les augustiniens comme dépendant si mécaniquement de ses appétits mauvais. Ou bien, à trop noircir le tableau, les moralistes obtiendraient un autre effet que celui escompté: si le spectateur éprouve naturellement un tel attrait pour des passions délétères, doit-on faire peser sur la Comédie une terrible responsabilité? Elle agit plus comme révélateur que comme instigateur. Il importe donc aux ennemis du théâtre de nuancer les analyses précédentes et d'équilibrer avec plus de mesure la faute respective du spectacle et du spectateur. C'est ce à quoi conduisent les analyses de Platon et de saint Augustin, toujours présentes en filigrane dans le débat.

Pour Platon, l'homme est double: il y a en lui une tendance qui le pousse à céder à ses passions et une autre qui le pousse à résister. L'exemple que prend Socrate est celui du sage venant de perdre son fils, et du combat intérieur qui se livre en lui: il est partagé entre l'accablement et la voix de sa raison, qui lui expose les moyens de garder son calme dans le malheur, et de ne point s'irriter. Face à la douleur, l'homme garde une possibilité de délibération: l'enfant crie et se laisse emporter dans un vertige de la plainte; l'homme se met en quête des remèdes. Cette posture de liberté et de maîtrise est celle par laquelle il atteste sa supériorité d'être rationnel. Or la tragédie enseigne à s'abandonner à la douleur, à en faire même un motif de jouissance. Le sage, celui qui dans la vie réelle parvient à étouffer les exigences de ses passions, consent à se faire le jouet des mêmes affections, pendant la parenthèse — jugée anodine — d'un spectacle théâtral. Le poète imitatif ne sera donc pas accusé de dépraver l'homme, mais de développer en lui une potentialité mauvaise.

> Il réveille et il nourrit cet élément inférieur de notre âme et, en lui donnant de la force, il ruine l'élément capable de raisonner. [...] Le poète imitatif installe une mauvaise constitution dans la propre âme de chacun de nous, par sa complaisance envers ce que celle-ci a de déraisonnable.[50]

---

[50] Platon, *La République*, livre X (605 b).

La représentation mimétique incite à un relâchement temporaire et, croit-on, sans conséquence. Elle ouvre les digues que le philosophe s'était précisément employé à opposer à ses tendances naturelles.

Pourquoi le théâtre exerce-t-il une telle séduction? Saint Augustin, qui a éprouvé lui-même l'intensité du charme, propose dans les *Confessions* une double réponse à cette question fondamentale. Le théâtre séduit, car il est à la fois le reflet de la corruption (*imago miseriarum*) et l'aliment (*fomes*) de cette corruption.

> J'avais [...] une passion violente pour les spectacles du théâtre, qui étaient pleins des images de mes misères, et des flammes amoureuses qui entretenaient le feu qui me dévorait.[51]

C'est-à-dire que le théâtre reproduit et suscite. Le plaisir qu'il provoque — et qui est de l'ordre du ravissement (*rapiebant me*) — est simultanément cause et conséquence de notre misère. Le spectateur ne trouverait pas un si grand charme dans les spectacles théâtraux, s'il n'y reconnaissait son propre désir. En ce sens, la Comédie ne corrompt personne qui ne le soit déjà, et ses ravages ne devraient pas être surestimés. Mais elle ne laisse pas d'exercer un effet pervers. Sans être la cause même du désir, elle alimente un désir encore vide, et lui permet de subsister; en lui fournissant un objet fictif, elle entretient cette vague concupiscence, ce désir du désir (*amare amabam*), que décrit saint Augustin dans le chapitre précédent des *Confessions*[52].

La Comédie fournit à la fois l'allumette et le combustible, à un feu qui existe indépendamment d'elle. La formule condensée des *Confessions*, dont on ne souligne pas suffisamment le caractère paradoxal, est la tentative la plus aboutie d'exprimer conjointement la puissance et l'irresponsabilité de la Comédie. C'est une dégradation, rendue possible par une dégradation; elle n'est nocive que dans la mesure où le cœur de l'homme est ouvert à son influence. Nicole fait bien ressortir cette double causalité, à la racine de la contagion théâtrale.

> L'imitation de ces passions ne nous plaît que parce que le fond de notre corruption excite en même temps un mouvement semblable, qui

---

[51] «*Rapiebant me spectacula theatrica, plena imaginibus miseriarum mearum et fomitibus ignis mei.*» (*Confessions* III, 2)

[52] *Confessions* III, 1.

nous transforme en quelque sorte, et nous fait entrer dans la passion qui nous est représentée.[53]

La corruption latente, qui est en nous, se trouve activée par le théâtre, révélée et amplifiée. Le théâtre n'introduit pas les germes pervers (nous en sommes déjà porteurs), mais il leur permet de se développer. À l'issue de la représentation, nous sommes transformés («en quelque sorte»), sans qu'on puisse strictement imputer cette transformation au spectacle qui vient de se dérouler. L'homme est lui-même à l'origine de sa transformation. Il se produit, si on lit Nicole avec exactitude, un double processus parallèle: l'un est fictif et symbolique — celui qui se déroule sur la scène —, l'autre est réel et agissant — celui qui a pour scène le cœur de l'homme. Les deux mouvements ont lieu en «même temps», et le premier, pourrait-on dire, n'influe sur le second que comme un déclencheur symbolique. Le théâtre se borne à lever des inhibitions. En mimant certaines passions, il agit comme une réminiscence de notre fond mauvais. La *mimèsis* contamine en redonnant vigueur à des souvenirs enfouis, en réveillant une mémoire. Comme le commente très justement Louis Marin, c'est dans la mémoire qu'est inscrite la corruption.

> Le problème de la mémoire est ici essentiel et peut-être plus encore, celui d'une mémoire originaire que Port-Royal, avec toute la tradition chrétienne, nomme péché originel.[54]

Le plaisir que ressentent les spectateurs devant un spectacle théâtral demeure en tout cas, pour les moralistes augustiniens, la preuve majeure des dangers qu'on y court; c'est le symptôme d'une participation affective du public et l'assurance que le processus de contamination est enclenché. La Comédie ranime le fond corrompu de l'homme, et en même temps, par le plaisir qu'elle suscite, elle atteste l'existence de ce fond. À la suite de saint Augustin, Nicole voit dans le théâtre l'exploitation et la manifestation d'un désir perverti. On comprend pourquoi certaines passions n'ont qu'un pouvoir de contagion très réduit. Godeau résumait en un vers toutes ces considérations:

---

[53] Nicole, *Traité de la Comédie* (1667) §13.
[54] Louis Marin, *loc. cit.*, p. 97.

Le remède y plaît moins que ne fait le poison.[55]

L'efficacité du théâtre est sélective, comme le plaisir qu'il est capable d'exciter. La Comédie est ainsi rendue particulièrement nocive par la nature de l'homme déchu.

3 — L'inconscient

Ce discours d'ordre général est-il susceptible de convaincre? Il ne rejoint que très imparfaitement l'expérience concrète du théâtre, dont chacun peut se prévaloir. Les spectateurs lucides conviendront que, le temps de la représentation, ils partagent en quelque sorte les passions des comédiens qui se produisent sous leurs yeux. Mais ils n'éprouvent généralement pas cette dégradation durable, cette contamination sélective, qu'on leur présente comme la suite inéluctable du spectacle. Conscient de l'objection, Conti tente de la minimiser, ou de la discréditer.

> Quels effets peuvent produire ces expressions accompagnées d'une représentation réelle, que de corrompre l'imagination, de remplir la mémoire, et se répandre après dans l'entendement, dans la volonté, et ensuite dans les mœurs? *Il y aura en cet endroit beaucoup de personnes qui assureront qu'ils n'ont jamais reçu aucune impression mauvaise par la Comédie*, mais je soutiens, ou qu'ils sont en petit nombre, ou qu'ils ne sont pas de bonne foi, ou que la seule raison par laquelle la Comédie n'a pas été cause de la corruption de leurs mœurs, c'est parce qu'elle les a trouvés corrompus, et qu'ils ne lui ont rien laissé à faire sur cette matière.[56]

Entre les analyses du moraliste et l'expérience intime de chacun, la discordance pose néanmoins problème. Nicole perçoit qu'il y a là une difficulté; au lieu de l'écarter avec la désinvolture de Conti, il prend acte de cette insensibilité des victimes, dont elles tirent argument pour mettre en doute la gravité de leur mal.

> Que ceux et celles qui ne sentent point que les Romans et les Comédies excitent dans leur esprit aucune de ces passions que l'on en appréhende d'ordinaire, ne se croient donc pas pour cela en sûreté, et

---

[55] Antoine Godeau, «Sur la Comédie», v. 11.

[56] Conti, *op. cit.*, pp. 17-18 (je souligne).

qu'ils ne s'imaginent pas que ces lectures et ces spectacles ne leur
aient fait aucun mal.[57]

Ce n'est pas la bonne foi des spectateurs que conteste Nicole, mais leur
capacité d'introspection. Il importe au moraliste d'établir que le témoignage du public n'est pas en l'occurrence une pièce déterminante; ou si
elle est significative, ce n'est pas comme on l'imagine. Que les victimes
ne ressentent pas en elles les effets néfastes de la représentation théâtrale,
ne doit pas conduire à atténuer les risques de la Comédie, mais à préciser
la nature exacte des transformations qu'elle opère.

Les impressions laissées par une image, une scène, s'exercent
indépendamment de la conscience qu'on en a. Telle est la cause du
scepticisme ordinaire devant les mises en garde des moralistes, tel est
l'enseignement majeur que retire Nicole de ce différend.

> Il ne faut pas s'imaginer que ces méchantes maximes dont les
> comédies sont pleines ne nuisent point parce qu'on n'y va pas pour
> former ses sentiments, mais pour se divertir, car elles ne laissent pas
> de faire leurs impressions sans qu'on s'en aperçoive.[58]

Autrement dit, la contamination théâtrale est pour une bonne part
inconsciente; elle se développe en nous à un niveau qui nous échappe.
Toute notre vie mentale et affective ne se réduit pas à des phénomènes
perceptibles. Les sentiments formés, que l'on est capable d'exposer, sont
une chose; les convictions latentes, qui nous guident à notre insu, en sont
une autre. Les impressions reçues au théâtre sont de cette dernière espèce.
La lutte contre la Comédie entraîne ainsi Nicole sur la voie d'une certaine
reconnaissance de l'inconscient.

La pénétration dont fait preuve l'auteur du *Traité de la Comédie* à
propos d'une vie psychique dérobée à la conscience, est en parfaite
cohérence avec nombre de considérations anthropologiques qui émaillent
son œuvre. À maintes reprises, les *Essais de morale* insistent sur

---

[57] Nicole, *Traité de la Comédie* (1667) §8.

[58] Nicole, *Traité de la Comédie* (1667) §18. *Cf.* aussi la remarque ajoutée en 1678 par
Nicole, en tête de ce qui constituait initialement le §7: «Ce qui trompe bien des gens [...] est
qu'ils ne s'aperçoivent point des mauvaises impressions que la Comédie fait sur eux — ce
qui leur fait conclure que ce n'est pas une tentation pour eux. Mais c'est qu'ils ne
connaissent pas que ces tentations ont divers degrés, dont les premiers ne sont pas
sensibles.» (*Traité de la Comédie*, 1678, chap. 4)

l'ignorance, dans laquelle se trouve l'homme, de processus essentiels qui
se déroulent en lui. La Comédie n'est pas la seule source repérée de ces
«impressions insensibles», qui façonnent les désirs, sans qu'on en prenne
jamais conscience. Qu'il s'agisse des ruses et détours de l'amour-propre
dans les relations sociales, ou des séquelles de nos lectures, le moraliste
excelle à détecter les mécanismes psychologiques occultes[59]. Mais c'est
bien entendu dans sa théorie des pensées imperceptibles, que les intuitions
éparses de Nicole prennent toute leur ampleur. A l'occasion des querelles
avec Antoine Arnauld sur la grâce générale, Nicole s'efforce de montrer
que des idées confuses, dont on est parfaitement incapable de faire état,
peuvent occuper notre esprit et influer sur nos décisions[60]. L'objectif du
moraliste est de fournir un support psychologique à l'existence d'une
grâce générale, c'est-à-dire d'une connaissance minimale et vague des
valeurs morales élémentaires, que Dieu aurait assurée à tout être humain,
à son insu.

Le terme d'*imperceptible* était peut-être mal trouvé, et gratuitement
provocateur. Pour un cartésien comme Arnauld, l'hypothèse d'une pensée
dont on ne puisse prendre conscience est tout simplement absurde[61].
Nicole confesse, au cours de la polémique, que les idées dont il souligne
le rôle seraient mieux dénommées, en toute rigueur, si on les disait
inaperçues plutôt qu'*imperceptibles*.

---

[59] Dans un essai du second volume, «De la manière d'étudier chrétiennement», Nicole insiste
notamment sur ce mécanisme essentiel de l'*impression insensible*: «les passions qui nous
possèdent s'impriment dans nos livres, et portent ensuite cette *impression insensible* jusque
dans l'esprit de ceux qui les lisent» (§8); «en lisant les livres des hommes, *nous nous
remplissons insensiblement* des vices des hommes» (§9).

[60] Ce n'est pas ici le lieu d'accorder à ces questions toute l'attention qu'elles mériteraient.
On se reportera à l'ouvrage classique de Geneviève Rodis-Lewis, *Le Problème de
l'inconscient et le cartésianisme* («Bibliothèque de philosophie contemporaine», PUF, 1950),
dont la troisième section («Les profondeurs de l'âme chez les théologiens cartésiens») reste
à ce jour l'analyse la plus informée et la plus élaborée des célèbres «idées imperceptibles»
de Nicole.

[61] Selon le principe généralement admis — et par Nicole lui-même à l'époque où il
annotait les *Provinciales* — que toute pensée implique la conscience d'elle-même
(*cogitationem involvere sui conscientiam*). Voir G. Rodis-Lewis, *op. cit.*, p. 206 sq.

> Ce ne sont que les pensées connues d'abord par sentiment; c'est-à-dire, des pensées délicates, promptes, confuses, indistinctes et ensuite oubliées.[62]

La confusion originelle de ces pensées porte d'autant plus facilement à les oublier. Mais s'il était théoriquement possible, dans un premier temps, de les amener à une expression claire et distincte, elles deviennent pour ainsi dire imperceptibles après qu'elles se sont enfoncées dans l'oubli. Quoiqu'on puisse toujours, par une introspection habile, les isoler et leur assigner une origine, elles agissent en chaque homme de façon clandestine. Pour exprimer cette vie latente des idées, dont les effets peuvent se manifester après un délai considérable, Nicole recourt, dans le *Traité de la Comédie*, à l'image très suggestive des semences.

> L'on ne commence pas à tomber quand on tombe sensiblement[63]. Les chutes de l'âme sont longues; elles ont des progrès et des préparations, et il arrive souvent qu'on ne succombe à des tentations que parce qu'on s'est affaibli en des occasions qui ont paru de nulle importance. [...] La parole de Dieu, qui est la semence de la vie, et la parole du diable, qui est la semence de la mort, ont cela de commun, qu'elles demeurent souvent longtemps cachées dans le cœur, sans produire aucun effet sensible.[64]

Pendant toute la période de sa germination, la semence reste invisible; elle porte cependant une promesse précise de la plante et des fruits qu'elle donnera. Il faut comprendre ainsi la nature et les suites des impressions théâtrales. Au sortir de la Comédie, le spectateur garde, au plus profond de lui, la marque des sentiments qu'il a éprouvés pendant la représentation; sans le savoir, et sans que cela apparaisse extérieurement, il a subi une véritable transformation, qui se traduira un jour ou l'autre dans son

---

[62] Nicole, *Traité de la grâce générale*, 1715, t. 2, p. 464 (4e Dissertation sur les pensées imperceptibles).

[63] En 1675, Nicole remplace cette formule condensée par une phrase plus explicite: «Il y a souvent longtemps que l'on commence à tomber quand on vient à s'en apercevoir.»

[64] Nicole, *Traité de la Comédie* (1667) §7 et 8. La même image des semences, et un raisonnement très comparable, sont appliqués à l'étude et aux lectures, dans l'essai déjà cité, «De la manière d'étudier chrétiennement»: «il faut considérer que l'étude est la culture et la nourriture de notre esprit. Ce que nous lisons entre dans notre mémoire, et y est reçu comme un aliment qui nous nourrit, et comme une semence qui produit dans les occasions des pensées et des désirs.» (*loc. cit.*, §5)

comportement. La catastrophe ultime qu'est la chute — ou la conversion — d'une âme, est l'aboutissement d'une progressive métamorphose, dont les premières étapes, insignifiantes, passent inaperçues.

Mais que sont, dans les faits, ces idées imperceptibles que l'on rapporte du théâtre? Comment interviennent-elles concrètement dans le cours d'une existence? Elles prennent souvent la forme de jugements implicites, dont on se pénètre et qu'on fait siens inconsciemment. Nicole prend l'exemple du duel et du sens de l'honneur:

> Si l'on ne parlait jamais de ceux qui se battent en duel, que comme de gens insensés et ridicules, comme ils le sont en effet; si l'on ne représentait jamais ce fantôme d'honneur qui est leur idole, que comme une chimère et une folie; si l'on avait soin de ne former jamais d'image de la vengeance que comme d'une action basse et pleine de lâcheté, les mouvements que sentirait une personne offensée seraient infiniment plus lents. Mais ce qui les aigrit et les rend plus vifs, c'est l'impression fausse qu'il y a de la lâcheté à souffrir une injure.[65]

Le terme d'*impression*, dans la dernière phrase, doit être pris dans le sens technique que lui confère la polémique contre le théâtre, c'est-à-dire comme le résultat tangible d'une opération déterminée. L'impression est un sentiment certes diffus, mais qu'on peut assigner à une cause: il a fallu, à un moment donné, que quelque responsable *imprime* ce sentiment. Ainsi, au XVIIe siècle, l'extrême susceptibilité sur le chapitre de l'honneur, peut facilement passer pour une attitude naturelle et spontanée: Nicole montre en quoi il s'agit d'un sentiment construit, et artificiellement alimenté. Le théâtre en l'occurrence, qui fait une grande place dans ses intrigues aux affronts et vengeances, porte une lourde responsabilité. On n'y assiste pas, il est vrai, à une apologie directe de la vengeance, ni à une célébration du duel. Mais dans une pièce comme Le Cid, que Nicole cite à plusieurs reprises, toute la substance de l'intrigue, tout l'intérêt psychologique et humain supposent une faveur des spectateurs pour des principes sous-jacents. Rodrigue ne paraît pas moins admirable pour avoir tué un homme, en réparation d'une offense symbolique. Au contraire, cet acte injustifiable passe, dans la pièce, pour un oubli héroïque de son propre intérêt, un exemple sans pareil de magnanimité. En assistant, plein de compassion, aux choix déchirants du héros, le spectateur ne se rend pas

---

[65] Nicole, *Traité de la Comédie* (1667) §18.

compte qu'il adhère, accessoirement, à ses maximes; ou plutôt, qu'il en garde, inconsciemment, une image plus avantageuse.

Les impressions théâtrales tiennent donc moins, pour Nicole, à des messages formels, qu'à des effets d'éclairage, à l'imposition subreptice d'une tonalité idéologique. Les progrès faits, depuis le XVIIᵉ siècle, dans l'art de la manipulation, ne peuvent que conforter cette intuition, que les prescriptions véritablement agissantes sont celles qui passent en contrebande. La simple analyse du langage fait déjà apparaître ce mécanisme, à travers le rôle de réalités sémantiques, que la *Logique de Port-Royal* désigne sous le nom d'*idées accessoires*:

> Il arrive souvent qu'un mot, outre l'idée principale que l'on regarde comme la signification propre de ce mot, excite plusieurs autres idées qu'on peut appeler accessoires, auxquelles on ne prend pas garde, quoique l'esprit en reçoive l'impression.[66]

Les deux caractéristiques de ces idées — assez proches de ce que la linguistique entend aujourd'hui par la notion de *connotation* — sont leur discrétion (on n'y «prend pas garde») et leur influence (elles imposent leur marque à l'esprit). Les effets de la Comédie découlent de ces mêmes idées accessoires. Sur un théâtre, ne se développe pas, bien entendu, un discours moral en forme: de simples actions sont données à voir. Mais ces actions sont enveloppées dans une atmosphère de réprobation tacite ou au contraire d'exaltation, qui détermine leur authentique influence. La vraie question morale est de savoir si elles sont présentées de telle sorte que le spectateur éprouve pour elles de la faveur ou de la répulsion. Sous quelle forme les comportements dont il a été témoin subsisteront-ils dans son inconscient? L'idée de la vengeance évoquera-t-elle en lui une folie ou une prouesse?

> On conçoit directement les actions, et on n'en sent l'injustice que par une idée accessoire, que l'on ne distingue pas entièrement et nettement,

---

[66] Arnauld et Nicole, *La Logique ou l'art de penser*, 1ᵉʳᵉ partie, chap. 14. (Ce chapitre est généralement considéré comme dû à Nicole, qui le complète, lors de la 5ᵉ édition, par un quinzième chapitre, sur un sujet proche.)

et dont on ne sent seulement l'impression que par l'éloignement qu'elle nous donne de ces actions.[67]

Derrière la perception d'un comportement, s'établissent ainsi discrètement les idées dont dépendent les choix moraux. Par la séduction qu'elle exerce, par sa rassurante irresponsabilité, Nicole tient la Comédie pour l'un des grands pourvoyeurs de ces insidieuses pensées imperceptibles.

Au nom d'une logique très voisine, Molière et son *alter ego* anonyme tiennent, dans la *Lettre sur la comédie de l'imposteur*, un raisonnement fort similaire, quoique ses conclusions en soient évidemment inverses[68]. Leur théorie, connue sous le nom de «*catharsis* comique», s'applique à démonter le mécanisme du ridicule, pour en faire le fondement d'un processus édifiant. La comédie donne à voir certains comportements comme ridicules: ce faisant, elle leur attache définitivement une vertu ridiculisante. Et s'il est vrai que le ridicule est une des appréhensions fondamentales d'un honnête homme, on comprend qu'il s'écarte ensuite spontanément, dans sa conduite, de tout ce qui lui évoque vaguement ce caractère humiliant. Par un tour indirect, l'auteur comique parvient ainsi à faire œuvre morale.

> Notre imagination [...] attache si fortement le caractère [du ridicule] au matériel dans quoi elle le voit [...] qu'en quelque autre lieu, quoique plus décent, que nous trouvions ces mêmes manières, nous sommes d'abord frappés d'un souvenir de cette première fois, si elle a fait une impression extraordinaire.[69]

---

[67] Nicole, *Traité de la grâce générale*, 1715, t. 1, p. 92. Par de telles considérations, Nicole entend bien justifier son hypothèse d'une grâce élémentaire donnée à tous; il poursuit de la sorte: «Ainsi, quoiqu'il se puisse faire qu'on ignore quantité de règles de morale, on ne peut jamais assurer qu'on ne les ait jamais connues parce qu'il se peut faire qu'on les ait connues de quelqu'une de ces manières imperceptibles.»

[68] Le récent et scrupuleux éditeur de ce texte majeur, Robert Mc Bride, dont je suis ici les leçons, croit pouvoir attribuer la paternité de la *Lettre sur la comédie de l'imposteur* au libertin fameux, et ami de Molière, François de La Mothe le Vayer. Rien en fait dans sa démonstration, fondée sur de simples rapprochements de pensée, ne force la conviction, ni n'ébranle la thèse communément admise, selon laquelle Molière lui-même serait l'inspirateur de la *Lettre*. Quant à lever l'anonymat du rédacteur — ce qui ne revêt peut-être pas une importance capitale — il manque encore pour cela des pièces ou des arguments décisifs.

[69] *Lettre sur la comédie de l'imposteur*, édition Mc Bride, p. 100.

Le ridicule, par le moyen duquel la comédie gouverne les consciences, ressortit bien à ces pensées imperceptibles, chères à Nicole. Il fonctionne selon le même mécanisme: celui d'une idée accessoire, qui s'*imprime* de façon indélébile à l'occasion d'un spectacle, dont elle sera par la suite indissociable. Quant à l'objection que ces sentiments, s'ils avaient une telle force, devraient être remarqués par celui qui les éprouve, le défenseur de Molière y répond exactement à la manière de Nicole. Ils déterminent les actes sans qu'on en ait véritablement conscience.

> Ce n'est que dans les occasions qu'il paraît si on les a ou non: ce n'est pas qu'alors même on s'aperçoive de les avoir; mais c'est seulement que l'on fait des actes qui supposent nécessairement qu'on les a; et c'est la manière d'agir naturelle et générale de notre âme, qui ne s'avoue jamais à soi-même la moitié de ses propres mouvements.[70]

Le même recours à une logique de l'inconscient guide de la sorte défenseurs et adversaires de la Comédie. Les idées imperceptibles, qui fournissent à Nicole un support psychologique, pour situer concrètement les atteintes morales du théâtre, servent symétriquement à d'autres pour exalter son efficacité pédagogique. Les deux camps s'entendent au demeurant sur la puissance du genre et sur le mode d'exercice de cette puissance.

L'auteur de la *Lettre sur la comédie de l'imposteur* ne perçoit pas, cependant, que sa théorie du ridicule est à double tranchant. Elle justifie d'une certaine manière les accusations, fréquemment élevées contre le *Tartuffe*, d'avoir porté atteinte à la religion, en ridiculisant les choses saintes. Si le ridicule fonctionne sur le principe d'une association de pensée automatique (et inconsciente), on peut de fait concevoir quelque inquiétude devant la représentation, révoltante et cocasse, d'un faux dévot: la pièce attache objectivement une impression de ridicule à des discours pieux, qui risquent de ne pouvoir s'en départir, en quelques circonstances qu'ils se tiennent. Pour illustrer son argumentation et convaincre des bénéfices moraux que produit le ridicule, le défenseur de Molière s'appuie sur un exemple essentiel, la scène où l'hypocrite essaie maladroitement de séduire la femme de son bienfaiteur. Il s'agit de montrer que le ridicule frappant la galanterie de Panulphe est un puissant remède contre toute tentation galante, y compris chez des personnages qui n'ont aucun trait

---

[70] *Ibid.*, p. 103.

commun avec le faux dévot. Les procédés utilisés par l'imposteur se trouvent déconsidérés en eux-mêmes, au point que — toute préoccupation morale mise à part — aucun spectateur de la comédie n'oserait plus y avoir recours.

> On paraîtrait sans doute ridicule quand on voudrait les employer après cela, et par conséquent on ne réussirait pas.[71]

La pièce ridiculise une galanterie particulière, où un hypocrite se met en contradiction avec ses principes proclamés, mais le résultat moral de cette scène est que toute forme de galanterie se trouve contaminée de ridicule.

Un peu de réflexion suffirait pour réaliser que les compliments de Panulphe/Tartuffe sont ridicules précisément à cause du personnage que veut jouer par ailleurs le faux dévot; dans une autre bouche, des galanteries similaires ne devraient pas prêter à rire. Mais les idées imperceptibles interviennent, par définition, hors de toute réflexion. Là réside la force essentielle de la démonstration. L'association qui s'est produite entre un comportement donné et le sentiment de ridicule, se perpétue dans d'autres contextes, «mal à propos» certes, comme en convient la *Lettre*[72], mais d'autant plus fructueusement pour la morale, que le processus se déclenche de façon automatique.

> Une femme qui sera pressée par les mêmes raisons que Panulphe emploie ne peut s'empêcher d'abord de les trouver ridicules, et n'a garde de faire réflexion sur la différence qu'il y a entre l'homme qui lui parle et Panulphe, et de raisonner sur cette différence, comme il faudrait qu'elle fît pour ne pas trouver ces raisons aussi ridicules qu'elles lui ont semblé quand elle les a vu proposer à Panulphe.[73]

Le défenseur de Molière pénètre avec finesse la logique des impressions théâtrales, le mécanisme très particulier suivant lequel elles parviennent à s'imposer clandestinement et influencer les actes de la vie courante. Il voit moins bien en revanche que la puissance dont il fait l'apologie est fort difficile à domestiquer. Nicole ne manquerait pas de lui représenter

---

[71] *Ibid.*, p. 97.

[72] «Le souvenir de [la] première fois [...] se mêlant *mal à propos* avec l'occasion présente [...] confond les deux occasions en une.» (*ibid.*, p. 100 — je souligne)

[73] *Ibid.*, pp. 99-100.

que les propos religieux de l'imposteur sont dans le même cas que ses propos galants. Les uns comme les autres, à l'issue de la comédie, sont associés mentalement au ridicule du personnage qui les a tenus. Et de même qu'une femme résistera, pour des raisons déplacées, aux galanteries appropriées d'un cavalier, parce qu'elles lui évoquent irrésistiblement le grotesque Panulphe, les ferventes invocations et les pieuses paroles d'un authentique chrétien susciteront une involontaire répulsion, parce qu'elles remettront en mémoire les accents hypocrites du faux dévot. En s'attaquant aux simagrées de la fausse dévotion, Molière atteint nécessairement les signes mêmes de la dévotion. Que le théâtre puisse utiliser à des fins louables l'influence qu'il possède sur notre inconscient ne saurait ainsi rassurer ses adversaires: la longue démonstration de la *catharsis* comique, en donnant la pleine mesure de ses pouvoirs, ne peut que les conforter dans leur résolution de lutter contre un divertissement si influent.

De toutes ces réflexions, favorables ou hostiles, sur la permanence des impressions théâtrales, ressort en définitive une conception particulière du spectacle, qui prend le contre-pied de la vulgate thomiste communément admise. J.-M. Piemme tire très justement la leçon des analyses de Nicole sur les pensées imperceptibles, en remarquant que, pour le moraliste, «l'excitation produite en nous par le spectacle ne s'achève pas avec la fin de la représentation»[74]. Quand le rideau tombe et que le divertissement s'achève, le spectateur oublie l'univers fictif dont il a, pendant quelques heures, éprouvé la fascination: il croit qu'un terme est mis à une parenthèse de détente. Et si les passions des personnages sur la scène ont rencontré en lui quelque écho, le dénouement de la pièce fait cesser celui-ci en même temps que celles-là. En réalité, il n'en est rien. Les semences répandues sont en place; toutes les maximes confuses et inconscientes inspirées par le spectacle ont causé leur impression. Le processus d'excitation ne fait que commencer.

> L'auteur arrête [la passion] où il veut dans ses personnages par un trait de plume; mais il ne l'arrête pas de même dans ceux en qui il l'excite.[75]

Pour Nicole, le théâtre déborde la représentation; il ne s'inscrit pas dans un temps de parenthèse, au milieu des affaires importantes — intervalle

---

[74] J.-M. Piemme, *op. cit.*, p. 57.
[75] Nicole, *Traité de la Comédie* (1667) §4.

de détente, précisément défini entre un commencement et une fin. Si l'on sait quand commence un spectacle, son retentissement en nous lui donne une durée imprévisible.

De nombreux théologiens et moralistes rappellent, à la suite de saint Thomas, que l'hygiène spirituelle impose d'interrompre parfois ses activités sérieuses. «On ne peut pas toujours travailler, prier, lire», fait dire Boileau, dans sa satire contre les femmes, à un directeur de conscience laxiste[76]. Si cette formule de bon sens ouvre assurément la porte à tous les accommodements de la casuistique, elle ne trahit en rien l'enseignement de saint Thomas sur la vertu d'*eutrapélie*. C'est en effet par cette notion aristotélicienne d'enjouement, de bonne humeur, que l'auteur de la *Somme théologique* justifie le recours aux différentes sortes de divertissements. La Comédie, comme le jeu, apporte à l'âme un plaisir temporaire, qui la relâche opportunément de ses tensions — selon l'image consacrée de l'arc, qui ne saurait fonctionner convenablement, si l'on ne prend garde d'en détendre régulièrement la corde[77]. Manifestation de bonne santé spirituelle, l'eutrapélie est en quelque sorte le résultat d'une fonction hygiénique des divertissements.

> Ces paroles et actions, en lesquelles on ne recherche que le plaisir de l'âme, s'appellent divertissements ou récréations. Il est donc nécessaire d'en user de temps en temps, comme moyens de donner à l'âme un certain repos.[78]

Saint Thomas, qui trouve dans la vie des Pères du désert la mention d'un comédien préféré par Dieu au saint ermite Paphnuce, justifie le métier même de comédien, puisque celui-ci est ordonné à une fin raisonnable. De cette justification thomiste devait découler toute une casuistique du divertissement, dans laquelle se complaît le XVIIᵉ siècle. Face à un jeu ou

---

[76] Boileau, satire X, v. 593.

[77] Saint Jean l'évangéliste lui-même aurait répliqué, par cette «parabole» de l'arc, à des personnes qui se scandalisaient de le voir jouer. L'anecdote, obstinément évoquée depuis saint Thomas pour illustrer la fonction eutrapélique du jeu, est rapportée par Cassien (*Conférences des Pères*, XXIV, 21).

[78] «*Hujusmodi autem dicta vel facta, in quibus non quaeritur nisi delectatio animalis, vocantur ludicra vel jocosa. Et ideo necesse est talibus interdum uti, quasi ad quamdam quietem animae*» (*Somme théologique*, IIa-IIae, qu. 168, art. 2). Saint Thomas a rappelé auparavant le principe sur lequel se fonde toute sa démonstration: «*Quies animae est delectatio*» (le repos de l'âme, c'est le plaisir).

une réjouissance donnée, la tâche du moraliste est de vérifier que la recherche du délassement est bien le souci principal. Cela dépend de l'ensemble des circonstances matérielles: lieu, durée, degré d'implication des joueurs... Autrement dit, les divertissements — et parmi eux la Comédie — sont louables, dans la mesure où leur exercice est compatible avec leur fonction eutrapélique[79].

En tant que délassement, la Comédie est assujettie à des bornes étroites: elle ne doit pas empiéter sur la part substantielle de l'existence, qu'elle a pour seule fonction de favoriser. On ne se distraira que le temps nécessaire pour reprendre avec ardeur de plus honorables activités. C'est cette conception rassurante et utilitaire du divertissement, qu'ébranlent les analyses de Nicole, dans le cas précis du théâtre. Le moraliste ne conteste pas la valeur de l'eutrapélie ni la position thomiste, dont il est bien informé. Il accuse la Comédie de ne pas répondre aux exigences d'un simple délassement, et à la principale d'entre elles, la délimitation.

> Ainsi le besoin que l'on a de se délasser quelquefois ne peut pas excuser ceux qui prennent la Comédie pour divertissement, puisqu'elle imprime, comme nous avons dit, des qualités venimeuses dans l'esprit, qu'elle excite les passions, et dérègle toute l'âme.[80]

De par ses répercussions profondes dans l'esprit des spectateurs, la Comédie outrepasse les limites qui définissent un divertissement: impressions, excitations, dérèglements se prolongent bien au delà du terme de la représentation. Et même si la nature imperceptible de la majorité des sentiments qu'on rapporte du théâtre rend le phénomène très discret, les ressorts inconscients mis en relief par Nicole permettent d'en apprécier la gravité. «Tous les grands divertissements sont dangereux pour la vie chrétienne...», lance Mme de Sablé en tête de sa célèbre maxime, avant de s'attaquer à la seule Comédie[81]. Sous son abord anodin, la formule est moins simple qu'il n'y paraît et mérite qu'on l'explicite. Qu'est-ce qu'un «grand divertissement»? Il faut voir, dans ces mots, une alliance de

---

[79] Selon une perspective thomiste, le jeu est licite *per se*, il peut devenir illicite *per accidens*. Pour une présentation plus détaillée de la casuistique du jeu, dans son rapport avec la notion thomiste d'eutrapélie, voir: Jean-Robert Armogathe, «Jeux licites, jeux interdits», in: *Le Jeu au XVIIIe siècle*, Aix-en-Provence: EDISUD, 1976, pp. 23-31.

[80] Nicole, *Traité de la Comédie* (1667) §23.

[81] Mme de Sablé, maxime n° 81.

termes. Un divertissement est nécessairement restreint, accessoire, insignifiant: s'il vient à prendre de l'ampleur, à occuper du temps et de l'espace, à réclamer de l'énergie; si, en un mot, il devient «grand», il ne mérite plus son nom. C'est alors que le moraliste se juge en droit de le dénoncer comme un danger.

4 — La puissance du théâtre

Une partie des théoriciens et des moralistes se montre particulièrement sensible à l'efficacité de la *mimèsis* théâtrale. Sans faire tous appel à l'existence de mécanismes inconscients, ils partagent l'idée que le concours des sensations, notamment visuelles, assure à un spectacle dramatique une influence incomparable sur les esprits. Quand elle est mise en scène, incarnée par des personnages, proférée par des voix séduisantes, la fiction change de nature. Elle s'*imprime*, pour reprendre le terme consacré, avec une force que ne possède jamais la simple lecture.

De cette conviction première, peuvent procéder deux attitudes antithétiques. L'une, enthousiaste, est bien illustrée par les premiers espoirs de Godeau. En effet, avant de mêler sa voix au chœur des ennemis du théâtre, l'évêque de Vence, ancien habitué de l'Hôtel de Rambouillet, s'était fait le chantre d'une poésie chrétienne, et plus précisément encore, d'une Comédie qui s'ouvrirait aux sujets et aux mystères de la religion. Il souligne à cette occasion la grande puissance des spectacles:

> Ce qui entre dans l'âme par les yeux y fait une impression plus profonde que ce qui n'y entre que par les oreilles, et les exemples ont incomparablement plus de force que les préceptes.[82]

On se fait une idée plus saisissante encore de l'emprise de la Comédie sur le public si, aux effets visuels, on ajoute le charme auditif produit par l'emploi de la poésie.

---

[82] Antoine Godeau, «Discours sur les ouvrages contenus en ce volume», *in*: *Poésies chrétiennes*, Pierre Le Petit, 1660, p. 12. Ce discours, qui figurait dans les premières versions de l'ouvrage (1633-1635) sous le titre de «Discours de la poésie chrétienne», n'a pas été fondamentalement modifié quand Godeau, en 1654, joint à ses poésies chrétiennes le fameux sonnet sur la Comédie, peu compatible — il faut en convenir — avec le manifeste initial.

Il y a quelque secrète proportion entre l'harmonie de ses nombres et l'harmonie de notre âme, qui fait qu'on est plutôt emporté par elle que conduit, et qu'on a moins de liberté d'user de la raison pour reconnaître la vérité des objets.[83]

Mais Godeau ne trouve alors rien à objecter à une telle forme de violence esthétique. Il se félicite au contraire de voir les martyrs représentés sur une scène, et ne rêve que de faire bénéficier la religion d'un secours aussi irrésistible.

L'autre attitude est celle dont Nicole nous a fourni l'exemple le plus abouti. Peu de théoriciens sont plus que lui convaincus de la puissance du théâtre; mais si le moraliste s'applique à mettre en évidence cette puissance, ce n'est certainement pas pour exalter le genre dramatique: c'est pour donner encore plus de poids à sa condamnation. Quand Nicole parvient à la conclusion que la Comédie «nous *transforme* en quelque sorte»[84], il ne fait aucun doute pour lui que cette intervention est inquiétante: elle ne peut trouver à s'exercer que dans le sens d'une dégradation morale. L'originalité argumentative de Nicole est de chercher, bien plus que ne le faisait Godeau par exemple, à préciser le mécanisme de l'impression théâtrale. En attirant l'attention sur le caractère imperceptible du processus, il laisse entrevoir un empire insoupçonné. La Comédie exerce son influence la plus marquée dans une strate inconsciente de notre psyché. Il n'est plus dès lors de contagion dont le spectateur puisse *a priori* se croire protégé: la transformation est d'autant plus radicale et imparable, qu'elle reste inaperçue.

Dévoiler le pouvoir de la Comédie conduit assez naturellement, au XVIIe siècle, à un discours de condamnation. L'argumentation de Nicole est ainsi dans la droite logique de la répartition des rôles suscitée par la querelle. Les défenseurs du théâtre, pour leur part, jugent souvent préférable de ramener le débat à de plus humbles proportions, en déniant à la Comédie une autre ambition que celle d'un honnête divertissement. Il est symptomatique à cet égard que l'enthousiasme originel de Godeau cède finalement le pas à la condamnation de la Comédie, habituelle aux augustiniens, comme si la reconnaissance du pouvoir théâtral devait fatalement mener à une censure. Le cas de Godeau pose en fait un problème intéressant à l'historien des idées. Membre influent de la

---

[83] *Ibid.*

[84] Nicole, *Traité de la Comédie* (1667) §13.

Compagnie du Saint-Sacrement, l'évêque de Vence s'est aussi montré très lié à Port-Royal et proche des préoccupations qui y avaient cours. Or, contrairement à ce que laissent croire ceux qui confondent sous l'étiquette de «dévots» tous les militantismes catholiques, les relations entre la compagnie secrète et les jansénistes n'étaient rien moins que chaleureuses. Par bien des aspects même, la spiritualité de ces deux milieux apparaît inconciliable[85]. Dans quelle mesure les fluctuations de Godeau au sujet de la Comédie ne traduisent-elles pas un rapprochement de Port-Royal? On verrait là, dans un seul et même personnage, l'illustration successive des deux grandes doctrines rivales, inspirées par le catholicisme: l'idéal de théâtre chrétien ou le rejet pur et simple de la Comédie. Plus proche de la dévotion jésuite, et caractérisée par un désir d'emprise religieuse sur la société, la première rejoint l'objectif romain d'une «modération chrétienne du théâtre»; nourrie des Pères de l'Eglise, et marquée plus spécialement par l'augustinisme, la seconde est davantage soucieuse de rupture par rapport au monde.

Quoi qu'il en soit des courants qui traversent l'Eglise, on voit poindre ici un paradoxe. C'est un adversaire de la Comédie, tel Nicole, qui est amené à exalter le genre: il refuse de voir en elle un divertissement anodin, la présentant au contraire comme une occupation grave et lourde de conséquences. La logique même de sa position le conduit à accorder au théâtre une puissance idéologique et morale bien supérieure à celle que lui reconnaissent ses partisans. Pour assurer à ses arguments le plus de portée, pour justifier la vigueur de son propre combat, il tend naturellement à faire valoir les ressources et les responsabilités du spectacle théâtral. Les défenseurs de la Comédie paraissent toujours prêts à abandonner le dogme classique d'un art utile et formateur, pour se ranger finalement au plaidoyer minimal de la déclaration de 1641; ils conviennent assez volontiers que le théâtre n'a pas en lui-même de fonction morale et se bornent à protester de son utilité sociale, en tant que plaisir et délassement: il «peut innocemment divertir nos peuples de diverses occupations mauvaises»[86]. C'est peut-être là le paradoxe central de la querelle, qui engage un lecteur moderne à chercher chez un Nicole ou un

---

[85] L'animosité entre Port-Royal et la Compagnie du Saint-Sacrement se fait jour de façon spectaculaire en 1660, à l'occasion du scandale de l'Ermitage de Caen et de l'offensive du janséniste Du Four, abbé d'Aulnay, contre les intérêts de la Compagnie en Normandie.
[86] Déclaration royale de 1641, *loc. cit.*, pp. 536-537.

Senault une reconnaissance de la *mimèsis* théâtrale dans sa spécificité. Etrange renversement des rôles, que J.-M. Piemme formule avec bonheur:

> La critique la plus avancée dans la connaissance de l'art dramatique est peut-être, par certains côtés, la critique qui cherche à le détruire.[87]

Nous avons vu saint Augustin, bien malgré lui, se faire le plus fidèle interprète d'Artaud, dans sa conception du théâtre. Semblablement, et pour les mêmes raisons, les moralistes jansénisants, dans leur hostilité soupçonneuse, fournissent un corps de réflexions à tous ceux qui se consacrent au théâtre comme à un art différent, doué de moyens qui lui sont propres.

Dans un milieu augustinien, qui éprouve une instinctive suspicion pour toute forme de «littérature», une place à part est réservée au théâtre, où les vanités de l'imagination prennent vie et séduction. Singlin y voit le degré ultime, la parfaite réalisation de ce qui n'est dans le roman qu'à l'état d'ébauche:

> Si les romans sont si détestés de toutes les personnes raisonnables, que sera-ce de la Comédie, où l'on voit les choses mêmes, et où quelques personnes ont été si touchées, qu'elles ont fait les mêmes crimes qu'elles ont vu représenter.[88]

C'est bien, somme toute, un des objectifs essentiels que poursuivent les adversaires de la Comédie: montrer que parmi tous les divertissements frivoles et moralement répréhensibles, le théâtre, en raison de son pouvoir unique, mérite un traitement propre et une condamnation expresse. L'ouvrage de Nicole tire de cette stratégie une bonne part de sa valeur théorique et de son intérêt. D'où la maladresse insigne de l'auteur quand, en contradiction avec la logique même de sa démonstration, il choisit d'inclure artificiellement les romans dans l'objet d'étude du *Traité de la Comédie*. À partir de la deuxième édition, remarquant sans doute en se

---

[87] J.-M. Piemme, *op. cit.*, p. 58.

[88] Antoine Singlin, *Lettre à la Duchesse de Longueville*.

relisant la fréquence des allusions à la fiction romanesque[89], Nicole ajoute à la fin de son introduction une courte directive méthodologique.

> Mais comme la plupart des raisons dont on se servira s'étendent naturellement à la lecture des romans, on les y comprendra souvent, et l'on prie ceux qui le liront de les y comprendre quand on ne le fera pas expressément.[90]

L'ensemble des analyses qui forment le chapitre VI du *Traité de la Comédie*, dans son dernier état[91], constitue une réflexion percutante sur le théâtre: elles perdent toute leur force si l'on accepte le contrat de lecture par lequel théâtre et roman sont assimilés. En voulant d'un seul coup mener plusieurs combats, Nicole affaiblit sa position, lui ôte ce qu'elle a de plus original.

Il est savoureux de remarquer que Rousseau, dans son procès contre la Comédie, est amené à son tour à rapprocher théâtre et roman. Il le fait dans une tout autre optique que celle de Nicole, pour montrer l'incompatibilité structurelle des deux genres. Pour Rousseau, l'esthétique romanesque est une tentation qui guette le théâtre, et particulièrement celui de son époque: nombreux sont ceux qui croient résoudre les problèmes moraux posés par le genre dramatique en trahissant sa nature. L'auteur de la *Lettre à d'Alembert* est alors le premier à s'insurger contre ces comédies sans vrai comique, ou — comme le faisait déjà Corneille en son temps — contre ces tragédies devenues doucereuses.

> Depuis Molière et Corneille, on ne voit plus réussir au théâtre que des romans, sous le nom de pièces dramatiques.[92]

Si Rousseau condamne le théâtre avec fermeté, il n'entend pas qu'on offre à sa censure des contrefaçons: l'ennemi de la Comédie est prêt à retourner

---

[89] A moins que l'utilisation initiale du *Traité de la Comédie* contre Desmarets de Saint-Sorlin, auteur à la fois de romans et de pièces de théâtre, ait poussé Nicole à élargir ses perspectives, pour illustrer encore mieux sa formule célèbre, qu'«un faiseur de romans et un poète de théâtre est un empoisonneur public, non des corps, mais des âmes des fidèles» (*L'hérésie imaginaire*, Lettre XI. Ou *Première Visionnaire*, 1667, t. 2, p. 51).

[90] Nicole, *Traité de la Comédie*: addition de 1675.

[91] C'est-à-dire les §12 à 18 des éditions de 1667 et 1675.

[92] Rousseau, *Lettre à d'Alembert...*, p. 113.

ses armes et à défendre l'authenticité du genre qu'il a entrepris de combattre.

*****

On ne doit pas s'étonner au demeurant de ces revirements temporaires. L'offensive contre le théâtre s'accommode volontiers d'une certaine affinité avec l'adversaire. Le paradoxe qui voit les ennemis de la Comédie mieux informés et surtout plus sensibles à sa vraie nature, trouve fréquemment une justification dans l'expérience même des moralistes. Rousseau ne cache pas qu'il «aime la Comédie à la passion», que Racine le «charme», et qu'il n'a «jamais manqué volontairement une représentation de Molière»[93]. Dans sa jeunesse, saint Augustin fréquentait le théâtre assidûment: les *Confessions* se font l'écho de cette période. Revenu de ses égarements, l'auteur les évoque avec honte, mais trouve dans sa propre expérience matière à réflexion sur les charmes d'un divertissement qui lui fait maintenant horreur. Ayant lui-même éprouvé le plaisir et l'efficace du théâtre, il a garde de les sous-estimer après son revirement. Une telle reconnaissance de l'attrait, de la puissance de la Comédie, est caractéristique de l'inspiration augustinienne.

Comme Augustin, certains des plus farouches adversaires de la Comédie sont des «convertis». Avant de se mettre sous la direction de l'évêque d'Aleth, le Prince de Conti manifestait pour le théâtre une telle passion, qu'il entretenait des troupes d'acteurs et fit notamment bénéficier Molière de sa générosité. Bossuet lui-même est connu pour avoir souvent pris place sur le banc des évêques au théâtre de la cour. Rousseau encore confesse une fréquentation assidue des salles de spectacle, longue de dix ans[94]. Chez eux, comme chez tous les adversaires augustiniens de la Comédie, la condamnation passe par une sorte d'exaltation du genre théâtral. Les moralistes mettent en relief l'extrême difficulté de résister à la séduction de ce divertissement, et surtout la manière infaillible dont il s'insinue dans les esprits et dont il les modifie subrepticement. L'argu-

---

[93] *Ibid.*, p. 242.

[94] Après avoir estimé à trois cents spectateurs l'assistance moyenne à la Comédie Française, Rousseau commente: «Ceux qui ne vont au spectacle que les beaux jours où l'assemblée est nombreuse trouveront cette estimation trop faible; mais *ceux qui pendant dix ans les auront suivis, comme moi*, bons et mauvais jours, la trouveront sûrement trop forte.» (*ibid.*, p. 186 — je souligne)

mentation augustinienne contre le théâtre repose sur une très haute idée de ses pouvoirs.

Cette mise en relief de la puissance de la *mimèsis* théâtrale par des penseurs qui veulent en montrer la nocivité, appartient pleinement au système platonicien. Socrate, dans la *République*, reconnaît à plusieurs reprises le génie des poètes qu'il exclut. La puissance de leur art ne fait pour lui aucun doute; il se réfère à sa propre expérience, pour justifier la sévérité de ses décisions:

> ...ayant bien conscience en effet du charme magique qu'elle [la poésie imitative] exerce sur nous personnellement.[95]

Dans *Les Lois*, Platon confirme ses mesures contre les poètes, en tirant argument de ce qu'on pourrait appeler une concurrence déloyale. L'auteur tragique et le philosophe sont dans une situation de rivalité: ils essaient l'un et l'autre, dans un dessein différent, de proposer une imitation de la vie la plus belle et la plus excellente — ce qui est la définition de l'authentique tragédie. Mais les comédiens ont bien plus d'influence, et si leur leçon est pernicieuse, le philosophe ne peut pas espérer avoir raison contre elle, car — reconnaît celui-ci — ils parlent «d'une voix plus harmonieuse et plus forte que la nôtre»[96]. Chez Platon, comme dans toute sa descendance philosophique, le rejet du théâtre se double ainsi très naturellement d'un hommage au théâtre. Rousseau, qui fait l'éloge des «cercles» comme des éléments essentiels de la sociabilité genevoise, n'imagine pas un instant que le plaisir de ces réunions amicales pourrait subsister face à la concurrence de la Comédie.

> L'heure des spectacles étant celle des cercles, les fera dissoudre; il s'en détachera trop de membres; ceux qui resteront seront trop peu assidus pour être d'une grande ressource les uns aux autres et laisser subsister longtemps les associations.[97]

---

[95] Platon, *La République*, livre X (607 c).

[96] Platon, *Les Lois*, livre VII (817 c).

[97] Rousseau, *Lettre à d'Alembert...*, p. 211.

5 — *La défaite de la raison*

Le succès de la Comédie, le charme véritable qu'elle exerce sur les spectateurs, et dont elle tire toute son influence, nourrissent les griefs au XVIIᵉ siècle. Cet empire de la mimèsis sur les esprits est un démenti douloureux à l'image idéale d'un homme guidé par sa raison. Et s'il est entendu que la raison n'est pas la seule instance qui détermine nos choix et nos décisions, l'exemple du théâtre impose de relativiser considérablement le rôle de celle-ci. Autrement dit, les moralistes classiques reprochent au théâtre d'ébranler leur conception rationaliste de l'homme. L'art dramatique leur apparaît comme un art dé-raisonnable: efficace, dans la mesure précise où il écarte la raison.

Godeau l'avait fort clairement exprimé, et sans particulièrement s'en émouvoir. Dans son «Discours de la poésie chrétienne», déjà cité, il constate que la poésie agit par fascination, qu'elle «emporte», plutôt qu'elle ne «conduit»: l'efficacité du théâtre, dont il ne pense d'abord qu'à se réjouir, procède bien pour lui d'une mise à l'écart de la raison. Quand on est sous le charme d'un spectacle, «on a moins de liberté d'user de la raison pour reconnaître la vérité des objets»[98]. C'est là une observation qui ne pouvait rendre favorable au théâtre le cartésien Nicole. L'image qui vient naturellement sous sa plume, pour exprimer cette dépossession que subit le spectateur, est celle de l'ivresse[99].

> L'esprit y est [...] entièrement enivré des folies qu'il y voit représenter, et par conséquent hors de l'état de la vigilance chrétienne, nécessaire pour éviter les tentations, et comme un roseau capable d'être emporté de toutes sortes de vents.[100]

Se dépouillant volontairement de ses prérogatives, qui sont la faculté rationnelle de juger, la distance critique à l'égard du monde qui l'entoure, l'esprit se met au spectacle dans une situation de passivité, de dépendance à l'égard des sens: il reçoit des stimulations, sur lesquelles il s'est ôté les

---

[98] Antoine Godeau, *Poésies chrétiennes*, *loc. cit.*

[99] La mise en rapport du spectacle théâtral et des effets du vin est effectuée notamment par Tertullien, qui met le théâtre sous le patronage de Liber (vieux Dieu italique de la fécondité et du vin), assimilé à Dionysos. Pour l'auteur du *De Spectaculis*, l'impudicité caractéristique du théâtre correspond à la double autorité qu'exercent sur ce spectacle Vénus et Liber (*Les Spectacles*, X, 7-8).

[100] Nicole, *Traité de la Comédie* (1667) §5.

moyens de se prononcer, et qui de la sorte s'imposent à lui. Une folie, que la raison proscrirait sans appel dans une situation normale, ne trouve plus aucun obstacle quand elle est représentée. Comme l'alcool détruit en nous les inhibitions et les censures, la *mimèsis* théâtrale, par un effet proche de l'hypnose — et que le XVIIe siècle appelle *charme, enchantement* — , interrompt la vigilance de la raison. C'est qu'à la Comédie, tout est fait pour exciter les sens et leur donner un poids prépondérant.

Senault n'envisage pas qu'on puisse résister de quelque manière que ce soit à un tel déploiement de séductions.

> La Comédie est le plus charmant de tous les divertissements; elle ne cherche qu'à plaire à ceux qui l'écoutent; elle se sert de la douceur des vers, de la beauté des expressions, de la richesse des figures, de la pompe du Théâtre, des habits, des gestes et de la voix des acteurs; elle enchante tout à la fois les yeux et les oreilles; et pour enlever l'homme tout entier, elle essaye de séduire son esprit après qu'elle a charmé tous ses sens. Il faut être de bronze ou de marbre pour résister à tant d'appâts, et j'avoue que les plus grands saints auraient peine à conserver leur liberté au milieu de tant d'agréables tentations.[101]

On peut sourire, depuis le vingtième siècle finissant, à cette description des prestiges de la scène. Une tragédie de Corneille semble aujourd'hui un divertissement bien austère et la fréquentation des théâtres passe pour une pratique culturelle éminente, à laquelle les éducateurs s'efforcent, sans succès, de convertir un plus grand nombre. Les yeux et les oreilles — pour garder le langage de Senault — trouvent des sources d'enchantement autrement plus enivrantes. Pour comprendre les enjeux de la querelle au XVIIe siècle, et pour restituer toute leur validité théorique aux arguments qui sont échangés, il faut concevoir le théâtre comme il pouvait apparaître dans une société ignorant les récentes et triomphantes techniques audiovisuelles, une société où la mise en scène d'un acteur costumé est la forme majeure du spectaculaire. Le théâtre que considèrent Nicole et Conti est, de ce point de vue, très éloigné de ce qu'est le théâtre pour nous: il n'a pas les mêmes effets sur le public, sa fonction sociale n'est pas comparable. Si l'on imagine cependant la séduction de la Comédie au XVIIe siècle à travers l'attrait et la puissance des médias les plus populaires aujourd'hui, il me semble qu'on peut se faire une plus juste

---

[101] Senault, *Le Monarque ou les devoirs du souverain*, pp. 206-207.

idée de l'inquiétude et des griefs des moralistes. La puissance d'une forme de spectacle ne saurait se dire abstraitement: elle varie selon les sociétés et les époques. Elle dépend, à un moment donné, des autres formes de spectacles qui s'offrent en concurrence et des affaiblissements causés par l'habitude. Cet assemblage de musique et de voix, de présence physique, de décors et de costumes, de poésie, que constitue au XVIIe siècle une représentation théâtrale, doit donc nous apparaître comme la réalisation extrême, pour l'époque, de la séduction sensuelle. Loin d'illustrer les exagérations, vaguement ridicules, d'un moraliste austère, la présentation de Senault doit à mon sens être prise comme l'expression, honnête et significative, de l'empire que la Comédie exerçait sur son public.

La *mimèsis* théâtrale est ainsi à mettre au nombre de tous ces empiétements des sens sur la raison, dont le modèle même est l'art du sophiste. Telle l'éloquence qui, selon Pascal, persuade «en tyran, non en roi»[102], c'est-à-dire force la conviction par des moyens indignes de l'obtenir — par la douceur et la flatterie — , la Comédie a une manière insinuante et agréable d'imposer ses vues. L'art de l'orateur, limité aux ressources du verbe et de l'action rhétorique, donne d'ailleurs une trop faible image du pouvoir que peut prendre l'art dramatique. Pour Conti, qui suggère ce rapprochement, l'effet de la Comédie apparaît pleinement,

> ...si on considère de bonne foi quel est l'empire naturel d'une représentation vive, jointe à une expression passionnée, sur le tempérament des hommes. Il est tous les jours ému par l'éloquence des orateurs, il le doit être à plus forte raison par la représentation des comédiens.[103]

Le comédien est un sophiste qui bénéficierait de moyens très supérieurs. Comment la réprobation qui pèse sur celui-ci ne s'étendrait-elle pas à celui-là?

Tous les effets présumés de la représentation sur le spectateur sont analysés en termes d'*impressions*. C'est la notion qui sert à Nicole, comme à l'ensemble des moralistes de son époque, pour marquer précisément le mode d'influence du théâtre. Parfaitement intégré dans le vocabulaire psychologique, le terme n'a plus pour nous la même épaisseur; son sens abstrait n'est pas perçu aujourd'hui comme figuré.

---

[102] *Pensées*, fr. 485.

[103] Conti, *op. cit.*, p. 25.

Mais l'usage encore semi-métaphorique que les adversaires de la Comédie font de cette notion est bien plus suggestif. L'impression est un procédé d'ordre mécanique, qui ne suppose ni coopération, ni même conscience. Il s'agit du pur transfert d'un motif, d'un support à un autre. L'opération traduit un rapport de force élémentaire, comme le souligne d'emblée Furetière dans l'article de son *Dictionnaire*, auquel il n'est pas inutile de recourir à nouveau: c'est une «marque qui demeure sur quelque chose pressée par une autre plus forte». Dire que le théâtre agit par impression, c'est indiquer ainsi la brutalité du processus, son caractère sommaire: les sens subissent directement et durablement l'empreinte d'une stimulation plus forte; la raison, mise en veilleuse, n'intervient à aucun moment. Tout se fait selon une implacable logique matérialiste.

Qu'une impression soit bonne ou mauvaise, qu'elle soit profitable ou même édifiante, n'entre plus dès lors en ligne de compte. C'est le principe même qui est jugé insupportable, la violence faite à un être de raison. Quand Balzac, un quart de siècle plus tôt, élaborait la doctrine classique de l'instruction par le plaisir, il rejetait tout le didactisme moral de la Pléiade (fait de sentences et de digressions), et prônait un théâtre nouveau, où l'instruction soit indissociable de la fable, ne se perçoive pas comme telle, agisse sur le spectateur à son insu.

> La doctrine de laquelle nous parlons [...] entre dans l'esprit sans dire son nom, et sans frapper à la porte.[104]

Cette formule heureuse et imagée, qui exprime pour le théoricien du classicisme tout le bénéfice moral que l'on peut attendre du théâtre, pourrait être reprise, une génération plus tard, par les ennemis de la Comédie, pour dénoncer le danger des arts scéniques et l'inadmissible violence qu'ils font subir à l'homme. L'esprit est le garant de la liberté, le sujet authentique du choix moral: une instruction qui s'impose à lui sans son assentiment, qui entre «sans dire son nom», est un facteur de dégradation morale plutôt qu'une élévation. L'illusion mimétique, qui pour Chapelain et Balzac fonde conjointement le plaisir et l'utilité de la Comédie, apparaît aux augustiniens rationalistes des années 1660 un mécanisme scandaleux.

---

[104] J.-L. Guez de Balzac, *Réponses à deux questions ou Du caractère et de l'instruction de la Comédie* (1644); éd. Zuber, p. 130 — texte analysé par Georges Forestier, «De la modernité anti-classique au classicisme moderne», p. 111.

Toute impression est suspecte en ce qu'elle renverse la hiérarchie de nos facultés. Le point apparaît très clairement, si l'on considère un objet *a priori* moins problématique que le théâtre: la musique. Bossuet ne manifeste pas plus de faveur à son endroit; il utilise le même vocabulaire pour condamner

> le charme d'une musique, qui ne demeure si facilement *imprimée* dans la mémoire, qu'à cause qu'elle prend d'abord l'oreille et le cœur.[105]

La musique est accusée d'entreprendre sur la raison. Elle illustre bien cette perversion qui consiste à accorder aux sens le rôle dominant, à en faire le moteur de la vie spirituelle. Qu'on retienne certaines paroles ou des sentiments, parce que la musique qui les accompagnait était séduisante pour l'oreille, c'est soumettre sa mémoire — une des principales facultés mentales — à la loi grossière des *impressions*.

L'exemple des chants d'Eglise relève de la même logique. Il est doublement intéressant: d'abord parce qu'il concerne des impressions sensorielles que nul ne peut suspecter d'immoralité (à la différence des opéras de Lully, auxquels songeait Bossuet); ensuite parce qu'il a été traité par saint Augustin. Les scrupules que le saint évêque expose à ce sujet, au dixième livre des *Confessions*, dépassent la simple question de la musique liturgique. L'auteur constate avec malaise le rôle disproportionné que tiennent les plaisirs de l'oreille dans son sentiment religieux.

> Il me semble que quelquefois je leur défère davantage que je ne devrais, sentant mon esprit plus ardemment touché de dévotion par ces saintes paroles lorsqu'elles sont ainsi chantées, que si elles ne l'étaient pas.[106]

Si le bénéfice spirituel de ces impressions sensorielles fait hésiter saint Augustin, et le dissuade de se prononcer catégoriquement contre les chants d'Eglise, il ressent à leur endroit une grande méfiance et remercie Dieu de le détacher de ces plaisirs[107]. Dans le cas du théâtre en revanche, les bénéfices sont nuls. Aucune conversion à attendre de cette mise à l'écart

---

[105] Bossuet, *Maximes et réflexions sur la Comédie*, p. 174 (je souligne).

[106] *Confessions* X, 33 (p. 381).

[107] «Les charmes de l'oreille m'attachaient et me captivaient beaucoup davantage: mais vous m'en avez dégagé mon Dieu, et m'avez délivré de cette attache.» (*Ibid*)

de la raison. Il ne reste qu'un fonctionnement pervers et humiliant, une honteuse séduction. Mais pas plus pour la bonne que pour la mauvaise cause, saint Augustin n'accepte que les sens puissent devancer la raison. Telle est la loi première qu'énonce l'auteur des *Confessions*; telle est la discipline dont la Comédie est une permanente négation.

> Le plaisir de l'oreille qui ne devrait pas affaiblir la vigueur de notre esprit, me trompe souvent lorsque le sens de l'ouïe n'accompagne pas la raison de telle sorte qu'il se contente de la suivre, et qu'au lieu de se souvenir que ce n'a été que pour l'amour d'elle qu'on lui a fait la faveur de le recevoir, il veut entreprendre de la précéder et de la conduire.[108]

Racine rappelle, dans sa lettre à Nicole, les inquiétudes de l'évêque d'Hippone, et ne manque pas de faire valoir le rapprochement qui s'impose avec la Comédie. Son argumentation prend cependant un tour moins spéculatif que provocateur.

> Je sais bien qu'il [saint Augustin] s'accuse de s'être laissé attendrir à la comédie et d'avoir pleuré en lisant Virgile. Qu'est-ce que vous concluez de là? Direz-vous qu'il ne faut plus lire Virgile, et ne plus aller à la comédie? Mais saint Augustin s'accuse aussi d'avoir pris trop de plaisir aux chants de l'Eglise. Est-ce qu'il ne faut plus aller à l'Eglise?[109]

Par plaisanterie, Racine affecte de ne pas envisager l'autre issue du problème, qui serait de supprimer les chants et la pompe des offices religieux. Sa railleuse remarque s'attire une réponse cinglante et maladroite de Goibaud du Bois et de Barbier d'Aucour. Le premier se répand en exclamations scandalisées[110]; le second vide rapidement le débat avec

---

[108] *Confessions*, livre X, 33 (p. 382).

[109] *Lettre à l'auteur des* Hérésies Imaginaires *et des deux* Visionnaires (Racine, *O.C.2*, pp. 20-21).

[110] «Avec quel esprit avez-vous donc joint deux choses plus contraires que n'étaient l'arche d'alliance et l'idole de Dagon, et qui sont aussi éloignées que le ciel l'est de l'enfer? Quoi! vous comparez l'Eglise avec le théâtre? les divins cantiques avec les cris des bacchantes? les saintes Ecritures avec des discours impudiques? [...] Ne rougissez-vous pas et ne tremblez-vous point d'un excès si horrible?» (Goibaud du Bois, *Réponse à l'auteur de la lettre contre les* Hérésies Imaginaires *et les* Visionnaires; *in*: Racine, G.E.F., t. IV, p. 302)

une remarque embarrassée et inappropriée[111]. En réalité les deux questions ne sont pas disjointes, et le dramaturge est parfaitement fondé à mettre ses adversaires face à leurs propres contradictions. Les maximes mêmes de saint Augustin autorisent à assimiler les séductions du théâtre et celles de la liturgie. Et si, pour le Père de l'Eglise, il ne s'agit pas, bien entendu, de réprouver les secondes dans les mêmes termes que les premières, on doit convenir, selon ses principes, que la voix du comédien et celle du chantre exercent une tyrannie comparable sur la raison de l'homme.

Un autre passage célèbre des *Confessions* — que les polémistes du XVIIe siècle hésitent à citer, parce qu'il concerne les jeux du cirque — illustre magnifiquement ce combat entre les sens et la volonté qui se livre à l'occasion de tout spectacle: saint Augustin raconte comment son disciple et ami Alypius, entraîné contre son gré à des luttes de gladiateurs qui lui faisaient horreur, vit toutes ses résistances anéanties et sombra dans une véritable passion pour les jeux du cirque. L'analyse détaillée de ce «cas d'école» permet d'apprécier le pouvoir des sens sur les résolutions les plus déterminées. Alypius poussant la prudence jusqu'à refuser d'ouvrir les yeux et de voir le spectacle, se laisse finalement surprendre par un cri, qui bouleverse toutes ses défenses.

> Plût à Dieu qu'il eût encore bouché ses oreilles. Car les sentant frapper avec violence par un grand cri que fit tout le peuple dans un accident extraordinaire qui arriva en ces combats, il se laissa emporter à la curiosité; et s'imaginant qu'il serait toujours au-dessus de tout ce qu'il pourrait voir, et qu'il le mépriserait après l'avoir vu, il ouvrit les yeux...[112]

Le phénomène décrit est de l'ordre de la fascination. Il suffit d'un seul regard sur le spectacle périlleux pour qu'Alypius soit immédiatement et profondément transformé.

---

[111] «Quoi? s'il faut quitter les choses qui sont mauvaises, et dont nous ne saurions faire un bon usage, faut-il aussi quitter les bonnes, parce que nous en pouvons faire un mauvais? Est-ce ainsi que vous raisonnez?» (Barbier d'Aucour, *Réponse à la lettre adressée à l'auteur des* Hérésies Imaginaires. *In*: Racine, G.E.F., t. IV, p. 320)

[112] *Confessions* VI, 8 (p. 199).

> Il n'eut pas plutôt vu couler ce sang, qu'il devint cruel et sanguinai-
> re.[113]

La catastrophe est d'autant plus significative qu'elle frappe une personne
réticente et sur ses gardes. On imagine, par comparaison, le sort du
spectateur moyen, tout disposé à goûter les plaisirs d'un spectacle qu'il
juge innocent. Quelle chance aurait-il d'échapper à la contamination dont
Alypius a été victime?

Pour saint Augustin et ses disciples, le théâtre rassemble et concentre
toutes les formes d'empiétement dont est victime la raison humaine. La
séduction des sens s'accompagne d'un assoupissement de la raison, qui est
la chose proprement intolérable. Le plaisir des sens est délibérément
recherché; la volonté s'abandonne à des impressions, sans que le jugement
ait pu s'exercer. Tous les prestiges sonores, visuels, charnels se déchaînent
concurremment, entraînant le spectateur et le dépossédant de ce en quoi
consiste la noblesse de l'homme et sa capacité morale.

Dans l'édition originale du *Traité de la Comédie* (1667), le mot
'impression' et le verbe 'imprimer' n'apparaissent pas moins de dix-neuf
fois[114]. Une des citations de *Théodore* (retenue pour cette raison?)
évoque les «impressions» que produit sur l'âme un amour à son commencement[115]. Mais Nicole manifeste encore plus éloquemment l'importance
de cette notion pour lui, par l'usage forcé (et d'autant plus symptomatique) qu'il en fait, n'hésitant pas, dans une comparaison, à parler de
«viandes qui *imprimeraient* une qualité venimeuse»[116] sur l'organisme.
L'hostilité du moraliste à tout ce qui s'apparenterait à des *impressions*
rejoint sa mise en garde contre les pensées imperceptibles. Tous ces
processus clandestins sont dénoncés au nom d'une même position
rationaliste, empreinte de cartésianisme. Le théâtre est accusé de faire
passer en contrebande des maximes qui n'ont pas été examinées, et encore
moins adoptées, par la raison. N'est-ce pas un reproche du même ordre
qu'élevait Descartes contre un enseignement fondé sur la fable gréco-lati-

---

[113] «Ut enim vidit illum sanguinem, immanitatem simul ebibit», *ibid.* (p. 200).

[114] 'impression': préface, §1, 2, 4, 5, 7, 14, 18 (3x); 'imprimer': §2, 3, 4, 22, 23 (2x), 30 (2x),
35.

[115] «Si mon âme à mes sens était abandonnée,/Et se laissait conduire à ces impressions/ Que
forment en naissant les belles passions» (*Théodore* II,2; v. 392-394). *Traité de la Comédie*,
§14.

[116] Nicole, *Traité de la Comédie* (1667) §23 — je souligne.

ne? L'année de «rhétorique» impose une érudition, qui forme une série de savoirs philosophiques prématurés. Comme le souligne Henri Gouhier, à propos des préventions de Descartes contre la rhétorique, «pour une raison en quête d'évidences, le plus grand danger est une mémoire gonflée de souvenirs»[117]. Les impressions théâtrales alimentent ce réservoir dissimulé de convictions et de préjugés, établi en dehors de tout contrôle de la raison.

Il est symptomatique que contre les maximes pernicieuses de la Comédie, Nicole suggère précisément d'en appeler à la *raison*. Entend-on sans frémir des paroles barbares appelant à la vengeance?

> Et cependant *en les considérant selon la raison*, il n'y a rien de plus détestable; mais on croit...[118]

Considérer selon la raison, ce serait se soustraire au contrat tacite qui fonde le plaisir théâtral. Mais la chose est inenvisageable. Le théâtre repose entièrement sur un abandon aux sens, puisque toute sa valeur réside dans l'illusion mimétique. La raison n'y est pas seulement contournée, elle est pour ainsi dire annihilée. L'esprit «transporté», «hors de soi», perd la faculté d'intervenir.

> On ne peut nier que les Comédies [...] ne contribuent beaucoup à fortifier cette impression, parce que l'esprit y étant transporté et tout hors de soi, au lieu de corriger ces sentiments, s'y abandonne sans résistance.[119]

Le théâtre est une activité qui prive l'homme des quelques protections, qu'en bon cartésien, Nicole croit trouver dans la raison. Mais bien au-delà de Descartes, l'auteur du *Traité de la Comédie* rejoint encore la grande tradition patristique de lutte contre les spectacles. Ce transport, cette dépossession, dans lesquels il veut voir un des grands dommages infligés par le théâtre, ont été remarqués, et vigoureusement censurés par Tertullien. Dans un développement sur la frénésie qui, au cirque, s'empare

---

[117] Henri Gouhier: «La résistance au vrai et le problème cartésien d'une philosophie sans rhétorique», in: *Retorica e barroco*, Rome: Fratelli Bocca, 1955, p. 87; question développée dans *La Pensée métaphysique de Descartes*, Vrin, 1962, pp. 95-104.

[118] Nicole, *Traité de la Comédie* (1667) §17 — je souligne.

[119] *Ibid.* §18.

du public, l'écrivain africain s'emporte contre «ces gens qui ne s'appartiennent pas»[120]. Il n'est pas de spectacle, selon lui, qui ne s'accompagne d'un «ébranlement de l'esprit» (*concussio spiritus*)[121]. Après avoir consacré la première moitié de son ouvrage à l'argument qu'il tient pour essentiel — le caractère idolâtre de tous les spectacles, dans leur origine comme dans leur déroulement et leur signification — Tertullien s'emploie à décrire les effets intrinsèques des spectacles, parmi lesquels il condamne particulièrement, sous le nom de *furor*, le délire et l'égarement mental. Le *furor*, qui règne en propre au cirque, s'étend pour lui au théâtre et à tous les arts scéniques[122]. Ce n'est plus seulement le chrétien qui tonne ici, mais le sage nourri d'un idéal stoïcien, pour qui la maîtrise de soi est une aspiration impérieuse: tout ce qui prend le pas sur la raison de l'homme met cette aspiration en péril. Les moralistes de Port-Royal, affermis par la nouvelle philosophie cartésienne, se montrent ses lointains héritiers.

En conclusion de ce volumineux réquisitoire, qui voit dans la Comédie le modèle de toutes les dégradations auxquelles s'expose l'homme s'il se prive du secours de sa raison, on notera cependant qu'un tout autre discours eût été possible. J'en veux pour preuve les considérations anthropologiques que Pascal réunit sous le titre de «Discours de la machine», à l'époque même où Nicole rédigeait le *Traité de la Comédie*. Au nom d'une autre conception de l'homme, moins rationaliste, et qui prend acte de la puissance du corps sur l'esprit, Pascal envisage qu'une «conversion» du corps puisse précéder la conversion de l'âme. Au lieu de stigmatiser les usurpations des sens sur la volonté, l'auteur des *Pensées* renverse la perspective et imagine que l'influence révoltante de la machine en nous (nos habitudes, notre sensibilité) soit mise au service d'un accomplissement spirituel. Le conseil d'abêtissement, sur lequel débouche, en désespoir de cause, le sinueux argument du pari, est-il autre chose

---

[120] «*Quid enim suum consecuturi sunt, quid illic agunt, qui sui non sunt?*» (Ces gens qui ne s'appartiennent pas, que tireront-ils de là qui leur appartienne? Que font-ils là?), Tertullien, *Les Spectacles*, XVI,5.

[121] *Ibid.*, XV, 3.

[122] «*Cum ergo furor interdicitur nobis, ab omni spectaculo auferimur, etiam a circo ubi proprie furor praesidet*» (Ainsi donc, nous interdire la frénésie, c'est nous soustraire à tout spectacle, surtout au cirque où la frénésie règne en propre) — Tertullien, *Les Spectacles*, XVI,1. Rappelons que la démonstration de Tertullien est construite sur une répartition des spectacles en quatre catégories: le cirque (les courses de chevaux), le théâtre, le stade et l'amphithéâtre (combats de gladiateurs, jeux de l'arène).

qu'une apologie de l'hypocrisie, dans l'acception rhétorique du terme? Les chrétiens cités en exemple sont parvenus à la foi «en faisant tout comme s'ils croyaient»[123]. Ce *faire comme si*, ce *faire semblant*, est précisément l'art du comédien, et la logique qui sous-tend le conseil de Pascal est celle-là même au nom de laquelle Nicole condamne la Comédie.

Que l'esprit soit parfois débordé par des stimulations indignes de lui, mais plus efficaces, c'est pour Pascal une donnée anthropologique qui s'impose à tout honnête observateur.

> Les preuves ne convainquent que l'esprit; la coutume fait nos preuves les plus fortes et les plus crues: elle incline l'automate, qui entraîne l'esprit sans qu'il y pense.[124]

La coutume, en ce qu'elle agit sur une instance plus influente que l'esprit, se montre plus efficace que la preuve. De simples arguments intellectuels sont bien impuissants à ébranler les croyances dans lesquelles nous avons grandi: notre corps, notre sensibilité, notre imagination, notre faveur — tout ce qui pour Pascal constitue en nous l'automate, nous attache à elles comme à des certitudes. Cette genèse de la conviction révèle une distorsion très comparable à celle dont est accusée la Comédie. Dans les deux cas, l'automate prend le pas sur l'esprit, et celui-ci se laisse manœuvrer sans avoir conscience des forces qui le gouvernent, «sans qu'il y pense». Il est victime d'impressions. On peut condamner ce mécanisme, au nom d'une certaine idée de l'homme; on peut au contraire, avec Pascal, l'enregistrer et tenter d'en tirer profit. Le «Discours de la machine» — c'est-à-dire le fragment «infini rien», communément appelé le Pari — repose sur un *faire semblant*, une récupération au bénéfice de la religion, de dispositions a priori hostiles. Il n'est bien sûr pas question, dans les *Pensées*, d'un usage édifiant de la Comédie. Mais l'on ne peut s'empêcher, pour illustrer les principes anthropologiques de Pascal, d'évoquer le saint Genest de Rotrou[125] — comédien qui devient chrétien et saint martyr en mimant la foi. Les actes des saints proposent encore d'autres

---

[123] *Pensées*, fr. 680.

[124] *Pensées*, fr. 661.

[125] Une analyse du *Véritable saint Genest* de Rotrou, dans la perspective d'une querelle de la moralité du théâtre, est proposée par H. Phillips, en appendice à son vaste ouvrage de synthèse, *The Theatre and its Critics in Seventeenth-Century France*, pp. 252-255. L'auteur, qui voit à juste titre une célébration du théâtre dans l'œuvre de Rotrou, ne se montre malheureusement pas sensible aux implications anthropologiques du sujet.

exemples dans lesquels la force mimétique du théâtre joue dans ce sens inattendu[126]. L'acteur, en pliant son corps conformément au rôle qu'il interprète, suscite en lui-même des impressions favorables à la foi. Pour des motifs professionnels, il s'abêtit, avec les résultats annoncés par l'auteur du «Pari». La défaite de la raison ne peut plus, dans ce cas (au moins par des chrétiens), être regardée comme une dégradation de l'homme, mais comme la seule issue souhaitable quand la raison est elle-même l'adversaire principal de la foi. Il est inutile de préciser que cette étrange alliance de la foi et de la Comédie, contre une raison hostile, n'entre pas dans les catégories mentales d'un rationaliste chrétien comme Nicole.

*****

Entre le spectateur et la scène, les forces respectives sont très déséquilibrées, si l'on en croit des moralistes comme Nicole. Autant l'un paraît désarmé devant toutes les pressions qu'il pourrait subir, autant l'autre est présentée comme la source de stimulations irrésistibles. A l'intersection de la poétique, de la morale et de l'anthropologie, la question du langage des passions, que soulève le *Traité de la Comédie*, en fournira une ultime et frappante illustration.

Indépendamment de sa puissance de contamination, du rôle déterminant des impressions qu'elle produit, la Comédie est aussi soupçonnée d'assurer une fonction «pédagogique», si l'on peut s'exprimer de la sorte. A sa manière, elle apporte à certains spectateurs une compétence dont ils étaient privés. En cela, elle n'est pas seulement cause de dépravation, mais moyen, qui rend la dépravation possible.

> Les Comédies et les Romans n'excitent pas seulement les passions, mais elles enseignent aussi le langage des passions, c'est-à-dire l'art de les exprimer et de les faire paraître d'une manière agréable et ingénieuse, ce qui n'est pas un petit mal. Plusieurs personnes étouffent de mauvais desseins, parce qu'ils manquent d'adresse pour s'en ouvrir. Et il arrive aussi quelquefois que des personnes sans être touchées de

---

[126] Saint Genest est le plus connu de ces saints comédiens, convertis au cours d'une représentation théâtrale (cf *Acta Sanctorum*, 25 Aug.). Mais la tradition en évoque d'autres: saint Gelasin (*Acta Sanctorum*, 27 Febr.), saint Ardalion (*Acta Sanctorum*, 14 Apr.). Cf. J.-B. Eriau, *Pourquoi les Pères de l'Eglise ont condamné le théâtre de leur temps*, pp. 69-70.

passion, et voulant simplement faire paraître leur esprit, s'y trouvent ensuite insensiblement engagées.[127]

Si le *Traité de la Comédie* est le seul à exprimer ce grief avec une telle netteté, et surtout à le développer dans ses conséquences paradoxales, le soupçon plane de façon diffuse chez tous les moralistes hostiles au théâtre. La réflexion de Nicole est en quelque sorte un corollaire de la phrase de saint Cyprien: on apprend l'adultère en le voyant représenter; mais si on n'en avait aucune expérience par l'entremise de la fiction, serait-on aussi susceptible d'y céder?

Deux situations paradoxales et symétriques sont suggérées par Nicole. 1. Sentir sans savoir exprimer amène à étouffer le sentiment: il y a une malignité que l'on ne peut mettre en œuvre, pour la seule raison (dérisoire mais suffisante) que l'on ne sait pas le langage de cette malignité. 2. Ne pas sentir tout en sachant exprimer incite à simuler le sentiment: certains cèdent au plaisir de jouer une passion, quoiqu'ils ne l'éprouvent pas, pour la seule raison qu'ils possèdent le moyen de le faire de façon satisfaisante. Dans les deux cas, c'est le langage qui produit la réalité, le dire qui entraîne le sentir. «Il y a des gens qui n'auraient jamais été amoureux s'ils n'avaient jamais entendu parler de l'amour», remarque La Rochefoucauld, de façon lapidaire et énigmatique, dans la maxime 136. Le théâtre procure cette parole. Il vient assister des sentiments défaillants: grâce à l'adresse, à l'art qu'il enseigne, il fournit le moyen d'exprimer et, par suite, de ressentir.

Une fois encore, quoique pour s'en indigner, Nicole corrobore les théories de Pascal sur la machine: il montre le corps guidant l'esprit. Cette approche, somme toute très matérialiste, met l'accent sur une certaine forme de dépendance technique, dans laquelle se trouverait l'homme. L'absence de moyens fait plus que borner son pouvoir, elle modifie son désir. Et symétriquement, il est peu capable de résister à un pouvoir dont il dispose. Rapportées au langage, de telles conceptions anthropologiques conduisent à doter les mots eux-mêmes, et tout le matériel linguistique, d'une puissance exorbitante. Les mots ne font pas que servir notre pensée et nos désirs, comme on aime à le croire: ils les précèdent volontiers et les façonnent. Ils portent un sens intrinsèque. Toute simulation revêt, dans ces conditions, un caractère grave, contre lequel met en garde le philosophe Jankélévitch.

---

[127] Nicole, *Traité de la Comédie* (1667) §11.

> Il y a des mots qu'il ne faut pas prononcer, même en plaisantant; des paroles si dures qu'en les accueillant — alors même qu'on n'y croit pas — on se rend complice de la calomnie et de la mort; par exemple, la complaisance au langage guerrier est déjà, sans qu'on le veuille, une volonté de guerre. Et de même «les paroles tristes que l'on prononce, même mensongèrement, dit Marcel Proust, portent en elles leur tristesse et nous l'injectent profondément».[128]

Les risques de l'ironie, que Jankélévitch évoque ici, sont de tomber, malgré soi, dans le sérieux. Ce sont les risques de tout jeu, de toute parodie — et donc par excellence des arts mimétiques et du théâtre. La simulation implique fatalement une certaine forme d'adhésion.

Les défenseurs de la Comédie, ceux qui se réfugient derrière les rassurantes nécessités du délassement, se voient opposer par les moralistes augustiniens une autre anthropologie, plus soupçonneuse, plus attentive à certains ressorts déroutants. Tout serait simple si la représentation théâtrale pouvait coïncider avec une parenthèse de divertissement. Mais cette hypothèse n'est pas réaliste. L'esprit et la sensibilité de l'homme fonctionnent différemment: les scènes qui lui sont proposées comme un intermède plaisant, s'impriment en lui, occupent son inconscient, le bouleversent profondément. La Comédie, quelle que soit l'humilité de ses ambitions, se transforme en un grand divertissement. Si ses principes poétiques étaient en eux-mêmes condamnables, la nature réelle du spectateur, sa vulnérabilité les rendent criminels.

---

[128] Vladimir Jankélévitch, *L'Ironie*, Flammarion [coll. «Champs»], 1964, p. 146.

CHAPITRE V

MORALE

J'ai contesté de prime abord le qualificatif de *moral*, communément appliqué à la querelle contre la Comédie. Si l'on veut signifier par cet adjectif que le débat échappe aux préoccupations strictement techniques et littéraires, il n'y a rien à objecter. La chose est évidente. Senault, Nicole, Bossuet, qui n'acceptent pas l'existence du théâtre, s'opposent à lui de l'extérieur, en recourant à des arguments hétérogènes. Mais c'est grandement simplifier cette hétérogénéité que de la référer automatiquement à la morale. Ou bien il faut donner à ce terme une très vaste définition. L'ampleur des questions anthropologiques, religieuses, philosophiques, soulevées par la querelle au XVIIᵉ siècle, atteste suffisamment que ses enjeux excèdent le simple souci des bonnes mœurs. La question de la Comédie engage une réflexion sur la puissance de l'illusion mimétique, le statut de la raison confrontée aux sens, la possibilité même d'un divertissement — autant de vastes sujets, aux implications théoriques. Les observations de Diderot ou de Rousseau, bien davantage, me semblent ressortir à une perspective morale: Diderot, homme de théâtre, entend mettre les arts scéniques au service du progrès social. Il leur fixe clairement une mission morale et civilisatrice et s'attaque aux œuvres qui lui paraissent aller à l'encontre de cette mission. Rousseau, quant à lui, raisonne sur le théâtre au nom d'un modèle social et politique, qui est celui de la petite république de Genève: sa *Lettre à d'Alembert* est autant une utopie politique, qu'une réflexion sur le genre dramatique.

Il reste que la polémique au XVIIᵉ siècle n'est pas dépourvue de toute dimension morale — loin de là —, y compris dans le sens le plus sommaire que l'on peut donner à cette expression. Selon les auteurs, cet aspect est plus ou moins marqué. Pour Varet, esprit peu enclin aux élaborations conceptuelles, la Comédie évoque essentiellement un lieu de débauche, et le combat qu'il mène ne diffère pas de celui qu'un prêtre poursuit contre toutes ces sortes de lieux. Singlin opère d'ailleurs très ouvertement l'amalgame entre les immoralités: le spectacle ne se distingue pas pour lui des péchés répertoriés, si ce n'est qu'on se livre à celui-ci dans un entraînement mutuel.

> Aller là ensemble, c'est comme si on s'enivrait ensemble, comme si on volait ensemble, si on offrait de l'encens aux dieux ensemble.[1]

On perçoit combien de telles proclamations sont finalement assez étrangères aux objectifs et aux analyses d'un Nicole. Le verdict sommaire d'immoralité épargne la Comédie dans sa spécificité, en la confondant avec les autres comportements immodestes, luxurieux, déshonnêtes... Les moralistes les plus pénétrants ont à cœur de cadrer leur cible avec une autre précision. Cela ne leur interdit pas, le cas échéant, de signaler eux aussi divers manquements à la morale imputables à la Comédie, mais à titre accessoire, comme des circonstances aggravantes. Le fond de l'argumentation est ailleurs.

1 — La position élémentaire

Entre les diverses formes de spectacles que distingue Tertullien, le théâtre, tant comique que tragique, se caractérise par l'impudicité; il en est le «domaine propre»[2], de même qu'au cirque règne le délire (*furor*), au stade l'inconvenance (*insolentia*) et dans l'amphithéâtre l'inhumanité (*immisericordia*). Les mimiques suggestives des acteurs, la simple présence de femmes sur une scène, éveillent l'idée d'une prostitution[3]. Les sujets excitants, l'atmosphère de complicité qui unit les spectateurs, suppriment temporairement la réserve et les défenses de la vie quotidienne. Le théâtre, en fin de compte, est immoral parce qu'il réunit hommes et femmes. C'est un lieu de rencontre et d'exhibition: exhibition du corps des comédiens; parure des spectateurs qui viennent là eux aussi pour s'exposer et mettre à l'épreuve leur pouvoir de séduction. Si l'accusation peut s'étendre à bien d'autres formes de convivialité — l'église même

---

[1] Antoine Singlin, *Lettre à la Duchesse de Longueville*. Ce développement du janséniste s'autorise de passages de saint Augustin, empruntés notamment aux sermons (Sermon 90, n. 6; Sermon 332, n. 1).

[2] *Theatrum «quod est privatum consistorium impudicitiae»* (*Des Spectacles* - XVII,1).

[3] Quand ce ne sont pas purement et simplement des prostituées qui se produisent, assurant de la sorte leur publicité. La situation se rencontrait sur les scènes antiques, au dire de Tertullien (*op. cit.* XVII, 2).

n'est-elle pas, dans l'imaginaire romanesque, un cadre de prédilection pour les rencontres galantes? — Alexandre Varet trouve là un motif amplement suffisant pour fermer les théâtres.

> Ce que Tertullien a estimé être «le plus grand scandale» qui se trouvait dans les spectacles des païens, ne se rencontre-t-il pas dans les comédies? Les hommes et les femmes, les jeunes gens et les jeunes filles, ne s'y trouvent-ils pas ensemble, et n'y vont-ils pas avec tout l'ajustement et l'agrément qui leur est possible?[4]

Varet se réclame de Tertullien. Il pourrait en fait recourir à d'autres autorités patristiques, moins fragiles au demeurant que l'écrivain montaniste. La mixité des spectacles alimente l'indignation des Pères de l'Eglise et leur fournit un argument récurrent. On citera encore Clément d'Alexandrie, dans un passage intégré par Conti au dossier patristique qui accompagne son *Traité de la Comédie et des spectacles*.

> On peut justement appeler les théâtres et la carrière des courses publiques une chaire de pestilence. Car tout ce qui se fait en ces lieux est plein de confusion et d'iniquité. Ces assemblées ne fournissent que trop de sujets d'impureté, où les hommes et les femmes étant ensemble, s'occupent à se regarder. C'est là où se tiennent de pernicieux conseils, lorsque les regards lascifs excitent de mauvais désirs.[5]

Ce genre de propos met facilement à l'unisson les pasteurs des premiers siècles et les moralistes rigides de l'époque moderne. La question soulevée ne touche cependant au théâtre que de façon incidente. Le véritable objet de réprobation est une certaine forme de rapport entre les deux sexes, que la Comédie est accusée de favoriser. Telle est l'accusation morale sous sa forme la plus élémentaire, et — reconnaissons-le — la plus précaire. Que cessent les préventions à l'égard de la mixité, que les contacts entre

---

[4] Varet, *op. cit.*, pp. 284-285. Tertullien aborde ce point dans le chapitre XXV de son traité *Des Spectacles*: «Au vrai, c'est dans tout spectacle que la pire occasion de chute viendra tout simplement du soin excessif qu'hommes et femmes apportent à leur parure. La complicité qui s'établit entre eux, le fait même de s'accorder — ou de s'opposer — sur des favoris créent des liens qui allument les étincelles des passions.» (XXV, 2).

[5] *Le Pédagogue*, 1.3, c.11 (cité dans la traduction fournie par Conti, *Sentiments des Pères de l'Eglise sur la Comédie et sur les spectacles*).

hommes et femmes ne soient plus assimilés à l'impureté, et ce discours sur le théâtre se trouve privé de sa consistance[6].

Une telle ligne d'argumentation est finalement assez peu représentée dans la querelle du XVIIe siècle. Elle est explicitement écartée par Nicole, pour des raisons de méthode, dès l'ouverture de son *Traité de la Comédie*:

> On ne parle pas seulement des dérèglements grossiers [...] On ne parle que de ce qui est entièrement inséparable [de la Comédie].[7]

La «manière dissolue dont les femmes paraissent» fait partie de ces dérèglements grossiers, si universellement attestés en vérité, qu'aucun spectacle ne semble faire exception. Mais il suffit pour Nicole que la chose soit théoriquement distincte. Puisque l'esprit au moins peut envisager des représentations théâtrales qui satisfassent sur ce point les exigences de moralité, il importe de situer le débat sur un autre plan. Les provocations des comédiennes, leur légèreté, la facilité de leurs mœurs sont notoires. Le péril que ces femmes font courir aux valeurs bourgeoises jette le discrédit sur tout le monde du théâtre[8]. Mais les déportements qu'on leur reproche se produisent essentiellement en dehors de la scène. Condamnera-t-on la Comédie parce que les comédiennes sont des femmes de petite vertu? Autant que Varet ou Singlin, Nicole est convaincu que Comédie et dévergondage vont de pair. Il préfère cependant mettre entre parenthèses les griefs moraux les plus élémentaires et attirer l'attention sur la perversité du fonctionnement mimétique, de ce qui est «entièrement inséparable» de la Comédie.

Un problème technique se pose néanmoins à tous les moralistes, redonnant sa place à une approche moins spéculative. Comment juger

---

[6] On est surpris cependant de voir resurgir, au milieu du XVIIIe siècle, ces arguments anachroniques. Faisant l'éloge du théâtre grec, Rousseau retrouve les accents de Varet: «La tragédie n'étant d'abord jouée que par des hommes, on ne voyait point, sur leur théâtre, ce mélange scandaleux d'hommes et de femmes qui fait des nôtres autant d'écoles de mauvaises mœurs.» (*Lettre à d'Alembert...*, p. 161).

[7] Nicole, *Traité de la Comédie* (1667) §1.

[8] Les préventions sociales prennent une dimension mythique au XIXe siècle, où le personnage de la comédienne devient une des incarnations bourgeoises de l'immoralité. Mais bien auparavant, on remarquera qu'une œuvre comme le *Roman comique* de Scarron, écrite par un auteur de théâtre, ne se donne pas pour héros d'authentiques comédiens: Le Destin et L'Etoile, modèles de conduite et d'honnêteté, ne sont arrivés sur les planches que par un concours de circonstances.

convenablement d'un spectacle théâtral, à travers le seul texte des pièces? Une œuvre d'apparence irréprochable sous sa forme imprimée, peut donner prétexte à une mise en scène scabreuse. Les comédiens faisaient valoir, par leur interprétation, des potentialités obscènes du texte, qui n'apparaissaient pas à la lecture. Une illustration savoureuse de ce phénomène est fournie ainsi à la fin du siècle par la pièce très moralisante de Boursault, *Esope à la ville*: si l'on en croit le témoignage (malveillant) d'un prêtre de Saint-Sulpice, le vif succès de cette pièce tint moins à ses qualités propres, qu'aux partis pris d'interprétation du comédien Jean-Baptiste Raisin, dit le cadet.

> Je fus extrêmement surpris de voir qu'une pièce dont la lecture ne m'avait pas paru beaucoup dangereuse fût si gâtée dans la représentation. Mais parce que par sa morale continuelle elle aurait bientôt ennuyé et fatigué les spectateurs, les comédiens crurent être obligés de suppléer par l'immodestie des gestes à la modestie de la poésie; car jamais feu Raisin ne s'est plus étudié à plaire par son geste, aussi bien que la Beauval, et tout le monde sait que, sans cet acteur qui jouait le personnage d'Esope et sans cette actrice qui représentait celui de Doris, confidente d'Euphrosine, cette pièce aurait échoué dès la première représentation. C'est ce que je puis assurer, non par la simple lecture que j'en ai faite, mais par les représentations que j'en ai vues.[9]

Quel que soit le crédit qu'elle mérite, l'anecdote prend toute sa valeur quand on se rappelle que le théâtre de Boursault fut la cause occasionnelle de la grande reprise des hostilités contre la Comédie. C'est en 1694 que le théatin François Caffaro publie sa malheureuse *Lettre d'un théologien illustre*, pour servir de préface à un recueil de pièces de Boursault. Un théâtre qui semble pétri de vertueuses intentions, au point d'en devenir indigeste, n'est-il pas le meilleur gage que la Comédie a vraiment changé de nature, qu'elle s'est définitivement éloignée de toutes les tentations grossières? Mais la «modestie de la poésie» ne présage en rien de l'usage qu'on en peut faire; elle ne donne peut-être que plus de sel et de relief au jeu d'un acteur qui, comme Raisin, recourt à «l'immodestie des gestes», pour déchaîner les applaudissements.

---

[9] *Décision faite en Sorbonne touchant la Comédie, avec une réfutation des sentiments relâchés d'un nouveau théologien*, par L[aurent] P[égurier], 1694; 2ᵉ partie (*Réfutation*), pp. 87-88.

Cette autonomie relative de la représentation, qui est le propre de l'art théâtral, autorise tous les soupçons et alimente les accusations les plus sommaires. Les censeurs se trouvent alors dans une situation bien inconfortable: ne pouvant apprécier pleinement l'immoralité d'une pièce à la lecture, ils sont renvoyés à la représentation, dont, pour la plupart, ils devraient se tenir à l'écart. Si l'essence de la Comédie n'apparaît que dans un théâtre, quelle peut bien être la valeur des jugements rendus par des prêtres et des religieux? Ceux qui forment au XVIIᵉ siècle le gros des forces hostiles à la Comédie sont aussi les moins aptes à s'exprimer sur cette question.

C'est ce que suggère finement un bon mot prêté au jésuite Caussin. A une personne qui lui demandait, comme à un directeur de conscience, s'il y avait péché à aller à la Comédie, il se serait contenté de répondre: «C'est à vous de me le dire, Madame»[10]. Peut-être dictée par la simple prudence, ou le désir de complaire à une pénitente, cette attitude ne manque pas d'élégance. Le jésuite évite de se prononcer sur un point où il va de son honneur d'être incompétent. Mais la difficulté était déjà relevée par Tertullien, qui en acceptait la pertinence, sans pour autant se sentir réduit au silence.

> Je préfère ne pas être exhaustif que de parler par expérience.[11]

L'auteur du *De Spectaculis* connaît les limites qu'implique son réquisitoire. On ne peut à la fois rejeter et connaître. La violence de l'attaque, son caractère fondamental et dogmatique — à tous les sens du terme — s'accommodent ici d'une certaine forme d'ignorance.

Telle ne peut être évidemment la position du Père Caffaro: son plaidoyer repose sur l'assurance que le théâtre moderne ne ressemble plus en rien aux spectacles que condamnaient les Pères de l'Eglise, qu'il est aujourd'hui dénué «des malheureuses circonstances qui l'accompagnaient» — pour reprendre l'euphémisme dont il fait usage dans la *Lettre d'un*

---

[10] L'anecdote, connue par une note manuscrite sur une des pages de l'exemplaire (Paris BN: D. 13536) du *Discours sur la Comédie* du P. Le Brun (Paris, 1694), est citée par J. Dubu, «L'Eglise catholique et la condamnation du théâtre en France au XVIIe siècle», p. 334. J. Dubu commente très justement en note: «Mais Caussin appartient à la première moitié du siècle: c'est un contemporain de saint François de Sales, qui estimait la Comédie indifférente, et non de N. Pavillon.»

[11] «*Malo non implere quam meminisse*» (Tertullien, *Les Spectacles*, XIX,5).

théologien illustre[12]. Il semble que la démonstration doive être nourrie d'une grande familiarité avec les salles de spectacles. Mais le Père Caffaro a à cœur de nous détromper, confessant que ses arguments en faveur du théâtre ne doivent rien à l'expérience. Sincère ou purement diplomatique, l'aveu sonne d'une manière cocasse.

> De la manière qu'on joue [la Comédie] à Paris, je n'y vois rien de criminel. Il est vrai que je n'en puis porter un jugement bien décisif, puisque *je n'y suis jamais allé*, et qu'étant prêtre et devant l'exemple aux fidèles, je ferais autant de scrupule de m'y trouver que dans aucune autre assemblée de grand monde dont notre état nous doit éloigner.[13]

Un avocat qui se défend d'avoir jamais rencontré son client s'expose à perdre une bonne part de son crédit. Pourquoi, au demeurant, un prêtre craindrait-il de donner mauvais exemple, par un comportement dont il s'applique par ailleurs à montrer l'innocence? Les scrupules du théatin nuisent autant à sa cause que la fragilité de son témoignage.

Au XVIIIe siècle encore, le personnage de l'ecclésiastique à la Comédie reste un sujet de plaisanterie. Barbier relate, dans son *Journal*, la mésaventure survenue à M. Petit de Montempuys, chanoine prêtre de Notre-Dame, régent au collège du Plessis, réputé pour son érudition et sa sagesse. Le vieil ecclésiastique, «et de plus grand janséniste», s'était rendu à la Comédie, pour la première fois de sa vie; mais, par décence autant que par prudence, il avait jugé préférable de se déguiser en vieille femme. Le chroniqueur s'étend complaisamment sur la confusion du prêtre, facilement démasqué par le public et conduit chez le lieutenant de police[14]. Ses propres convictions se retournent contre le janséniste et l'amènent à bafouer les règles élémentaires de la décence, en se travestissant, c'est-à-dire en se comportant comme un comédien. Par delà le burlesque de la situation, l'anecdote illustre bien le problème insoluble qui consiste à condamner ce que son état impose d'ignorer.

---

[12] P. Caffaro, *Lettre d'un théologien illustre*, in: Urbain-Levesque, *L'Eglise et le théâtre*, p. 84.

[13] *Ibid.*, p. 98 (je souligne).

[14] Edmond-Jean-François Barbier, *Journal historique et anecdotique du règne de Louis XV* (Décembre 1726); éd. A. de la Villegille, Paris: Jules Renouard et Cie, 1847-56 (4 vol.), t. 1, pp. 250-251.

Défenseurs et adversaires de la Comédie conviennent cependant que le vrai sens de cet art ne saurait apparaître en dehors des théâtres. L'auteur anonyme de la *Lettre sur la Comédie de l'imposteur* écarte toutes les objections contre sa théorie de la *catharsis* comique, qui n'émaneraient pas d'une expérience réelle du spectacle.

> Quelques-uns trouveront peut-être étrange ce que j'avance ici; mais je les prie de n'en pas juger souverainement qu'ils n'aient vu représenter la pièce, ou du moins de s'en remettre à ceux qui l'ont vue: car, bien loin que ce que je viens d'en rapporter suffise pour cela, je doute même si la lecture tout entière pourrait faire juger tout l'effet que produit sa représentation.[15]

C'est d'ailleurs un lieu commun de préfaces, que les auteurs dramatiques, notamment Molière, aiment à rappeler en tête de leur théâtre imprimé[16]. Mais un ennemi de Molière comme le Sr. de Rochemont n'en disconvient pas; il reconnaît volontiers la perte de substance qui se produit de la scène à l'imprimé et, pour étayer cette thèse, il renvoie même à l'autorité des «amis» de Molière, telle qu'elle s'exprime dans l'édition du *Cocu imaginaire*.

> Ses amis avouent librement que ses pièces sont «des jeux de théâtre où le comédien a plus de part que le poète, et dont la beauté consiste presque toute dans l'action». Ce qui fait rire en sa bouche fait souvent pitié sur le papier...[17]

L'argument de Rochemont, on s'en doute, n'a pas pour objet d'exalter l'art de Molière, ni de grossir le public de ses pièces. Outre l'attaque

---

[15] *Lettre sur la comédie de l'imposteur*, édition Mc Bride, p. 97.

[16] *Cf.* la célèbre formule de Molière dans l'avis au lecteur de *L'Amour médecin:* «On sait bien que les comédies ne sont faites que pour être jouées; et je ne conseille de lire celle-ci qu'aux personnes qui ont des yeux pour découvrir dans la lecture tout le jeu du théâtre.» (Molière, *O. C.* 2, p. 95).

[17] B. A. Sr. D. R., *Observations sur une comédie de Molière intitulée* le Festin de Pierre, *in:* Molière, *O. C.* 2, p. 1200. La deuxième des deux lettres fictives qui introduisent l'édition pirate de *Sganarelle ou le cocu imaginaire* déplore l'insuffisance du texte imprimé pour restituer la vérité du spectacle: il est «assez difficile de bien exprimer sur le papier ce que les poètes appellent jeux de théâtre, qui sont de certains endroits où il faut que le corps et le visage jouent beaucoup, et qui dépendent plus du comédien que du poète, consistant presque toujours dans l'action.» (Molière, *O. C.* 1, p. 302).

mesquine qui vise à lui contester le statut d'écrivain (le comédien compense par les outrances de son jeu la pauvreté du texte dont il est l'auteur), Rochemont veut surtout souligner la difficulté d'apprécier sur le papier l'immoralité d'une Comédie. Le propos devient tout à fait explicite, quelques lignes plus bas, dans une vaste allégorie, où le polémiste évoque, sous les traits d'Agnès et d'autres héroïnes, la Comédie dégradée et ramenée à son originelle dépravation.

> Molière [...] tâche de faire comprendre par ses postures ce que cette pauvre niaise [la Comédie] n'ose exprimer par ses paroles.[18]

Les paroles sont chastes, ou du moins convenables. Elles seules subsistent dans les livres, endormant la vigilance du moraliste. Mais quand elles sont dans la bouche du comédien, ces paroles prennent un autre sens: il sait leur restituer, par des «postures» éloquentes, l'obscénité à laquelle vise toujours la Comédie, selon Rochemont. Il appartient au moraliste de confondre cette ruse, de ne pas se laisser tromper par l'honnêteté désincarnée que lui présentent les textes.

*****

A partir des considérations précédentes, les ennemis de la Comédie établissent une opposition cruciale entre la réalité du théâtre, dont ils prétendent rendre compte, et les conceptions abstraites et mensongères, qu'ils qualifient de *métaphysiques*. Leur critique s'installe délibérément dans une perspective *morale*; elle en revendique la dénomination, comme un antidote à l'approche illusoire des théoriciens. Si l'on s'en tient en effet à la définition que proposent la *Poétique* d'Aristote et tous les auteurs qui s'inscrivent dans son sillage, la Comédie n'est rien d'autre qu'une forme de narration: «la représentation naïve d'une action, ou pour mieux dire d'un événement, dans sa substance et dans ses circonstances», qui nous fait voir les choses «comme présentes», «d'une manière vive, animée, et pour ainsi dire personnelle». C'est ainsi que Conti commence par résumer la célèbre définition aristotélicienne de la tragédie[19]. Il est

---

[18] B. A. Sr. D. R., *Observations sur une comédie de Molière intitulée* le Festin de Pierre, *in:* Molière, *O. C.* 2, p. 1202.
[19] Conti, *Traité de la Comédie et des spectacles*, pp. 9-10. Aristote définit le poème dramatique comme «une imitation faite par des personnages en action et non par le moyen

clair que, sur de telles bases, le moraliste n'a pas lieu d'intervenir. Mais ce genre d'approche très spéculative ne rend pas compte de la réalité concrète que recouvre le terme de Comédie. Conti se fixe explicitement pour tâche de tenir un autre discours.

> Tant qu'il demeure dans cette indétermination, qui n'a d'être que dans l'esprit des hommes et dans les livres de Poétique, [le poème dramatique] n'est digne ni d'approbation, ni de blâme. Ce n'est pas aussi par cet endroit que je prétends examiner la Comédie: le discours que j'ai entrepris appartient à la morale et non pas à la *métaphysique*: je veux parler de la Comédie comme on la joue, et point du tout comme on ne la joue pas.[20]

La *poétique* se préoccupe de théorie; la *morale* entend considérer le théâtre dans sa pratique, «comme on l[e] joue», c'est-à-dire à travers les rapports concrets que des acteurs en chair et en os nouent avec un public réel.

Dans le vocabulaire spécifique de la querelle, cette perspective concrète se donne comme contraire à la *métaphysique*. Le terme revient invariablement sous la plume des moralistes pour désigner une conception désincarnée et, pour tout dire, aristotélicienne du spectacle théâtral. Comme en témoigne le dictionnaire de Furetière, l'idée de métaphysique évoque spontanément le Stagirite («Aristote a écrit plusieurs livres de *Métaphysique*») et en l'occurrence, la *Poétique*, maître livre au XVIIe siècle pour tous les doctes. Tandis que ceux-ci se répandent en subtilités sur les unités, le respect des règles et autres considérations techniques, les adversaires de la Comédie balaient d'un revers de main toute cette doctrine vaine et encombrante. Il n'est pas à exclure au demeurant qu'à travers le terme de 'métaphysique', la cible ultime — et innommable — des augustiniens soit saint Thomas lui-même et sa conception toute spéculative d'un théâtre *indifférent*. Quand l'auteur de la *Somme*

---

d'une narration» (*Poétique* 1449 b 26). La formulation de Conti n'est pas sans évoquer les termes mêmes employés par Chapelain dans sa fameuse Lettre de 1630: «Je pose donc pour fondement que l'imitation en tous poèmes doit être si parfaite qu'il ne paraisse aucune différence entre la chose imitée et celle qui imite, car le principal effet de celle-ci consiste à proposer à l'esprit, pour le purger de ses passions déréglées, les objets comme vrais et *comme présents*.» (*Lettre à Antoine Godeau sur la règle des vingt-quatre heures*, éd. Hunter p. 125 — je souligne).

[20] Conti, *op. cit.*, pp. 10-11 (je souligne).

théologique envisage l'office des comédiens dans l'absolu comme un métier quelconque, nécessaire au déroulement d'une innocente distraction, ne se laisse-t-il pas abuser par son désir de traiter la question en soi?

> Le métier de comédien, qui est destiné à apporter un délassement aux hommes, n'est pas *de soi* illicite.[21]

Pour les ennemis de la Comédie, toute définition abstraite du spectacle théâtral, qu'elle se place sur un plan technique ou moral, caractérise une illusion *métaphysique*[22].

Après qu'une bonne moitié du siècle s'est passionnée pour des questions de poétique, l'offensive morale des années 1660 correspond à une réaction pragmatique et anti-spéculative. On observera que là encore, et de façon tout à fait paradoxale, les nécessités de la polémique mettent les moralistes hostiles sur la voie d'une perception plus authentique du fait théâtral. En discréditant, comme ils le font, une approche trop théorique et abstraite; en privilégiant le moment de la représentation, ils situent le débat dans ce qui constitue pour Henri Gouhier l'essence même du théâtre.

> Représenter, c'est rendre présent par des présences. Le «fait dramatique», c'est donc l'acteur [...] La représentation n'est pas une sorte d'épisode qui s'ajoute à l'œuvre; la représentation tient à l'essence même du théâtre.[23]

L'accusation que véhicule implicitement le terme de 'métaphysique' n'est pas seulement celle de vanité. Sous ces abstractions détachées de la réalité, Nicole dénonce une stratégie délibérée, une subtilité des gens de théâtre pour dissimuler les aspects les plus dommageables à leur cause.

---

[21] «*Et ideo etiam officium histrionum, quod ordinatur ad solatium hominibus exhibendum, non est* secundum se *illicitum.*» (*Summa Theologiae*, IIa-IIae, q.168, art.3, *ad tertium*).

[22] Cette implication anti-thomiste du terme de 'métaphysique' — que nous suggère G. Forestier — est parfaitement compatible avec le rejet premier d'Aristote: le philosophe grec et le docteur de l'Eglise, sur la question du spectacle comme sur bien d'autres points, apparaissent au XVIIe siècle comme faisant cause commune.

[23] Henri Gouhier, *L'Essence du théâtre*, pp. 18 et 27.

> Le moyen qu'emploient [pour justifier la Comédie] ceux qui sont les plus subtils est de se former une certaine *idée métaphysique* de Comédie, et de purger cette idée de toute sorte de péché.[24]

En 1675, Nicole remplace le verbe 'purger', à la consonance aristotélicienne, par celui de 'purifier', plus habituel dans la querelle. Le théâtre dit «purifié», dans lequel d'Aubignac et les défenseurs de la Comédie veulent voir un accomplissement récent, la marque d'une transformation décisive depuis l'époque des Pères de l'Eglise, n'est qu'une vue de l'esprit, selon Nicole. Ce n'est que dans les traités de poétique qu'on rencontre d'honnêtes divertissements, goûtés par un public détaché et serein.

> Ceux qui justifient la Comédie en séparent toujours ces sortes de désordres par l'imagination, quoiqu'on ne les en sépare jamais effectivement.[25]

Les désordres accompagnent de fait tous les spectacles. Il est à noter que Bossuet, dans ses *Maximes et réflexions sur la Comédie*, reprend la même ligne d'argumentation, et jusqu'au terme obligé de 'métaphysique', pour disqualifier les nouvelles protestations vertueuses du théâtre[26].

Mais Nicole, on l'a vu, n'entend pas maintenir la polémique sur ce point, parce qu'il se fait fort de fonder sa condamnation sur des caractères plus essentiels. L'hypothétique moralisation de la Comédie est d'ailleurs réinterprétable dans un sens critique: comme le suggère l'omniprésent paradoxe de Senault, les spectacles théâtraux sont encore plus redoutables s'ils se plient en apparence à l'honnêteté. Le *Traité de la Comédie* tient cependant à manifester son caractère d'œuvre morale et non «métaphysique», qui rejette toute spéculation chimérique.

---

[24] Nicole, *Traité de la Comédie* (1667) préface (je souligne).

[25] Nicole, *Traité de la Comédie* (1667) §1.

[26] Bossuet évoque les espoirs récents de purifier la Comédie et conclut à l'échec de ces tentatives: «On connut bientôt que le plaisant et le facétieux touche de trop près au licencieux, pour en être entièrement séparé. Ce n'est pas qu'en *métaphysique*, cette séparation soit absolument impossible, ou, comme parle l'Ecole, qu'elle implique contradiction.» (*Maximes et réflexions sur la Comédie*, p. 266, je souligne).

> Le moyen de se défendre de cette illusion est de considérer au contraire la Comédie, non dans une spéculation chimérique, mais dans la pratique commune et ordinaire dont nous sommes témoins.[27]

On ne s'étonnera pas de trouver chez Molière la position exactement inverse: il faut, selon l'auteur de *Tartuffe*, juger la Comédie dans l'abstrait, et non pas sur des réalisations contestables et accidentelles. L'écrivain se plaint que ses ennemis imputent à la Comédie des tares qui ne lui sont point inhérentes et se fondent sur quelques excès inévitables pour jeter le discrédit sur un genre innocent. Telle serait l'origine de la sévérité de certains Pères de l'Eglise pour ce qu'ils ont nommé, avec raison, des spectacles de turpitude; telle est la cause du nouveau déchaînement contre le théâtre. Toute la querelle tient en fait à une confusion de l'essence et de l'accident.

> Puisqu'on doit discourir des choses et non pas des mots et que la plupart des contrariétés viennent de ne se pas entendre et d'envelopper dans un même mot des choses opposées, il ne faut qu'ôter le voile de l'équivoque et *regarder ce qu'est la Comédie en soi*, pour voir si elle est condamnable.[28]

Les principes semblent bien ceux des moralistes («discourir des choses et non pas des mots»), mais la conclusion est contraire: «regarder ce qu'est la Comédie en soi» est précisément ce que se refusent à faire les adversaires de Molière, considérant qu'il n'y a pas de Comédie en soi, indépendamment de tous les débordements auxquels cet art donne lieu.

Ancien amateur de théâtre, et connaisseur du répertoire, Conti s'adresse à des familiers du théâtre: le public pour lequel il compose son traité est celui des chrétiens qui fréquentent la Comédie. Il peut ainsi considérer comme acquises les valeurs essentielles de la religion

---

[27] Nicole, *Traité de la Comédie* (1667) préface. Louis Marin commente: «La représentation révèle autre chose que le déploiement théorique d'une structure entre l'idée et la chose, autre chose qui est une force. Mais comment une représentation peut-elle être une force? Le point de départ de l'analyse critique de Nicole est ce soupçon que la théorie est une illusion destinée à masquer un jeu de forces. Autrement dit la sémiologie du théâtre [...] doit se convertir en une *symptomologie* et une *généalogie des forces*, ce que Nicole appelle: la pratique du théâtre.» («La critique de la représentation théâtrale classique à Port-Royal: commentaires sur le *Traité de la Comédie* de Nicole», p. 84).

[28] Molière, Préface de *Tartuffe*, *O. C.* 1, p. 886 (je souligne).

catholique et les références dramatiques. On est frappé, dans le *Traité de la Comédie et des Spectacles*, par l'appel systématique à l'expérience individuelle:

> Y a-t-il personne qui ne soit mille fois plus touché de l'affliction de Sévère lorsqu'il trouve Pauline mariée, que du martyre de Polyeucte? Il ne faut qu'un peu de bonne foi pour tomber d'accord de ce que je dis.[29]

C'est-à-dire: il ne faut qu'accepter de reconnaître honnêtement ce que l'on ressent devant une pièce donnée. Conti incite son lecteur à l'introspection; il lui demande de réfléchir à partir de ses propres réactions de spectateur. La réflexion de Nicole ne revêt jamais un caractère aussi appliqué. Conti finalement, qui a du théâtre une notion bien plus normale et n'investit pas le genre d'une gravité métaphysique, a tendance à installer sa critique sur un plan plus strictement moral que Nicole.

Il reste qu'en dépit de leurs principes, la plupart des adversaires de la Comédie ont une connaissance très sommaire du divertissement qu'ils condamnent. Ch. Mazouer voit dans ce décalage permanent entre le discours et l'expérience une des raisons essentielles pour lesquelles les efforts des moralistes n'ont que fort peu entravé l'essor du genre dramatique:

> Au demeurant, à lire les adversaires du théâtre, on s'interroge sur leur connaissance du théâtre vivant de leur temps. Si leur influence réelle fut faible, c'est aussi parce que ressasser les mêmes arguments anciens contre le théâtre et le rire ne suffisait pas et les mettait en porte à faux par rapport à la réalité comique sur laquelle ils n'avaient pas vraiment prise.[30]

A l'exception notable de Conti, et malgré toutes leurs déclarations d'intention, les moralistes de la décennie 1660-1670 n'ont pas une approche moins métaphysique que celle des doctes aristotéliciens. La réalité dont ils se réclament doit plus à la fréquentation de Tertullien et de saint Augustin, qu'à celle des salles de spectacle.

---

[29] Conti, *op. cit.*, pp. 36-37.

[30] Charles Mazouer, «L'Eglise, le théâtre et le rire au XVIIe siècle», p. 351.

2 — *Le théâtre et l'amour*

La critique de la Comédie, chez les moralistes augustiniens, est très dépendante d'une critique de l'amour. C'est là un des points les plus visibles, quasi envahissants, de la querelle. La Comédie est dénoncée comme un lieu où s'exprime de façon naturelle et privilégiée ce sentiment suspect qu'est l'amour. L'autorité de saint Augustin ne peut cependant être invoquée en l'occurrence qu'au prix d'un déplacement de perspective, proche parfois du contresens. L'auteur des Confessions, au début du livre III, stigmatise certes la passion amoureuse et son image théâtrale; mais le raisonnement est plus subtil qu'il n'apparaît chez ses disciples du XVIIᵉ siècle. La pitié (*misericordia*) est retenue par Aristote comme une des deux passions spécifiques, de l'excitation desquelles dépend le plaisir tragique. Saint Augustin donne tout son poids à cette exigence, dont le bien fondé lui est confirmé par l'expérience et par l'observation.

> Lorsque ces amants étaient contraints de se séparer, je m'affligeais avec eux comme si j'eusse été touché de compassion; et toutefois je ne trouvais pas moins de plaisir.[31]

Mais sur un plan moral, et non plus esthétique, ces principes de poétique n'échappent pas à la réprobation. Saint Augustin accuse le théâtre de détourner vers des fictions, et de stériliser, un sentiment louable et naturel. D'autant plus satisfaisant qu'il a su exciter des mouvements de pitié, le spectacle tragique est fondé sur l'amour de la douleur d'autrui. Il transforme la compassion en objet de jouissance.

Que la pitié soit un sentiment agréable, saint Augustin n'en disconvient pas; il ne trouve rien là non plus que de très normal: la pitié participe de cet amour pour le prochain auquel nous sommes appelés, et qui seul peut nous satisfaire. Ce n'est qu'accessoirement qu'elle est douloureuse, et l'affliction, qui en est une composante nécessaire, ne doit pas masquer le contentement — légitime — qu'on en retire. Les larmes que verse le spectateur d'une tragédie, devant les malheurs des personnages

---

[31] «*Cum autem sese amittebant, quasi misericors contristabar*», Saint Augustin, *Confessions*, livre III, ch. 2, p. 90.

procèdent de la source de l'amour naturel que nous nous portons les uns aux autres.[32]

En excitant artificiellement la pitié pour complaire à son public, la tragédie s'emploie ainsi à gauchir et à galvauder un sentiment noble. La *misericordia* chère à Aristote est la contrefaçon d'une vertu chrétienne. Comme la passion amoureuse, dont il est question au chapitre précédent des *Confessions*, le goût pour la tragédie se caractérise par le détournement, à des fins de jouissance égoïste, d'une pulsion profonde de l'homme — pulsion particulièrement admirable, que saint Augustin désigne sous le nom d'*amicitia*. La passion charnelle pour une femme est condamnée parce qu'elle souille, en le caricaturant, l'amour généreux qui nous unit à notre semblable[33]. Le théâtre agit de la même manière, en faisant ressentir une illusion de pitié, pour des êtres à qui l'on ne voudrait pas venir en aide et dont au contraire on souhaite le malheur, puisqu'il est la condition de notre plaisir. Ce sont des êtres de fiction, certes, mais le sentiment de pitié dont on tire plaisir est réel, et sa perversion condamnable.

Le lien entre l'amour passion et le spectacle tragique est très étroit pour saint Augustin. L'un et l'autre consistent en la recherche volontaire d'un trouble; l'un et l'autre sont le détournement de la *vena amicitiae*. Cette cohérence assez subtile de la double condamnation augustinienne échappera presque entièrement aux moralistes du XVIIᵉ siècle. Ne percevant pas le rapport d'analogie entre les deux passions (passion pour une femme, passion pour le théâtre), ils ont tendance à le convertir en un rapport simpliste de causalité: à condamner la tragédie parce qu'elle met en scène la passion amoureuse, qu'elle représente des comportements immoraux. Si saint Augustin déplore les «impudiques désirs» des amants de théâtre, ce n'est pas là le cœur de sa condamnation de la tragédie: il sait qu'une tragédie n'implique pas nécessairement une intrigue amoureuse, alors qu'elle repose fondamentalement sur l'excitation fallacieuse de la pitié.

On peut s'étonner qu'une mise en cause de la tragédie aussi précise et adaptée au débat moral, n'ait pas rencontré plus d'échos. Sans doute

---

[32] «*Hoc de illa vena amicitiae est.*» (*ibid.*)

[33] *Confessions*, III, 1: «C'était ainsi que je corrompais la source de l'amitié par les ordures et les impuretés de mes débauches» (*Venam igitur amicitiae coinquinabam sordibus concupiscentiae*).

l'hostilité des moralistes à la référence aristotélicienne, leur refus de poser le problème moral à travers la notion controversée de *catharsis*, ne les prédisposaient-ils pas à attacher à la vertu de pitié toute l'attention souhaitable. Ils n'ont pas décelé tout ce que le célèbre chapitre des *Confessions* devait à l'élaboration de la *Poétique*. Pour retrouver des traces consistantes de la réflexion de saint Augustin sur la pitié, ce n'est ni vers Nicole, ni vers Conti, pas même Bossuet, qu'on dirigera son regard; il faut franchir le tournant du siècle[34]. Ainsi, l'avocat Monchesnay, dans la lettre qu'il adresse à Boileau en 1707, souligne la stérilité de la compassion qu'on éprouve à la Comédie.

> C'est précisément sa douleur [du spectateur] qui fait sa joie dans ces spectacles d'attendrissement; mais comme la compassion qu'inspire la tragédie est proprement une compassion stérile, qui ne tend pas à secourir les affligés, mais seulement à s'unir de cœur à leur affliction, il s'ensuit qu'on prend tout le mauvais de la tragédie, et que le bon échappe faute d'objet sur qui l'appliquer.[35]

La première formule est une traduction exacte des *Confessions* («*dolor ipse est voluptas ejus*»[36]), l'ensemble de l'argumentation se réclamant explicitement de l'évêque d'Hippone. Mais c'est Rousseau qui, au nom de valeurs légèrement différentes, donne aux objections de saint Augustin la formulation la plus vigoureuse.

> En donnant des pleurs à ces fictions, nous avons satisfait à tous les droits de l'humanité, sans avoir plus rien à mettre du nôtre; au lieu que les infortunés en personne exigeraient de nous des soins, des soulagements, des consolations, des travaux qui pourraient nous associer à

---

[34] Mentionnons cependant le *Sermon sur les spectacles*, prêché devant la cour à Versailles par Jean Soanen (prêtre de l'Oratoire), pour le premier dimanche du carême 1688: ce sermon, violent et provocateur, comporte un passage sur la fausse compassion dans la tragédie.

[35] Lettre de Monchesnay à Boileau (2 oct. 1707), *in*: Desmolets, *Continuation des Mémoires de Littérature et d'Histoire*, 1749, t. VII, partie seconde, pp. 277-278. Jacques Losme de Monchesnay (1666-1740), auteur de quelques pièces (*Le Phénix, ou la femme fidèle*, 1691), puis grand ennemi de la Comédie, se montra un critique acerbe de Molière, «un des plus dangereux ennemis que le démon ait suscité aux bonnes mœurs».

[36] Saint Augustin, *Confessions*, livre III, ch. 2.

leurs peines, qui coûteraient du moins à notre indolence, et dont nous sommes bien aises d'être exemptés.[37]

Si «les droits de l'humanité» ont remplacé ici comme référence les commandements de l'Evangile, la logique de la condamnation est très proche de celle des *Confessions*. Contrefaçon d'une vertu chrétienne, pour saint Augustin, la pitié de théâtre est attaquée par Rousseau comme le substitut d'une vertu humaine. Dans les deux cas, le sentiment artificiel éprouvé par le spectateur le dégage de son devoir de solidarité: par un accomplissement symbolique, la *mimèsis* théâtrale satisfait une obligation morale essentielle, dont elle assure ainsi la disparition.

C'est d'une autre manière que les moralistes jansénisants se mettent sous le patronage de saint Augustin. Ils dénoncent le traitement de l'amour au théâtre, comme une confusion impie entre les affections licites et les attachements blâmables. A la source de cette accusation se trouve la distinction essentielle, qui traverse toute la pensée augustinienne, entre l'usage et la jouissance, *uti* et *frui*: l'homme est fondé à user (*uti*) de tout ce qui favorise son dessein ultime, étant bien entendu qu'en celui-ci seul consiste la jouissance. L'objet d'usage est un objet transitoire, désiré en vue d'un autre, tandis que l'objet de jouissance définit la réalité ultime, celle qui en soi comble tout le désir. En de tels termes, Dieu seul est digne de jouissance, toute autre convoitise n'étant justifiable que dans la mesure où elle rapproche de Lui. Cette présentation qui, sous la plume de saint Augustin, traduit une insatisfaction sublime devant tout le relatif, prend facilement la forme, au XVIIe siècle, d'une suspicion pointilleuse et dure à l'égard des attachements humains. Si l'on a en mémoire les scrupules de Pascal, et ses résistances devant les marques de tendresse de sa famille[38], on imagine facilement quelle indignation pouvaient susciter les Comédies, chez des personnes partageant les mêmes principes.

L'amour sur lequel se fondent la plupart des intrigues théâtrales, la passion effrénée qui pousse les personnages les uns vers les autres, est indiscutablement un amour de jouissance, et non pas un amour rapporté à Dieu. Quand bien même cette passion s'exprimerait avec toute la

---

[37] Rousseau, *Lettre à d'Alembert*, p. 79.

[38] «Il est injuste qu'on s'attache à moi, quoiqu'on le fasse avec plaisir et volontairement. Je tromperais ceux à qui j'en ferais naître le désir, car je ne suis la fin de personne et n'ai pas de quoi les satisfaire. Ne suis-je pas prêt à mourir? et ainsi l'objet de leur attachement mourra...» (fr. 15).

décence, avec le respect de l'autre, avec la générosité qui caractérisent des sentiments élevés, le scandale originel subsiste aux yeux de Nicole.

> Quelque honnêteté qu'on se puisse imaginer dans l'amour d'une créature mortelle, cet amour est toujours vicieux et illégitime, lorsqu'il ne naît pas de l'amour de Dieu; et il n'en peut naître lorsque c'est un amour de passion et d'attache, qui nous fait trouver notre joie et notre plaisir dans cette créature. [...] C'est pourquoi, quelque soin que l'on prenne de séparer de la Comédie et des Romans ces images de dérèglements honteux, l'on n'en ôtera jamais le danger, puisque l'on y voit toujours une vive représentation de cette attache passionnée des hommes envers les femmes, qui ne peut être innocente.[39]

Faire d'un homme ou d'une femme, c'est-à-dire d'une créature, l'objet exclusif et obsessionnel de son attente, c'est lui donner un rôle qui ne revient légitimement qu'au Créateur, c'est faire acte d'idolâtrie. Conti ne recule devant aucun terme pour qualifier ce comportement, dans la vie réelle comme sur une scène.

> N'est-ce pas un terrible mal que cette idolâtrie que commet le cœur humain dans une violente passion, n'est-ce pas en quelque sens le plus grand péché qu'on puisse commettre? La créature y chasse Dieu du cœur de l'homme, pour y dominer à sa place, y recevoir des sacrifices et des adorations, y régler ses mouvements, ses conduites et ses intérêts. [...] Ne voyez-vous pas l'amour traité de cette manière si impie dans les plus belles tragédies et tragi-comédies de notre temps?[40]

A l'appui de sa vertueuse indignation, l'auteur du *Traité de la Comédie et des Spectacles* propose deux longues citations théâtrales, illustrant la confusion idolâtre à laquelle conduit la passion amoureuse. Le général Alcionée, dans la pièce de Du Ryer, offre sa vie à la princesse Lydie, avec l'exaltation farouche d'un martyr («Heureux [...] d'avoir jusqu'au tombeau suivi vos volontés»); Rodrigue, avec des accents comparables, accueille la mort dans une religieuse soumission, si Chimène en est responsable («Je vais lui présenter mon estomac ouvert, / Adorant en sa main la vôtre qui me perd»). L'hyperbolique adoration de l'amant

---

[39] Nicole, *Traité de la Comédie* (1667) §10.
[40] Conti, *op. cit.*, pp. 27-28.

couronne la démonstration. Et Conti de conclure triomphalement: «En vérité, peut-on pousser la profanation plus avant?»[41]

Molière qui, dans la préface de *Tartuffe*, semble avoir eu à cœur de répondre, terme à terme, à tous les arguments de son ancien protecteur, fait entendre sur ce sujet les accents de la modération:

> Je ne vois pas quel grand crime c'est que de s'attendrir à la vue d'une passion honnête; et c'est un haut étage de vertu que cette pleine insensibilité où ils veulent faire monter notre âme.[42]

Mais pour Nicole ou Conti, aucun amour humain n'est admissible, dès lors qu'il prend les formes de la passion. La formule de «passion honnête» qu'utilise l'auteur de *Tartuffe* est une révoltante incongruité: la complaisance d'un public à de tels sentiments ne saurait être que criminelle. Les uns n'ont à la bouche que les mots d'idolâtrie, impiété, profanation; celui-là feint ironiquement de confondre leur aspiration avec l'idéal stoïcien qu'ils abominent[43]. La discussion n'est guère possible. Il est clair en tout cas que la querelle, ici, a quitté le terrain proprement théâtral.

*****

En 1666-1667, la passion amoureuse n'a pas acquis, comme sentiment tragique, la dignité que lui conféreront les chefs-d'œuvre de Racine. Corneille résiste à ce qui est visiblement une attente du public et réaffirme, par ses pièces comme par ses écrits théoriques, la spécificité de la tragédie.

> Sa dignité demande quelque grand intérêt d'Etat, ou quelque passion plus noble et plus mâle que l'amour, telles que sont l'ambition et la

---

[41] *Ibid.*, p. 30.

[42] Molière, Préface de *Tartuffe*, *O. C.* 1, p. 888.

[43] Cette «pleine insensibilité», qui n'est à aucun égard un idéal chrétien, donnera à La Fontaine le sujet d'une fable critique contre les «indiscret[s] stoïcien[s]»: «Ils ôtent à nos cœurs le principal ressort / Ils font cesser de vivre avant que l'on soit mort» (*Le Philosophe scythe*, XII-20, 1ère édition: 1685).

vengeance; et veut donner à craindre des malheurs plus grands, que la
perte d'une maîtresse.[44]

Certes, le théâtre n'a pas attendu Racine pour s'ouvrir aux tourments de
l'amour. Mais le souci était largement partagé de ne pas faire «une ruelle
de la scène tragique», pour reprendre la formule de l'abbé Dubos[45]. Les
préoccupations sentimentales et les émois amoureux, que les moralistes
jugent si pernicieux sur une scène, sont regardés avec suspicion par la
plupart des doctes. Plus adaptés à l'univers comique, ils apparaissent dans
la tragédie comme une concession, une matière accessoire; au «second
rang», dit Corneille[46]. Il était donc essentiel que des penseurs comme
Nicole, qui ont fait de Corneille la cible exemplaire d'un combat contre
le théâtre, étendent leur réprobation aux sentiments les plus conformes au
génie de la tragédie.

Ces sentiments, au demeurant, ne sont pas moins répréhensibles à
leurs yeux. Si l'amour conserve indéniablement le caractère de risque
majeur — ne serait-ce que par le volume que sa condamnation occupe
dans les traités —, tous les moralistes s'entendent à dénoncer d'autres
passions théâtrales. Conti en retient deux.

L'amour n'est pas le seul défaut de la Comédie, la vengeance et
l'ambition n'y sont pas traitées d'une manière moins dangereuse.[47]

Ce sont très exactement les deux passions que suggère Corneille, dans son
«Discours sur le poème dramatique», comme nobles et mâles, et adaptées
à ce titre à la dignité de la tragédie. Le grand aristocrate converti qu'est
le Prince de Conti renie ainsi des valeurs prééminentes de son milieu. A
travers deux pièces de Corneille, *Le Cid* et *La Mort de Pompée*, le
moraliste fustige un sens maladif de l'honneur qui conduit à l'obsession
de la vengeance. Il s'irrite de voir le duel reçu au théâtre comme une des
marques éclatantes de l'héroïsme.

---

[44] Corneille, Premier discours, «De l'utilité et des parties du poème dramatique», *O.C.* 3,
p. 124.
[45] J.-B. Dubos, *Réflexions critiques sur la poésie et sur la peinture*; cité par J. Truchet, *La
Tragédie classique en France*, p. 76. Sur la place de l'amour dans la tragédie classique, on
se reportera avec profit à la présentation synthétique de J. Truchet, pp. 75-89.
[46] *Ibid.*
[47] Conti, *op. cit.*, p. 37.

> Rodrigue n'obtiendrait pas le rang qu'il a dans la Comédie s'il ne l'eût
> mérité par deux duels, en tuant le Comte et en désarmant Dom
> Sanche.[48]

Rappelons que la Compagnie du Saint-Sacrement, à laquelle appartint
Conti dans les derniers temps, avait fait de la lutte effective contre le duel
une de ses priorités[49]. Quant à l'ambition, son rôle dans la tragédie
semble si important et les exemples de pièces si nombreux, que la *Traité
de la Comédie et des Spectacles* renonce à développer ce point.

Nicole enrichit encore le réquisitoire, et découvre dans le théâtre de
Corneille de nouveaux sujets d'alarme.

> Toutes les pièces de M. de Corneille, qui est sans doute le plus
> honnête de tous les Poètes de théâtre, ne sont que de vives représenta-
> tions de passions d'orgueil, d'ambition, de jalousie, de vengeance, et
> principalement de cette vertu Romaine, qui n'est autre chose qu'un
> furieux amour de soi-même.[50]

Sous l'appellation générique de «vertu romaine», Nicole ajoute à
l'honneur (et à ses conséquences ordinaires: la susceptibilité, la vengeance) les principales qualités qui, dans le théâtre de Corneille, et dans ses
pièces romaines notamment, sont offertes à l'admiration des spectateurs:
l'oubli de son propre intérêt au nom de la patrie, la grandeur d'âme, la
fermeté devant la mort, la maîtrise de soi. En réduisant tous ces nobles
sentiments à l'amour-propre («un furieux amour de soi-même»), Nicole
ne fait que participer au grand mouvement moral de démystification des
vertus héroïques, propre à la deuxième moitié du XVIIe siècle; à ce qu'il
est convenu d'appeler, depuis Paul Bénichou, la *démolition du héros*.
Même si la critique a fait de cette notion un usage un peu généreux, sa
pertinence est indéniable pour le *Traité de la Comédie*, œuvre strictement
contemporaine des *Maximes* de La Rochefoucauld, et conçue dans le
même milieu. Le Sénèque que démasque un petit angelot — l'amour de
la vérité — dans la gravure qui sert de frontispice à la première édition

---

[48] *Ibid.*, p. 38.

[49] Les Confréries de la Passion avaient été créées en 1649 dans cette intention précise. Voir:
Alain Tallon, *La Compagnie du Saint-Sacrement*, Paris: Cerf, 1990.

[50] Nicole, *Traité de la Comédie* (1667) §13. Les éditions ultérieures supprimeront la mise
en cause particulière et explicite de Corneille, qui s'accompagne au demeurant d'un éloge
non négligeable du poète.

des *Maximes*, est d'ailleurs un auteur dramatique, en même temps qu'un moraliste. Le porte-parole symbolique de l'idéal stoïcien, dans tout ce que sa prétention a d'illusoire, mérite donc à un double titre la réprobation de Nicole. Si les vertus qu'il enseigne, comme le soupçonnent les moralistes classiques, ne sont que l'expression déguisée d'un amour-propre souverain, quelle valeur morale accordera-t-on à un théâtre qui inspire les mêmes vertus? Quand bien même ils seraient contagieux, les mouvements d'abnégation qui s'aperçoivent dans les pièces de Corneille ne sauraient modifier le verdict d'immoralité porté contre toute Comédie.

3 − L'horreur et l'approbation

Quoi qu'on pense de la vengeance, de quelque prix qu'on estime l'honneur, le spectateur peut refuser d'entrer dans ce genre de débat. Le théâtre n'a pas besoin, pour se défendre, de prendre la défense des passions qu'il représente. Il lui suffit de rappeler que sa rationalité est esthétique et non pas morale, que l'on peut donc entendre avec plaisir les farouches accents de Cornélie dans *La Mort de Pompée*, dont Conti s'offusquait, tout en ayant pour ces principes la plus franche aversion. La chose est certes concevable. Mais s'il s'agit de propos ou de scènes dont l'immoralité est bien plus grossière, y aura-t-il des limites à notre complaisance? La logique de ce raisonnement butte fatalement sur des cas extrêmes, ceux-là mêmes où Nicole nous attend, pour ébranler tout le système.

L'horreur peut-elle être agréable? Les considérations aristotéliciennes sur la *catharsis* et l'expérience ordinaire des spectateurs de tragédie semblent bien autoriser une réponse affirmative à cette question brutale. Il y aurait là l'expression, un peu déconcertante, d'une loi esthétique fondamentale, que la *Poétique* énonce en ces termes:

> Nous prenons plaisir à contempler les images les plus exactes de choses dont la vue nous est pénible dans la réalité, comme les formes d'animaux les plus méprisés et des cadavres.[51]

---

[51] Aristote, *Poétique* 1448 b 10. C'est ce même paradoxe esthétique qu'évoque Pascal, dans une pensée − souvent mal comprise − de la liasse «Vanité», quand il observe que «la peinture attire l'admiration par la ressemblance des choses dont on n'admire pas les originaux» (fr. 74). Boileau reprend le thème, au début du chant III de l'*Art poétique*, en réduisant le paradoxe à un accomplissement artistique («D'un pinceau délicat l'artifice agréable...»).

Ainsi s'explique que les haines, les violences, les meurtres qui font la matière d'une tragédie, suscitent la satisfaction et le plaisir d'un public, que de tels spectacles emplirait de dégoût ou de répulsion dans la réalité. Le rapport que l'on entretient avec des fictions «horribles» ne relève donc pas d'une logique morale, mais esthétique. Seule une confusion naïve des plans pourrait amener à reprocher à un spectateur le plaisir qu'il éprouve devant la représentation d'actes immoraux; à le juger symboliquement complice.

Nicole ne se satisfait pas d'une présentation aussi commode. L'exemple de *Théodore* vient encore à propos, pour ébranler les tranquilles certitudes des théoriciens. La pièce de Corneille voit ainsi, bien malgré elle, se confirmer son statut emblématique dans la querelle de la décennie 1660-1670. Elle fournit à Nicole un moyen subtil de restaurer des principes délibérément sommaires.

C'est à nouveau l'échec de cette tragédie chrétienne qui nourrit la réflexion du moraliste. Outre la mystérieuse cabale, sur laquelle nous ne savons rien, et l'inadaptation d'une vierge et martyre aux nécessités techniques d'une tragédie[52], Corneille juge que l'explication la plus convaincante de son «mauvais succès» tient au sujet même de l'œuvre, à la prostitution: l'idée d'une pure jeune fille livrée aux appétits de la soldatesque, aurait semblé insupportable au public délicat de la tragédie. Le poète trouve de la sorte quelques motifs de contentement dans cette déconvenue professionnelle.

> Ce n'est pas toutefois sans quelque sorte de satisfaction que je vois que la meilleure partie de mes juges impute ce mauvais succès à l'idée de la prostitution que l'on n'a pu souffrir, quoiqu'on sût bien qu'elle n'aurait pas d'effet, et que pour en exténuer l'horreur j'ai employé tout ce que l'art et l'expérience m'ont pu fournir de lumières. Et certes il y a de quoi congratuler à la pureté de notre théâtre, de voir qu'une histoire qui fait le plus bel ornement du second livre des *Vierges* de saint Ambroise, se trouve trop licencieuse pour y être supportée.[53]

Corneille peut être déçu que ses précautions et son savoir faire n'aient pas suffi à donner de l'attrait à une situation indiscutablement scabreuse. Mais

---

[52] Sur ces points, voir *supra*, chap. 3, pp. 88 sq.

[53] Corneille, lettre préface de *Théodore*, *O. C.* 2, p. 269. Le même raisonnement est repris, à peu près dans les mêmes termes, dans l'examen de la pièce en 1660.

au moins la preuve est ainsi administrée, contre toutes les résistances des moralistes, que la Comédie s'est purifiée. L'échec de *Théodore* aura eu cet heureux effet, qu'on ne peut plus porter contre le théâtre les habituelles accusations d'immoralité. Au demeurant, l'ironie est savoureuse, qui voit le public du XVIIe siècle rejeter comme licencieuse une histoire que saint Ambroise n'avait pas hésité à traiter en détail: saint Ambroise n'est-il pas le maître de saint Augustin, dont les ennemis du théâtre invoquent sans cesse l'autorité?

Mais Nicole ne croit pas que cet épisode autorise les conclusions suggérées par l'auteur de la pièce. Bien au contraire.

> Ce qu'il tire de là pour justifier la Comédie, qui est que le théâtre est maintenant si chaste que l'on n'y saurait souffrir les objets déshonnêtes, est ce qui la condamne manifestement.[54]

Comment la défense se transforme-t-elle en condamnation? Le paradoxe mérite quelques développements[55].

Les spectateurs de *Théodore* ont ressenti pour l'intrigue de la pièce une instinctive aversion, et cette réaction leur a ôté tout désir d'assister à la représentation[56]. Que doit-on en conclure, selon Nicole? Cela atteste, d'une certaine manière, leurs scrupules moraux et leur exigence. Mais en même temps, un éclairage bien plus inquiétant est jeté sur tous les spectacles qui ne subissent pas le même rejet. Au lieu de nous rassurer sur l'affinement du public, l'échec de *Théodore* révèle indirectement la vraie nature de ses sentiments dans tous les autres cas — les plus habituels — , quand ne s'exprime pas une semblable délicatesse.

---

[54] Nicole, *Traité de la Comédie* (1667) §12.

[55] H. Phillips ne perçoit pas la logique et l'enjeu théorique de toute l'argumentation, quand il croit que le moraliste s'indigne de la tolérance du public: «*Nicole [...] argues that the very fact that* Theodore *can be performed at all shows to what extent audiences will accept horrible events on the stage*» (H. Phillips, *op. cit.*, p. 242). Le raisonnement est plus subtil et détourné.

[56] La pièce aurait reçu un accueil moins défavorable en province: si elle n'a point été rétablie à Paris depuis sa disgrâce, les troupes de province l'y ont fait, selon Corneille, «assez passablement réussir» (Examen de *La Suite du Menteur*, *O.C.* 2, p. 100). Mais ce point n'est sans doute pas connu de Nicole, qui se contente de l'échec parisien et de l'aveu du poète dans la préface et dans l'examen de 1660. Pour Nicole, *Théodore* n'a pas pu être jouée.

> Lorsque nous avons une extrême horreur pour une action, on ne prend
> point de plaisir à la voir représenter: et c'est ce qui oblige les Poètes
> de dérober à la vue des spectateurs tout ce qui leur peut causer cette
> *horreur désagréable.* Quand on ne sent donc pas la même aversion
> pour les folles amours et les autres dérèglements que l'on représente
> dans les Comédies, et qu'on prend plaisir à les envisager, c'est une
> marque qu'on ne les hait pas, et qu'*il s'excite en nous je ne sais quelle
> inclination* pour ces vices, qui naît de la corruption de notre cœur. Si
> nous avions l'idée du vice selon sa naturelle difformité, nous ne
> pourrions pas en souffrir l'image.[57]

Dès qu'il existe une censure (instinctive ou imposée), aussi réduite et
limitée soit-elle, il existe symétriquement une forme d'acceptation. Une
société qui ne censurerait absolument aucune image pourrait à la rigueur
soutenir qu'elle désapprouve des images qu'elle tolère. Mais dès qu'elle
en exclut une seule, elle confère aux autres un certain consentement. A un
niveau profond, tout spectacle dont on tolère la représentation, même si
c'est avec réprobation, manifeste ainsi une sorte d'approbation première.

Le spectateur ne saurait donc se prévaloir, comme il le fait volontiers,
d'une distance critique et esthétique à l'égard du spectacle auquel il
accepte d'assister. L'argument n'est recevable que si la transmutation
esthétique, évoquée par Aristote, s'accomplit universellement. Si l'horreur
est parfois ressentie comme «désagréable», si certaines représentations
suscitent le rejet, c'est preuve que le jugement moral ne cesse à aucun
moment de s'exercer. Sous l'apparence fallacieuse d'un plaisir irresponsable, le spectateur continue, au plus profond de lui-même, à faire le tri
entre le tolérable et l'intolérable — deux notions qui, de façon symptomatique, expriment d'ailleurs l'insoluble confusion entre l'esthétique et le
moral.

> On peut apprendre de cet exemple que l'on approuve en quelque sorte
> tout ce que l'on souffre et ce que l'on voit avec plaisir sur le théâtre,
> puisque l'on ne peut souffrir ce que l'on a en horreur. Et par consé-
> quent y ayant encore tant de corruptions et de passions vicieuses dans
> les Comédies qui paraissent les plus innocentes, c'est une marque
> qu'on ne hait pas ces dérèglements, puisqu'on prend plaisir à les voir
> représenter.[58]

---

[57] *Ibid.* (je souligne).
[58] *Ibid.*

La tolérance des sociétés est très variable, dans l'espace comme dans le temps; les frontières de l'obscénité sont en perpétuelle évolution. Il ne fait aucun doute que les menaces pesant sur la virginité de Théodore ne détourneraient personne aujourd'hui des salles de spectacle, si on jouait encore la pièce de Corneille. Est-ce à dire que les sociétés les plus permissives, que les esprits les plus fermement hostiles à toute censure, sont prêts à tolérer n'importe quelle représentation? Or, si l'on en tient une seule pour strictement insupportable, c'est fatalement accorder aux autres son consentement («je ne sais quelle inclination»). Vous acceptez d'assister, sur un écran, à des scènes de viol, dira-t-on en appliquant la logique de Nicole: tolérez-vous la bestialité? la torture contre des enfants? la dérision raciste? Si votre dégoût est sélectif et n'épargne pas toutes les représentations, comment expliquerez-vous cette moindre répugnance que suscite peut-être en vous le spectacle du viol?

Sans faire violence au texte de Nicole et lui imposer des applications que le moraliste n'aurait jamais osé imaginer, ces quelques questions anachroniques et désagréables me semblent nécessaires pour faire apparaître toute la portée théorique de la tautologie, insoluble et brutale, formulée par le *Traité de la Comédie*. Les théoriciens érigent entre le monde de la réalité et celui de la fiction une sorte de frontière hermétique: d'un côté règnent les principes moraux; de l'autre s'exerce une rationalité d'un autre ordre, propre au monde mimétique. Nicole rejette ces raffinements. «On approuve en quelque sorte tout ce que l'on souffre», répond-il dans le *Traité de la Comédie*. Il sait bien qu'il ne s'agit pas d'une consciente et pleine approbation. Le spectateur aux prises avec ces injurieux soupçons manifestera hautement sa répugnance pour tous les comportements qu'on l'accuse d'apprécier. Il répétera que son jugement esthétique et son jugement moral sont disjoints en l'occurrence; et il n'y a pas lieu de mettre en cause sa sincérité. Mais l'approbation dont fait état Nicole est plus subtile, plus impalpable: sentiment indéfinissable, approbation «en quelque sorte», dont le sujet ne prend jamais la mesure. Elle se révèle de façon indirecte, quand on la confronte à la franche et nette réprobation. Les formes de complicité — et donc de culpabilité — sont aussi nombreuses et subtiles que les manières imperceptibles d'adhérer à un spectacle.

4 — Les vices et les vertus

Sur un plan moral, la Comédie est finalement accusée pour la confusion qu'elle introduit entre vices et vertus. Tenue pour des raisons poétiques et anthropologiques de mettre en scène les premiers, elle s'ingénie, pour plaire au public, à dissimuler leur vraie nature. Nicole interprète comme une forme de mauvaise conscience et, somme toute, de lâcheté la résistance de la Comédie à assumer son immoralité. Les comportements que stigmatise le moraliste l'indignent moins que les faux-fuyants dont on se sert pour les innocenter. Un théâtre qui se dresserait ouvertement contre les vertus chrétiennes afficherait au moins sa signification: il n'en serait pas plus excusable, mais plus sincère. L'âpreté des moralistes contre le théâtre, dans les année 1660, est redoublée par le sentiment que le débat est brouillé et entretient à dessein la confusion. «On ne se contente pas de suivre le vice, on veut encore qu'il soit honoré et qu'il ne soit pas flétri par le nom honteux de vice», commence Nicole, dans les premières lignes de son traité[59]. Cela vaut pour le divertissement lui-même, que tous les chrétiens, tant s'en faut, ne s'accordent pas à juger inconciliable avec les préceptes de l'Evangile. Cela vaut aussi pour le contenu des œuvres, dans lesquelles se trouvent imperceptiblement ébranlés les repères moraux des spectateurs.

Le public des théâtres ne se compose pas uniquement de personnes aux principes élastiques et d'individus sans scrupule. La purification de la Comédie, si chère à d'Aubignac, correspond à une réalité sociologique. Même si les moralistes hostiles élèvent les doutes les plus pressants sur l'authenticité de cette purification, ils doivent bien convenir que des chrétiens fervents, des femmes à la vertu sourcilleuse, fréquentent la Comédie en toute innocence, sans généralement trouver aucun sujet d'indignation, ni dans la pièce, ni dans les conditions de représentation. C'est que le théâtre s'est adapté à ce nouveau public, et qu'il se garde de représenter les vices sous leurs couleurs naturelles. Si les véritables ressorts transparaissaient ainsi que la nature exacte des actions mises en scène, les salles de spectacle se videraient de tous les vrais chrétiens — Nicole en est du moins persuadé, et c'est d'ailleurs l'objectif principal qu'il poursuit dans cette querelle. Mais le théâtre «farde» les vices.

> Ce qui rend encore plus dangereuse l'image des passions que les Comédies nous proposent, c'est que les Poètes pour les rendre agréables sont obligés, non seulement de les représenter d'une manière fort vive, mais aussi de les dépouiller de ce qu'elles ont de plus horrible, et de les farder tellement par l'adresse de leur esprit, qu'au

---

[59] Nicole, *Traité de la Comédie* (1667) préface.

lieu d'attirer la haine et l'aversion des spectateurs, elles attirent au contraire leur affection. De sorte qu'une passion qui ne pourrait causer que de l'horreur si elle était représentée telle qu'elle est, devient aimable par la manière ingénieuse dont elle est exprimée.[60]

L'acharnement à se venger, la préoccupation obsessionnelle de son rang, l'attrait du pouvoir, l'amour aveugle, sont autant de sentiments que bien des spectateurs s'accorderaient ordinairement à estimer vicieux. Mais transportés sur une scène, ils prennent une certaine couleur honorable. Le théâtre donne le change — comme on disait au XVIIe siècle — aux honnêtes gens: il sait détourner leur affection et leur faire applaudir l'orgueil sous les traits de la noblesse, le crime sous ceux de l'honneur, l'avarice sous ceux de l'ambition.

La question sous-jacente est toujours celle de la *catharsis*: l'horrible cessant de paraître tel à la faveur de la représentation. Il ne s'agit plus là d'une horreur des sens (la considération d'un cadavre), mais d'une répugnance morale, qui semble s'estomper devant les fictions théâtrales. Nicole ne voit rien de spontané, ni d'innocent, dans ce phénomène. C'est le résultat délibéré d'une manipulation esthétique: là où les théoriciens de la *catharsis* discernent une transmutation propre au théâtre, l'auteur du *Traité de la Comédie* dénonce une tromperie. Il s'agit pour lui d'une «manière ingénieuse» du poète et non d'un effet structurel de la *mimèsis* théâtrale. Le poète se livre à une opération cosmétique, qui consiste à donner frauduleusement des passions une image acceptable, y compris et surtout de celles que le public rejetterait le plus naturellement. Ce faisant, il surprend la bonne foi d'une partie des spectateurs et fait subrepticement évoluer leur conception de la vertu.

Si la prétendue purification du théâtre se résume à ce tour de passe-passe, on comprend mieux le paradoxe de Senault et la mise en garde, inlassablement répétée, contre une Comédie devenue «morale». La maxime de Mme de Sablé (avec quelques corrections introduites vraisemblablement par Pascal) examine principalement ce point: comment des âmes pures se laissent-elles séduire par l'impureté?

Et l'on se fait au même temps une conscience fondée sur l'honnêteté des sentiments qu'on y voit, qui ôtent la crainte des âmes pures, qui

---

[60] *Ibid.*, §19 (je souligne).

s'imaginent que ce n'est pas blesser la pureté d'aimer d'un amour qui leur semble si sage.[61]

Le théâtre sécrète sa propre bonne conscience: il prend soin d'étouffer les scrupules moraux. Il ne se contente pas de représenter l'impureté, avec les risques de contamination qu'un tel spectacle comporte selon les augustiniens; il accommode sa peinture aux exigences morales des honnêtes gens. Les passions s'expriment dorénavant en des termes délicats et donnent lieu à des développements raffinés. Comment incriminer un sentiment dont les effets paraissent si convenables? En s'astreignant à un strict respect de la décence, sans changer pour autant son inspiration, le théâtre purifié n'a fait que s'installer dans l'imposture: on lui reprochait son immodestie? il a choisi de donner un tour modeste à des passions qui ne le sont pas devenues pour autant. Le résultat n'est pas un progrès vers la pureté, mais un assoupissement de la vigilance qui préservait auparavant les «âmes pures».

Les vices, ou les comportements reçus comme tels, prennent sur scène l'apparence fallacieuse de vertus, tandis que le public s'affranchit de son ordinaire censure. Platon s'attache déjà, dans *La République*, à décrire un processus de déculpabilisation du spectateur, au fil duquel celui-ci est amené à accepter, et même à goûter, des comportements en totale opposition avec ses convictions propres. Si l'on se fait un idéal philosophique de la fermeté devant les épreuves, tolérera-t-on un spectacle comme la tragédie, qui repose sur l'abandon à la douleur et sur l'excitation en chaque spectateur de mouvements de compassion et d'affliction? Et pourtant, là est «le plus grand des méfaits» de la poésie dramatique, au regard du philosophe grec, «qu'elle est capable de contaminer même les sages»[62]. Le glissement s'opère progressivement. La part rationnelle en nous «relâche sa surveillance», tandis que notre appétit d'émotions — que Platon gratifie du surnom de «pleureur professionnel» — s'emploie à minimiser notre complaisance.

---

[61] Pascal, *Pensées*, fr. 630. Ce passage figure sous une forme moins développée dans les maximes de Mme de Sablé: «On se fait en même temps une conscience fondée sur l'honnêteté de ces sentiments; et on s'imagine que ce n'est pas blesser la pureté que d'aimer d'un amour si sage.»

[62] Platon, *La République*, livre X (605 c).

C'est, allègue-t-il, d'afflictions étrangères qu'il a le spectacle, et, pour lui-même, il n'y a rien de vilain, si un autre homme qui se proclame homme de bien, mène un deuil hors de propos, à louer cet homme et à avoir pitié de lui. Il y trouve au contraire, juge-t-il, un profit: le plaisir; et de ce plaisir il n'accepterait pas d'être frustré, pour avoir méprisé le tout de l'œuvre poétique![63]

Trois temps se distinguent dans le reniement du sage, tel que le reconstruit Platon. Le sentiment d'altérité incite tout d'abord le spectateur à relativiser ses exigences: le deuil représenté est certes hors de propos, mais il est mené par un autre; on peut s'y associer sans l'approuver. Chacun est fondé à suivre ses propres principes. En l'occurrence, cette infraction est, pour le spectateur, source de plaisir. Pourquoi ne pas goûter par procuration une satisfaction que l'on s'interdit à soi-même? Le sentiment d'un profit innocent fournit un second argument. La prise de conscience enfin d'une nécessité poétique dissuade d'exercer une censure partielle, qui imposerait du même coup de rejeter l'œuvre dans son intégralité, avec toutes ses beautés. Ainsi le sage de Platon, l'âme pure de Mme de Sablé, sont-ils conduits à jeter un regard complaisant sur des actes qu'ils condamneraient comme vicieux ailleurs que sur une scène.

Avec *Théodore*, Corneille échoue — accidentellement — dans sa tâche de rendre plaisant l'horrible. Mais ce revers est exceptionnel dans sa carrière d'homme de théâtre: une des compétences avérées du poète est en effet, selon les analyses de Nicole, son habileté particulière pour donner aux passions les plus brutales un tour estimable. Les prétentions de l'amour-propre perdent dans son théâtre leur caractère révoltant. Les héros de ses tragédies recueillent l'admiration du public pour la constance de leur vertu. Mais cette vertu, sous sa forme romaine notamment, n'est autre chose que des vices artistement déguisés.

Plus il colore ces vices d'un[e] image de grandeur et de générosité, plus il les rend dangereux et capables d'entrer dans les âmes les mieux nées.[64]

Corneille, grâce à son génie poétique (que nul ne lui conteste, parmi les adversaires de la Comédie), a su porter à son comble l'œuvre de

---

[63] *Ibid.* (606 b).

[64] Nicole, *Traité de la Comédie* (1667) §13.

falsification morale entreprise sur les théâtres. Grandeur et générosité ne sont chez lui que des couleurs, des «fards», qui altèrent superficiellement les passions, et les rendent séduisantes, tout en laissant intacte leur substance vicieuse. Comme tout poète, il s'entend à passer des couleurs. N'est-ce pas en écho direct aux accusations et au vocabulaire de Nicole, que Racine reprendra, dans la préface de *Phèdre*, la question des couleurs du vice?

> Les passions n'y sont présentées aux yeux que pour montrer tout le désordre dont elles sont cause; et *le vice y est peint partout avec des couleurs* qui en font connaître et haïr la difformité. C'est là proprement le but que tout homme qui travaille pour le public doit se proposer.[65]

Au moment où le poète entreprend de se réconcilier avec ses anciens maîtres de Port-Royal, il conçoit tout naturellement ses protestations de moralité à travers les termes de Nicole. Si *Phèdre* mérite d'échapper à la censure des jansénistes, c'est que Racine, à la différence de l'usage habituel, a laissé aux vices leur *couleur* authentique.

Dans ce débat esthético-moral, Port-Royal se laisse sans doute aveugler par ses convictions théologiques. Corneille avec son éthique de la magnanimité apparaît comme le représentant d'une théologie de la volonté libre. M. Fumaroli souligne à juste titre l'étroite imbrication des deux plans.

> Port-Royal partage avec les Réformes protestantes une théologie prédestinationniste, et n'accorde comme elles aucun crédit à l'expérience laïque, entièrement asservie par le péché: la grandeur d'âme n'est à ses yeux qu'une survivance illusoire de l'orgueil païen; l'homme noble, une fausse «grandeur d'établissement».[66]

Ni Varet, ni Conti, ni Nicole ne rendent justice à l'œuvre de Corneille. Mais là n'est pas non plus leur souci. Que la grandeur cornélienne soit compatible avec une vision chrétienne de l'homme ne les effleure pas[67].

---

[65] Racine, *O.C.* 1, p. 747 (je souligne).

[66] Marc Fumaroli, *Héros et orateurs...*, p. 11.

[67] «Aucun malentendu n'est plus total que celui qui a opposé Corneille à Port-Royal», tranche Marc Fumaroli, qui montre très finement la distance entre la grandeur, telle qu'elle est dénoncée chez Corneille par les jansénistes, au nom d'un anti-pélagianisme obstiné, et l'image réelle qu'en donne son théâtre: «l'idée d'une capacité de grandeur inhérente à la

Dans l'auteur de *Cinna* et de *Théodore*, ils ne veulent voir que le porte-drapeau du théâtre purifié. Ayant choisi d'attaquer la Comédie à travers ses réalisations les plus convenables, il leur importe de démystifier les valeurs qui ont cours dans les tragédies de Corneille. La tâche s'accorde au demeurant parfaitement avec le mouvement de défiance qui alimente à l'époque la réflexion des moralistes et l'imagination des romanciers eux-mêmes. Le tour que donnent Nicole et ses amis à la querelle contre le théâtre, intègre celle-ci dans cet univers psychologique et moral du soupçon systématique, si bien illustré par La Rochefoucauld ou Mme de Lafayette.

Un savoureux renversement de perspective mettra cependant à l'épreuve l'agilité rhétorique de Nicole, le contraignant d'apporter à son système quelque raffinement. Dans le huitième volume des *Essais de Morale*, figure une lettre du moraliste, à Mme de Lafayette précisément, au travers de laquelle se laisse reconstituer une objection habile. L'auteur du *Traité de la Comédie* s'inquiétait du caractère séduisant que prennent certaines passions, l'orgueil notamment, dans le théâtre de Corneille. Or le poète a dû aussi répondre à des accusations peu compatibles. L'arrogance du Comte, dans le *Cid*, a été critiquée par certains pour ses accents outrés. Quelques vers, même, «ont été ordinairement tournés en ridicule, comme représentant un orgueil bas et grossier»[68]. Nicole, ennemi de la Comédie, se trouve mis ainsi dans la situation paradoxale de justifier des vers du *Cid*, afin de confirmer la dangereuse séduction de la pièce; de montrer, s'il veut rester fidèle à ses principes, que la grossièreté du Comte ne dément pas l'application habituelle du théâtre à revêtir l'orgueil d'une forme attrayante et captieuse.

> Il semble que vous désirassiez, sur le sujet de ces vers, que je ne fusse pas de votre sentiment, et que je trouvasse moyen de les défendre.[69]

Le moraliste relève le défi, et se lance dans un subtil développement sur l'expression littéraire des mouvements intérieurs, distinguant entre «l'orgueil devenu extérieur par la parole», et «l'orgueil qui demeure dans

---

nature humaine, et qui, lorsqu'elle se manifeste jusque dans les passions les plus condamnables, témoigne pour la morale, pour la beauté, pour la vérité.» (*Ibid.*, p. 12)

[68] Nicole, Lettre 102 (*Sur une critique de son Ecrit contre la Comédie*), *Essais de Morale*, t. 8, p. 350. Nicole ne cite pas les deux vers incriminés.

[69] *Ibid.*, p. 349.

le cœur». Ce dernier, qui ne se laisse pas apercevoir ordinairement, est représenté néanmoins sur le théâtre, par une convention qui s'apparente à une «figure»: le personnage s'exprime alors, non plus par le langage dont on use en société, mais en verbalisant directement sa pensée intime[70]. Selon de tels principes, l'orgueil «incivil et trop peu déguisé» que les paroles du Comte laissent transparaître, ne doit plus être reproché à l'auteur du *Cid* comme une faute de goût: les vers incriminés attestent bien au contraire la compétence littéraire de Corneille.

> Il s'agissait en ce lieu-là, non d'exprimer ce que l'on dit effectivement quand on est piqué de jalousie, mais de représenter le dépit intérieur que l'on sent quand on nous préfère quelqu'un à cause de son mérite. Il fallait donc des expressions simples et grossières, où l'orgueil parût tout pur, et sans déguisement, comme il paraît en ces deux vers.[71]

Emporté par la logique de sa démonstration, Nicole est conduit insensiblement à contredire, ou du moins à considérablement atténuer ses théories initiales. Voulant préserver la charge d'hypocrisie à l'encontre du théâtre honnête, il doit conforter l'image d'honnêteté de ce théâtre! Au bout du compte, il ressort que, dans les pièces de Corneille, l'orgueil n'apparaît pas exclusivement sous une forme avenante et fardée, et que la Comédie est ouverte à une peinture naïve des vices en tant que vices. Tout n'est pas déguisé dans le théâtre purifié.

Enfin, si le théâtre farde les vices, il achève son œuvre de confusion en dégradant parallèlement les vertus, et en procurant d'elles une fausse image. Les vertus authentiques subissent sur la scène une adaptation qui les rend méconnaissables. Conti refait ainsi le portrait de Chimène, donnée par Corneille pour une femme vertueuse, et conclut:

---

[70] A l'appui de son analyse, Nicole emprunte un exemple au livre de la Sagesse: «C'est ainsi que l'Ecriture, qui est le modèle de la plus parfaite éloquence, fait dire aux méchants dans le livre de la Sagesse: 'Trompons le juste, parce qu'il nous nuit, qu'il est contraire à nos œuvres, et qu'il nous reproche nos péchés; nous avons même de la peine à le voir, parce que sa vie est différente de la nôtre.' Ce n'est pas qu'il y ait des méchants qui parlent ce langage aux autres, mais c'est qu'ils parleraient de la sorte s'ils parlaient selon le fond de leur cœur, que ces paroles nous représentent.» (*ibid.*, p. 352)

[71] *Ibid.*, p. 352.

> Y a-t-il personne [...] qui voulût que sa femme, ou sa fille, fût honnête
> comme Chimène, et comme toutes les plus vertueuses princesses du
> théâtre?[72]

La facilité avec laquelle elle écoute les déclarations de Rodrigue, la
satisfaction qu'elle témoigne de cet amour, s'accordent mal avec l'idée
que se forme Conti d'une femme vertueuse. Mais lorsqu'on s'installe dans
le cadre idéologique d'une œuvre, il faut en accepter les principes et tenir
pour honnêtes les personnages qui nous sont donnés comme tels. Quoi
que puissent faire les princesses de tragédie, «elles sont tout à fait
honnêtes, puisqu'il l'a plu ainsi au poète»[73]. De même qu'il existe une
vertu de théâtre pour les jeunes filles, qui ne leur interdit pas la galanterie,
Nicole évoque ironiquement «l'humilité de théâtre» — forme particulière
de l'humilité, qui s'accommode d'une morgue nobiliaire, comme les
orgueilleuses déclarations de Théodore en fournissent la preuve[74].

Quant aux personnages effectivement vertueux, la Comédie attribue
en eux la vertu aux comportements les moins louables. L'exemple qu'en
donne Conti est celui du Cid.

> Si l'histoire le considère davantage par le nom de Cid, et par ses
> exploits contre les Mores, la Comédie l'estime beaucoup plus par sa
> passion pour Chimène et par ses deux combats particuliers.[75]

La défaite des Mores donne lieu dans la pièce à un récit «fort ennuyeux»,
selon Conti, et «peu nécessaire à l'ouvrage». Or cette victoire remportée
sur les infidèles est le vrai titre de gloire, le seul qui justifierait l'admiration du public. Gageons cependant qu'un Rodrigue mis en scène par
Corneille comme le défenseur de la chrétienté n'eût pas davantage
recueilli les suffrages des adversaires du théâtre.

Peu importent les exemples, au demeurant, et leur mauvaise foi plus
ou moins manifeste. Le grief apparaît clairement. La Comédie développe
un discours moral. Les simples nécessités narratives imposent de répartir
l'éloge et le blâme entre les protagonistes du drame. Sous couvert d'un
divertissement irresponsable, la Comédie insinue une nouvelle définition

---

[72] Conti, *op. cit.*, p. 32.

[73] *Ibid.*

[74] Nicole, *Traité de la Comédie* (1667) §14.

[75] Conti, *op. cit.*, p. 38.

des vertus et des vices: elle vide les premières de leur substance; elle travestit les seconds. Et le pouvoir dont elle dispose sur l'esprit des spectateurs assure à cette manipulation un effet profond et durable. La Comédie s'empare de fait d'un magistère qui ne saurait lui appartenir et qu'elle exerce d'une façon irresponsable. Elle est immorale en ce qu'elle usurpe les prérogatives du moraliste.

*****

Mais s'il advenait que certaines comédies poursuivent un dessein moral authentique, et en accord avec les préoccupations des augustiniens... Ce n'est pas une hypothèse d'école. A tout bien considérer, l'enseignement moral de Nicole est-il si éloigné de celui de Molière? Si, comme tendent à le montrer les récentes analyses de P. Force, la mise à nu de l'amour-propre constitue un ressort essentiel de la comédie de caractère, telle qu'elle est développée par Molière, une convergence non négligeable existe entre l'auteur du *Misanthrope* et celui des *Essais de morale*[76]. Les incohérences ridicules d'Alceste vérifieraient, sous une forme théâtrale, les principes de sociabilité énoncés par le traité *De la civilité chrétienne* ou l'essai *Des moyens de conserver la paix avec les hommes*. Le spectacle comique résout en outre avec bonheur un problème qui handicape notablement le moraliste dans sa dénonciation de l'amour-propre.

> Un amour-propre normalement constitué ne devrait jamais être ridicule, puisque aussitôt qu'il vient à la lumière du jour il change de visage afin de ne pas susciter le rire des autres.[77]

En imaginant un type de personnages obsessionnels et peu conscients du regard d'autrui, Molière met l'amour-propre en situation de se trahir: les héros de ses comédies perçoivent mal leurs intérêts; ils font preuve d'une infirmité peu commune, et riche d'enseignements pour les spectateurs. Si l'on accepte donc, avec P. Force, de «lire Molière à la lumière des moralistes qui lui sont contemporains»[78], on peut soutenir que la comédie

---

[76] «Il n'y a rien dans la Comédie qui contrevienne à la morale janséniste la plus sévère. La comédie de Molière présente une image de la nature humaine semblable à celle qu'on trouve chez La Rochefoucauld et Nicole.» (P. Force, *Molière ou Le Prix des choses*, p. 125)

[77] P. Force, *op. cit.*, p. 117.

[78] *Ibid.*, p. 232.

vient au secours de la morale plus spéculative, en l'illustrant et en la complétant. Dans les *Essais de Morale*, la dénonciation de la Comédie côtoie de la sorte des réflexions qui trouveraient chez Molière le renfort le plus efficace. Mais Nicole condamnerait-il vraiment le *Misanthrope*?

Il est vrai que Nicole ne traite pas de Molière. Peut-on y voir, comme le fait Pierre Force[79], la marque d'une indulgence pour l'auteur comique — indulgence qui prendrait un relief tout particulier par comparaison avec la virulence de Bossuet à l'égard du même Molière?

Si le *Traité de la Comédie* a réellement été achevé, dans ses grandes lignes, en 1659, Molière était à l'orée de sa carrière parisienne: on s'explique facilement que Nicole ait réservé ses attaques au plus illustre représentant du théâtre en France, plutôt que de polémiquer contre un jeune auteur à la réputation encore mal établie. Ces raisons de stricte chronologie ne sont pas toutefois absolument décisives. La date de rédaction du *Traité de la Comédie* reste conjecturale; et surtout les modifications apportées à l'ouvrage au fil des éditions sont telles, qu'on eût facilement imaginé que Nicole intègre, lors d'un remaniement de son texte, des attaques contre l'auteur de *Tartuffe*.

On voit mal cependant que les attaques contre le dévot Corneille puissent aller de pair avec une complaisance pour un comédien comme Molière, directeur de troupe, suspecté de libertinage. Il est bien difficile de se figurer un Nicole hostile à la tragédie, mais favorable à la comédie. Le caractère violent et global de sa condamnation du théâtre ne laisse place à aucune forme de casuistique. Les raisons de dénoncer le théâtre de Molière ne lui auraient d'ailleurs pas manqué (il n'est que de voir, chez Conti, les quelques allusions à *Dom Juan* et à l'*Ecole des femmes*), et Nicole aurait sans doute usé de bien moins de ménagements qu'il ne le fait avec l'auteur du *Cid* et de *Théodore*. Son silence sur Molière tient plus de la stratégie: du désir de livrer les luttes les plus difficiles, pour remporter une pleine victoire, sans se préoccuper des batailles gagnées d'avance.

Il reste que Nicole reproche à la tragédie cornélienne de faire le jeu de l'amour-propre, contre lequel Molière mène précisément combat dans

---

[79] «Il est tout à fait significatif que Nicole ne dise presque rien du théâtre comique. Quoique Nicole fasse porter sur le théâtre une condamnation globale, on peut trouver dans ses écrits des raisons d'être plus indulgent envers la comédie qu'envers la tragédie. En effet, contrairement à la tragédie, la comédie ne met pas en scène d'exemples de fausse vertu.» (P. Force, *op. cit.*, p. 231)

son œuvre. Ne faut-il pas tenir compte de cette communauté de pensée? La convergence morale que détecte P. Force entre l'univers dramatique de Molière et l'enseignement de Nicole, loin d'attester une improbable connivence, fournit peut-être la preuve la plus concluante que la perspective du *Traité de la Comédie*, n'est pas tant morale, qu'anthropologique et religieuse. Purifié, c'est-à-dire nettoyé de ses grossièretés flagrantes, le théâtre ne trouve pas grâce aux yeux des moralistes. S'il apparaissait de surcroît qu'il fût capable de les seconder dans leur lutte contre l'amour-propre, leur hostilité ne serait pas ébranlée. Il faut relativiser les accusations d'immoralité, dans la mesure précise où la valeur morale d'une œuvre de théâtre ne saurait être portée à son crédit. Quelle que soit sa moralité, la Comédie demeure inacceptable pour Nicole et ses amis.

CHAPITRE VI

MÉTAPHYSIQUE

Il est entendu que la métaphysique est précisément ce à quoi se refusent les adversaires de la Comédie. Par un discours qui appartienne «à la morale et non pas à la métaphysique»[1], ils veulent imposer un regard sur le théâtre, différent de l'attention essentiellement technique que lui témoignent les doctes — un regard plus soucieux de la réalité humaine. Au lieu de disserter interminablement sur les conditions de l'illusion mimétique, ils entendent porter le débat sur ses effets: sur les passions, les désirs, les faiblesses, qui rendent vulnérables les comédiens et le public. Mais, pour des chrétiens ardents, la clef de la condition humaine ne peut se trouver que dans l'Evangile; la réalité humaine est précisément religieuse. La motivation profonde du combat des augustiniens contre la Comédie ressortit ainsi à un ordre de préoccupation qu'on ne saurait qualifier autrement que de *métaphysique*. Les dangers divers et concrets, invoqués contre les spectacles dramatiques, ne sont que la formulation seconde d'une animosité bien plus décisive et originelle. L'argumentaire est élaboré pour les besoins de la cause, mais la cause elle-même est ailleurs: elle est de nature philosophique ou religieuse.

Dans la mesure où il ne s'agit plus ici des caractères concrets de la Comédie, mais de ce que représente symboliquement ce divertissement mimétique, de ce qu'il signifie par rapport à un idéal d'existence, la querelle de la moralité du théâtre se transporte à sa manière sur le terrain de la métaphysique.

1 — *Une conception de la vérité et de la réalité*

Le dialogue entre Platon et Aristote sur la question de la mimèsis définit, à l'origine de la philosophie, une opposition de référence. Dans une perspective platonicienne, toute représentation est conçue comme un

---

[1] Conti, *Traité de la Comédie et des spectacles*, p. 11.

égarement dans le factice: la relation mimétique entre une réalité et une autre est une relation de déchéance entre un modèle et son image dégradée. Pour Aristote, le simulacre revêt au contraire une valeur; qu'il s'agisse d'art dramatique, de peinture, ou de toute autre forme de représentation, la *mimèsis* — véritable psychagogie — exerce une forme de séduction qui élève. Dans la mesure où elle s'applique à la forme, l'imitation est une réalité spirituelle: elle fait apparaître la forme, elle la dégage de la substance; elle procure en cela un gain effectif.

> La contemplation des images apporte un enseignement et permet de se rendre compte de ce qu'est chaque chose.[2]

Mettre d'ailleurs la *mimèsis* au principe de tous les arts, comme le fait Aristote dans le *Poétique*, est sans doute une position anti-platonicienne assumée; c'est prendre la part maudite de la poésie, dans la pensée de son prédécesseur, pour en faire le fondement même du nouveau système.

L'hostilité de Nicole au théâtre s'inscrit ainsi très naturellement (si ce n'est explicitement) dans une perspective platonicienne: sa condamnation de la Comédie est prononcée au nom de la recherche du seul essentiel. Le refus de l'art dramatique exprime le refus corollaire de toutes les illusions contingentes. Le théâtre n'est en effet, pour Nicole, qu'un cas limite, un cas d'école presque: il incarne, sous une forme extrême et caricaturale, le monde de l'illusion. On notera à cet égard que dans la célèbre allégorie de la caverne, les ombres que voient les hommes enchaînés sont des ombres de spectacles théâtraux. Les objets dont ils ne connaissent que le reflet, sont eux-mêmes des simulacres («des statues, des animaux en pierre, en bois, façonnés en toute sorte de matière»), manœuvrés par des montreurs de marionnettes[3]. L'égarement des prisonniers-spectateurs est ainsi redoublé: ils sont trompés par l'apparence inconsistante d'un objet lui-même factice. Pour exprimer un des dogmes majeurs de sa pensée — la seule réalité des Idées et l'inconsistance de notre environnement immédiat — , Platon imagine, avec l'allégorie de la caverne, une situation de spectacle, dont le prétexte métaphorique est lui-même emprunté à des pratiques concrètes de spectacle. La tâche constitutive de la philosophie,

---

[2] Aristote, *Poétique*, 1448 b 16.

[3] Platon, *La République*, livre VII, 514 c-515 a. Voir, sur ce point peu commenté, l'étude précise et originale d'Auguste Diès: «Guignol à Athènes», *Bulletin de l'Association Guillaume Budé*, Janvier 1927.

proposée par le mythe de la caverne, peut s'interpréter comme l'arrachement à un spectacle.

Le *Traité de la Comédie* n'a pas de plus haute ambition. En dénonçant le théâtre, il veut stigmatiser une manifestation exemplaire de vanité: une «vaine réjouissance», l'égarement de l'esprit dans la fréquentation de «vains fantômes»[4] — le terme de fantôme revient quatre fois sous la plume de Nicole. Le public des théâtres manifeste une complaisance perverse pour le vide et l'inconsistant; il réalise concrètement et de son plein gré ce misérable enchaînement dans la caverne, que Platon évoquait à titre d'allégorie.

Le nom du philosophe grec n'est pas prononcé, mais les griefs du moraliste contre le théâtre se moulent ostensiblement dans le langage et la rationalité de Platon.

> Si toutes les choses temporelles ne sont que des figures et des ombres sans solidité, on peut dire que les Comédies sont les ombres des ombres et les figures des figures, puisque ce ne sont que de vaines images des choses temporelles, et souvent de choses fausses.[5]

Cette mise en abyme de la représentation, qui fait de la Comédie la copie d'une copie, l'ombre d'une ombre, reprend très fidèlement les réflexions de la *République* sur les trois degrés de réalité. Pour Platon, en effet, le simulacre de lit, tel qu'il résulte de l'activité d'un peintre, n'est pas l'image d'une réalité, mais l'imitation d'une image de la réalité: le lit de l'artisan, qui a servi de modèle au peintre, n'est lui-même qu'une réalisation contingente de l'idée de lit. La *mimèsis* du peintre (ou du poète dramatique) est ainsi à un troisième degré d'éloignement de la nature[6]. Mais le philosophe selon Platon, ou le chrétien tel que le conçoit Nicole, n'accordent de valeur qu'à la Réalité première, et à son ouvrier naturel — autrement dit l'authentique Créateur. Ce que les autres hommes considèrent spontanément, et à tort, comme la réalité leur apparaît comme un leurre et ne saurait les satisfaire; qu'en sera-t-il donc de la Comédie, imitation de simulacre?

---

[4] Nicole, *Traité de la Comédie* (1667) §33.

[5] *Ibid.*, §34.

[6] Platon, *La République*, livre X, 597 e.

Rien d'étonnant à ce que l'effet de la grâce sur les chrétiens soit évoqué par Nicole, en conclusion du *Traité de la Comédie*, dans les mêmes termes que l'ascension du philosophe hors de la caverne:

> Un des premiers effets de la *lumière* de la grâce est de découvrir à l'âme le vide, le néant, et l'instabilité de toutes les choses du monde, qui s'écoulent et s'évanouissent comme des *fantômes*, et de lui faire voir en même temps la grandeur et la solidité des biens éternels; et cette même disposition produit dans toutes les âmes chrétiennes une aversion particulière pour les Comédies, parce qu'elles y voient un vide et un néant tout particulier.[7]

L'intervention de la grâce est assimilée à une illumination: comme le philosophe de Platon échappe au monde illusoire de la caverne en «port[ant] ses regards du côté de la lumière»[8], la lumière de la grâce donne au chrétien de se désabuser sur la consistance du monde qui l'entoure. Le résultat de cette illumination est de dissiper les fantômes, de donner enfin accès à un ordre authentique de réalité. «La grandeur et la solidité des biens éternels» que découvre le chrétien contrastent avec l'évanescence de ce qu'il prenait jusque là pour la réalité — expérience comparable à celle du prisonnier de la caverne qui, en échappant à sa condition originelle, accède à «une plus grande proximité du réel», à «de plus réelles réalités»[9]. Toute l'existence du chrétien est, pour Nicole, le long exercice d'une désillusion. Le refus du théâtre n'est que la forme anecdotique d'un combat permanent contre les fantômes de tous ordres qui usurpent le titre de réalité.

Pus directement, et avec sa coutumière brutalité, Tertullien aboutissait de fait à une position similaire. Son inspiration n'est pas différente. Dans les masques des comédiens, dans les diverses simulations sur lesquelles repose le divertissement théâtral, l'auteur du *De spectaculis* dénonce une blasphématoire parodie du monde, tel qu'il a été créé par Dieu, et de la bonne nouvelle, telle qu'elle est révélée dans l'Ecriture.

---

[7] Nicole, *Traité de la Comédie* (1667) §34 — je souligne.

[8] Platon, *La République*, livre VII, 515 d.

[9] Platon, *ibid.*

L'auteur de la vérité n'aime pas le mensonge. Tout ce qui est factice est adultère à ses yeux.[10]

Le monde du théâtre incarne ainsi l'illusion recherchée pour elle-même, devenue objet de jouissance. La Comédie est doublement *adultère*, et le terme ne doit pas être restreint à son acception morale. L'adultère essentiel, et le plus condamnable, est le rejet symbolique de la Vérité.

2 — La nécessité du divertissement

Il y a deux biais essentiels pour justifier le théâtre au XVIIᵉ siècle: soit on lui accorde une utilité morale, soit on lui attribue une valeur hygiénique. Les prétentions édifiantes se fondent volontiers sur une certaine idée de la *catharsis*, plus particulièrement adaptée à légitimer la tragédie. Mais le genre comique lui-même peut être crédité d'une pédagogie vertueuse — comme s'emploie à le faire l'auteur de la *Lettre sur la comédie de l'imposteur*. Le théâtre est donné alors pour une école de vertu. Les divertissements les plus futiles ne sauraient cependant se prêter à ce genre de plaidoyer. On les innocentera en se mettant encore sous le patronage d'Aristote, mais cette fois-ci, par le relais de saint Thomas d'Aquin: en invoquant l'*eutrapélie*. Cette qualité, qui désigne d'abord pour Aristote le bon usage de la plaisanterie dans la conversation[11], est assimilable de façon plus ample à l'enjouement, à la bonne humeur; elle caractérise l'équilibre spirituel auquel chacun doit tendre, et que l'on ne saurait atteindre sans s'accorder parfois quelque récréation[12]. Les comédies mêmes dont la seule ambition est de faire rire, trouvent ainsi leur fonction et peuvent se réclamer d'une nécessité impérieuse.

De ces deux stratégies défensives, découlent très logiquement deux types d'attaques contre le théâtre. L'une consiste à mettre en relief son immoralité, en soulignant principalement la propension du théâtre à nourrir les passions. Les chapitres qui précèdent ont fourni une riche illustration de cette perspective. L'autre forme d'attaque conteste la valeur hygiénique de la Comédie, soit qu'elle ne constitue pas un bon divertissement, soit qu'on rejette la nécessité même du divertissement. Cette

---

[10] «*Non amat falsum auctor veritatis: adulterium est apud illum omne quod fingitur.*» (*Des spectacles*, XXIII, 5)

[11] Voir Aristote, *Ethique à Nicomaque*, IV, 14.

[12] Voir *supra*, chap. IV, pp. 158 sq.

structure argumentative indique le plan adopté par Nicole dans son *Traité de la Comédie*. Les chapitres 1 à 7 (c'est-à-dire les dix-neuf premiers paragraphes, dans la présentation originelle) examinent la nocivité du théâtre en tant que tel; les trois derniers chapitres (paragraphes 20 à 35) s'interrogent sur la nécessité de se divertir, l'esprit du christianisme, l'opposition entre deux formes de joie. C'est ce dernier dessein, plus vaste, et aux résonances plus théologiques, qu'il faut évoquer maintenant.

Pour les défenseurs du théâtre, le théâtre «modéré chrétiennement»[13] est un remède contre la mélancolie, ou contre cette forme de dégoût spirituel que l'on nomme *acedia*. L'intérêt même de la dévotion devrait inciter à se distraire de temps en temps. Saint François de Sales recommande, dans l'*Introduction à la Vie Dévote*, de se démettre parfois «de la rigueur et attention» de son esprit, et de «prendre un peu de récréation», pour pouvoir s'employer ensuite «plus vivement à la contemplation».

> C'est un vice, sans doute, que d'être si rigoureux, agreste et sauvage, qu'on ne veuille prendre pour soi ni permettre aux autres aucune sorte de récréation.[14]

La technicité des notions se dissimule sous la langue attrayante de l'évêque de Genève, mais les termes du débat sont tout à fait précis. Ces personnes rigoureuses, qui refusent la récréation, et que saint François de Sales accuse d'être *agrestes*, sont celles que critiquait Aristote comme des *agroikoi* (latin: *agrestes*) — gens sauvages et rustiques, à qui fait défaut l'eutrapélie[15]. Saint François de Sales ne touche mot de la Comédie dans les quatre chapitres qu'il consacre aux passe-temps et récréations[16], et ne mentionne ni la *Somme Théologique*, ni l'eutrapélie, mais il est clair que le théologien ici fait siennes les analyses de saint Thomas. L'anecdote de

---

[13] C'est-à-dire, mis en conformité avec les exigences de la morale chrétienne, selon les préceptes romains, tels que les exprime le jésuite Ottonelli (*Della cristiana moderazione del teatro*).

[14] Saint François de Sales, *Introduction à la Vie Dévote* (texte définitif de 1619), 3ème partie, chap. XXXI, p. 220.

[15] L'eutrapélie est définie par Aristote comme un juste milieu entre l'*agroikia* (la rusticité) et la *bômolochia* (la bouffonnerie).

[16] Troisième partie, chap. XXXI à XXXIV. Dans la première partie de l'*Introduction à la Vie Dévote*, saint François de Sales cite la Comédie parmi les choses indifférentes en soi, mais qui deviennent pernicieuses si l'on s'y affectionne; il accorde accessoirement qu'il est «loisible [...] d'ouïr des honnêtes comédies» (I, 23).

saint Jean et de l'arc est rappelée; la teneur de l'enseignement, surtout, est bien celle de la *Somme*: une exhortation, pleine de réalisme et de modération, à avoir égard aux besoins du corps et de l'esprit. Les défenseurs du théâtre ne s'y sont pas trompés, qui invoquent volontiers l'auteur de l'*Introduction à la Vie Dévote* pour justifier l'art dramatique[17]. Dès lors que la scène s'est purifiée de toutes les grossièretés et complaisances qui la dégradaient primitivement, quel meilleur moyen que la Comédie peut-on trouver pour maintenir l'homme dans l'état idéal d'eutrapélie?

On rapprochera l'enseignement salésien de la leçon que donne Fénelon, à l'autre bout du siècle. Au cours de ses malheurs et pérégrinations, le jeune Télémaque connaît, sur le vaisseau phénicien d'Adoam, un délicieux moment de répit; Mentor engage alors le héros à goûter sans scrupule le spectacle de danses et les réjouissances qui lui sont offerts. Cet épisode est l'occasion pour le précepteur de développer sa doctrine sur le divertissement, dans laquelle on retrouve — implicite, mais aisément reconnaissable — l'éloge thomiste de l'eutrapélie.

> Maintenant il est à propos de vous délasser de toutes vos peines. [...]
> La sagesse n'a point de honte de paraître enjouée quand il le faut.[18]

La sagesse n'est pas incompatible avec l'enjouement: au contraire, l'enjouement est une des marques indubitables de l'authentique sagesse. L'*eutrapelos* est un esprit agile et adaptable, qui sait ce qu'il est à propos de faire, et ne s'enferme pas dans une posture unique. Il ne confond pas la vertu et le rejet morose des plaisirs; il fortifie son âme en lui accordant, quand il convient, un relâchement salutaire.

Entre saint François de Sales et Fénelon, s'instaure au cours du siècle une doctrine du divertissement, raisonnable et conciliante, fondée sur la valeur d'eutrapélie. Sur ce fond de consensus moral, les critiques de Port-Royal ou celles de Bossuet tranchent, comme un rejet résolu et assumé de cette vertu aristotélicienne, frauduleusement intégrée dans l'Evangile. Si saint Thomas se réfère effectivement à «une vertu

---

[17] Dans sa *Défense du Traité de Mgr le Prince de Conti*, Joseph de Voisin se sent ainsi tenu de leur répondre sur ce point, et de conclure son réquisitoire contre la Comédie, en fournissant une «Explication des sentiments de saint François de Sales touchant la Comédie».

[18] Fénelon, *Les Aventures de Télémaque*, livre 7 (édition J.-L. Goré, «Classiques Garnier», p. 261).

qu'Aristote appelle eutrapélie»[19], Bossuet fait remarquer que le même terme grec est pris en mauvaise part dans une épître de saint Paul. Quand l'apôtre exhorte les Ephésiens à bannir de leurs propos la bouffonnerie, il emploie précisément le mot d'*eutrapelia*, que la Vulgate a traduit par *scurrilitas*[20]. La langue grecque offrait à saint Paul d'autres ressources, et notamment la notion de *bômolochia*, par laquelle Aristote désigne le vice de bouffonnerie. Bossuet juge symptomatique que l'apôtre ait préféré déconsidérer l'eutrapélie elle-même:

> Saint Paul, après avoir pris la plaisanterie sous la plus belle apparence, et l'avoir nommée de son plus beau nom, la range parmi les vices.[21]

Si l'on est attentif au grec, à la différence de saint Thomas, on ne peut manquer d'être alerté par ces rencontres de vocabulaire. Que ceux qui prennent la défense de la Comédie le fassent au nom d'une vertu prétendue, dénoncée par saint Paul comme un vice, cela montre bien la vraie nature des arguments. Entre l'autorité d'Aristote et celle de saint Paul, des chrétiens ne devraient guère avoir de mal à trancher.

Sur le fond, la démonstration érudite et étroitement philologique de Bossuet ne revêt bien entendu aucune valeur probante. Quel que soit le nom qu'on lui donne et la valeur à laquelle on le réfère, le besoin de récréation de l'homme n'est pas infirmé par ces considérations terminologiques. L'animosité de Bossuet à l'endroit du mot d'*eutrapélie*, longuement développée à la fin du siècle, signale cependant l'ampleur et la nature du différend. Entre les adversaires de la Comédie et les défenseurs d'un théâtre épuré, ce sont en fait deux conceptions de la vie chrétienne qui s'affrontent. Molière en a parfaitement conscience, quand il choisit, en conclusion de la préface de *Tartuffe*, de porter le débat sur ce terrain délicat, où les chrétiens font entendre des voix discordantes.

> J'avoue qu'il y a des lieux qu'il vaut mieux fréquenter que le Théâtre; et si l'on veut blâmer toutes les choses qui ne regardent pas directement Dieu et notre salut, il est certain que la Comédie en doit être, et

---

[19] «*Et ideo circa ludos potest esse aliqua virtus, quam Philosophus 'eutrapeliam' nominat.*» (*Somme théologique*, IIa-IIae, qu. 168, art. 2, resp.)
[20] «Qu'on n'entende point [parmi vous] de paroles déshonnêtes, ni de folles, ni de bouffonnes; ce qui ne convient pas à votre vocation, mais plutôt des paroles d'actions de grâces.» (Ephésiens V, 4 — trad. Sacy)
[21] Bossuet, *Maximes et réflexions sur la Comédie*, p. 254.

je ne trouve point mauvais qu'elle soit condamnée avec le reste. Mais, supposé, comme il est vrai, que les exercices de la piété souffrent des intervalles et que les hommes aient besoin de divertissement, je soutiens qu'on ne leur en peut trouver un qui soit plus innocent que la Comédie.[22]

Molière s'oppose ici au rigorisme sur un point essentiel, touchant à la vocation spirituelle de l'homme. L'ironie du ton ne doit pas masquer l'importance du débat sous-jacent. À sa conclusion près, l'auteur de *Tartuffe* ne fait que reprendre ici l'enseignement de saint François de Sales, adoptant ainsi, pour l'occasion, une position religieuse parfaitement honorable. L'idéal de vie chrétienne admet des occupations qui n'aient pas de rapport direct avec la dévotion, des «intervalles». Le divertissement en lui-même n'est ni condamnable, ni louable: il est la simple réponse à un besoin naturel.

Aux arguments de ce type, Nicole répond d'abord que la plupart des personnes qui vont à la Comédie sont précisément celles qui n'ont pas besoin de divertissement.

Car il est visible qu'ils n'y vont pas pour se délasser l'esprit des occupations sérieuses, puisque ces personnes, et particulièrement les femmes du monde, ne s'occupent presque jamais sérieusement. Leur vie n'est qu'une vicissitude de divertissements. Elles la passent toute dans des visites, dans le jeu, dans les bals, dans les promenades, dans les festins, dans les Comédies. Que si elles ne laissent pas de s'ennuyer, comme elles font souvent, c'est parce qu'elles ont trop de divertissement, et trop peu d'occupation sérieuse. Leur ennui est un dégoût de satiété, pareil à celui de ceux qui ont trop mangé, et il doit être guéri par l'abstinence, et non par le changement des plaisirs. Elles se doivent divertir en s'occupant, puisque la fainéantise et l'oisiveté est la principale cause de leurs ennuis.[23]

Nicole adopte temporairement une logique inspirée par la casuistique: tout excès de divertissement est une négation de la notion elle-même. Le divertissement est licite dans la mesure où il conserve son caractère d'activité secondaire, de dérivation. La Comédie, où se presse une population oisive, usurpe en fait le titre de divertissement.

---

[22] Molière, Préface de *Tartuffe*, *O. C.* 1, p. 888.
[23] Nicole, *Traité de la Comédie* (1667) §20.

Mais, continue Nicole, «un homme qui a bien travaillé est satisfait quand il cesse de travailler, et il se divertit à ce qui le désoccupe»[24]. Dans ces conditions, ce que l'on prend pour un besoin de divertissement, une «faiblesse naturelle» à laquelle il faudrait se conformer, n'est qu'un «vice d'accoutumance». Le janséniste ne tient là aucun compte de ce qui fait le cœur même du raisonnement de saint Thomas, à savoir que si l'esprit et le corps ont l'un et l'autre besoin de repos, ils ne se délassent pas de la même manière[25]. S'il apparaît donc pour Nicole, *que la nécessité de se divertir ne peut excuser la Comédie* — tel est le titre du chapitre VIII — , c'est non seulement parce que la Comédie est un mauvais divertissement, inapte à remplir le rôle qu'on lui assigne, mais c'est aussi parce que la nécessité de se divertir est loin de s'imposer. Tout divertissement représente au contraire, pour le chrétien, un risque de refroidissement dans la piété, une désaffection des plaisirs spirituels, une «dissipation des biens de la grâce»[26]. Il n'y a pas d'autre alternative pour le chrétien qu'un affermissement de l'âme par la vie intérieure ou un affaiblissement. L'idéal est bien celui d'une continuité de la prière, sans aucun intervalle — idéal inaccessible dans les faits, mais que le chrétien doit au moins préserver comme désir.

Reprenant la grandiose péroraison de Tertullien, Bossuet achève son réquisitoire contre la Comédie en exaltant le seul spectacle digne d'un chrétien, celui que lui offre sa religion elle-même.

> S'il faut, pour nous émouvoir, des spectacles, du sang répandu, de l'amour, que peut-on voir de plus beau ni de plus touchant que la mort sanglante de Jésus-Christ et de ses martyrs...[27]

Le chrétien rejette les spectacles profanes, non seulement comme des activité entachées de vice, mais comme de pauvres succédanés des

---

[24] *Ibid.*, §24.

[25] «De même que la fatigue corporelle se relâche par le repos du corps, de même la fatigue de l'âme se relâche par le repos de l'âme. Or le repos de l'âme, c'est le plaisir.» (*Somme théologique*, IIa-IIae, qu. 168, art. 2). Mais le plaisir (*delectatio*), qui procure à l'âme le repos, ne consiste pas en une simple cessation de l'effort, un état passif: «La délectation est un mouvement.» (Ia-IIae, qu. 31 [De la délectation considérée en elle-même], art. 1, ad 2)

[26] *Ibid.*, §28.

[27] Bossuet, *Maximes et réflexions sur la Comédie*, p. 274. *Cf.* Tertullien: «*Vis autem et sanguinis aliquid? Habes Christi*» (*De Spectaculis*, XXIX, 5) et l'intégralité des deux derniers chapitres (XXIX et XXX), qui développent ce thème.

richesse qu'il possède. On notera que cette ultime concession à l'esprit du monde — toute relative — paraît sans doute excessive à Nicole. L'auteur du *Traité de la Comédie* ne propose au chrétien aucun spectacle substitutif, fût-il emprunté à sa propre foi. Les joies ineffables de la grâce sont pour lui strictement incompatibles avec le vocabulaire du divertissement.

Sur toute cette question, le contraste est flagrant avec Rousseau, chez qui le refus du théâtre ne s'accompagne aucunement d'un rejet du divertissement: dès qu'on quitte le champ anthropologique ou moral, Rousseau s'écarte de ses devanciers du XVIIe siècle. Le philosophe des Lumières adopte en l'occurrence une position d'un thomisme impeccable.

> S'il est vrai qu'il faille des amusements à l'homme, vous conviendrez au moins qu'ils ne sont permis qu'autant qu'ils sont nécessaires, et que *tout amusement inutile est un mal*, pour un être dont la vie est si courte et le temps si précieux.[28]

Le divertissement est strictement assujetti à une fonction: il doit en permanence se justifier du soupçon de vanité. Mais cette mise en garde, qui peut sembler rigide, est aussi une réhabilitation. Dès lors que les amusements ne se confondent pas avec une dilapidation coupable du temps et de l'énergie, le moraliste se fait leur défenseur résolu.

A l'opposé, ceux qui condamnent la Comédie dans les années 1660-1670 sont des personnes qui refusent toute forme de divertissement: le théâtre n'est pour eux, à bien des égards, qu'une forme extrême de dissipation. Que cette ligne d'argumentation n'aille pas de soi, la preuve en est donnée par Rousseau, dont le réquisitoire déterminé contre le théâtre se marie avec un plaidoyer pour les distractions.

> Il ne suffit pas que le peuple ait du pain et vive dans sa condition. Il faut qu'il y vive agréablement. [...] Cela posé, que doit-on penser de ceux qui voudraient ôter au peuple les fêtes, les plaisirs et toute espèce d'amusement, comme autant de distractions qui le détournent de son travail? Cette maxime est barbare et fausse. Tant pis, si le peuple n'a de temps que pour gagner son pain, il lui en faut encore pour le manger avec joie: autrement il ne le gagnera pas longtemps. [...] Voulez-vous donc rendre un peuple actif et laborieux? Donnez-lui des fêtes, offrez-lui des amusements qui lui fassent aimer son état et

---

[28] Rousseau, *Lettre à d'Alembert...*, p. 65 (je souligne).

l'empêchent d'en envier un plus doux. [...] Présidez à ses plaisirs pour les rendre honnêtes; c'est le vrai moyen d'animer ses travaux.[29]

La dernière formule rappelle l'idéal de modération chrétienne du théâtre — idéal auquel Nicole et ses amis sont parfaitement imperméables: étant donné que les plaisirs sont indispensables à la santé de la société, comme de l'individu, il ne reste à l'autorité — religieuse ou philosophique — qu'à y «présider», pour s'assurer de leur conformité à la saine doctrine. Mais surtout, à travers cet éloge économique et social des distractions, on mesure l'immense fossé qui sépare Rousseau des critiques jansénisantes contre la Comédie. Si les arguments se recoupent très fréquemment, l'horizon du débat est métamorphosé. La *Lettre à d'Alembert* n'entend pas retirer les hommes aux séductions du monde; elle ne considère pas une réalité extérieure et transcendante. Ses valeurs de référence sont politiques et sociales. Le théâtre n'est pas condamné par Rousseau en tant que divertissement, mais tout au contraire, il est rejeté au nom d'un idéal supérieur de divertissement, une saine et harmonieuse convivialité. La Comédie qui se donne sur les scènes parisiennes est une forme frelatée et dégénérée de l'authentique spectacle. La barrière séparant comédiens et public symbolise une confiscation de la fête. Que saute cette barrière, et le théâtre redeviendra une fête morale et citoyenne.

> Faites mieux encore: donnez les spectateurs en spectacles; rendez-les acteurs eux-mêmes; faites que chacun se voie et s'aime dans les autres, afin que tous en soient mieux unis.[30]

Cette vision utopique d'une cité réconciliée et préservée, par la vertu d'un théâtre généralisé, est aux antipodes des aspirations de Port-Royal.

3 — *L'esprit du christianisme*

Le théâtre a pour objet d'exciter chez les spectateurs les passions mises en scène. La religion chrétienne nous donne le modèle de Jésus-Christ, mourant pour nous délivrer de nos passions. La Comédie, en cela, est en opposition complète avec l'esprit du christianisme. C'est sur cet

---

[29] Rousseau, *ibid.*, p. 234 (note de l'auteur).
[30] Rousseau, *ibid.*

antagonisme irréductible que Conti conclut ses réflexions contre la Comédie.

> Il est donc vrai que le but de la Comédie est d'émouvoir les passions, comme ceux qui ont écrit de la Poétique en demeurent d'accord; et au contraire tout le but de la religion chrétienne est de les calmer, de les abattre et de les détruire autant qu'on le peut en cette vie.[31]

En traitant les poètes dramatiques d'*empoisonneurs*, Nicole devait s'attirer une réponse cinglante de Racine et déchaîner une âpre polémique (qui l'amène à publier son *Traité de la Comédie*). Le terme d'empoisonneur est évidemment désobligeant; mais encore faudrait-il s'entendre sur la notion de poison. Pourquoi, demande ironiquement Goibaud du Bois, les auteurs de théâtre refusent-ils d'être qualifiés de ce qu'ils se vantent d'être en réalité?

> On les a appelés *empoisonneurs des âmes*. C'est ce qui vous offense, et je ne sais pourquoi; car jusqu'ici ces poètes n'ont point accoutumé de s'en offenser. Peut-être avez-vous oublié, en écrivant votre lettre, que la Comédie n'a point d'autre fin que d'inspirer des passions aux spectateurs, et que les passions, dans le sentiment même des philosophes païens, sont les maladies et les poisons des âmes. Au moins apprenez-moi comme il faut agir avec vous; car je vois qu'on vous fâche quand on dit que les poètes empoisonnent; et je crois qu'on vous fâcherait encore davantage, si l'on vous disait que vous n'empoisonnez point, que votre muse est une innocente, qu'elle n'est pas capable de faire aucun mal, qu'elle ne donne pas la moindre tentation, qu'elle ne touche pas seulement le cœur, et qu'elle le laisse dans le même état où elle le trouve.[32]

Le raisonnement du janséniste prend la forme d'un syllogisme. Les passions sont des poisons; or, le dessein du théâtre est d'exciter les passions: le dessein du théâtre est donc d'empoisonner. Tout le différend réside dans la majeure, à savoir le jugement que l'on porte sur les passions humaines. Cela étant, partisans et adversaires de la Comédie ne peuvent que tomber d'accord sur l'objectif de l'art dramatique. La réussite

---

[31] Conti, *Traité de la Comédie et des spectacles*, pp. 45-46.

[32] Goibaud du Bois, *Réponse à l'auteur de la lettre contre les* Hérésies Imaginaires *et les* Visionnaires; *in*: Racine, G.E.F., t. IV, p. 297.

d'une pièce et de son interprétation se mesure à l'intensité des sentiments qu'elle a su exciter chez les spectateurs. La querelle autour du théâtre se transforme en une dissension plus philosophique et générale sur l'usage des passions. Une fois encore, Molière, dans la préface de *Tartuffe*, porte le débat sur le point critique.

> C'est un haut étage de vertu que cette pleine insensibilité où ils veulent faire monter notre âme. Je doute qu'une si grande perfection soit dans les forces de la nature humaine; et je ne sais s'il n'est pas mieux de travailler à rectifier et adoucir les passions des hommes que de vouloir les retrancher entièrement.[33]

Molière accuse les ennemis de la Comédie de nourrir pour l'homme des ambitions inhumaines. Mais si elle est inaccessible, l'insensibilité qu'ils prônent est-elle même souhaitable? Face à des chirurgiens malavisés, qui ne pensent qu'à amputer le malade, les prétendus empoisonneurs se déclarent de sages médecins. Au lieu de retrancher les passions, ils travaillent à les rendre inoffensives. Rectifier et adoucir, c'est en d'autres termes accomplir cette purgation que souhaitait Aristote pour la tragédie. C'est respecter l'homme en préservant son intégrité.

On interprète souvent grossièrement la métaphore de purgation contenue dans la notion de *catharsis*. Purger n'est pas retrancher. Quand il annote la *Poétique* d'Aristote, Racine, qui accorde une attention toute particulière à la définition de la tragédie, fait valoir sa propre interprétation en traduisant le grec par une alliance de mots: *purger et tempérer*. Le deuxième verbe restreint le sens du premier; il impose de concevoir la purgation comme une purification et non comme une délivrance. Le dramaturge explicite d'ailleurs sa pensée en introduisant une glose à la suite du texte d'Aristote.

> C'est-à-dire qu'en émouvant ces passions, [la tragédie] leur ôte ce qu'elles ont d'excessif et de vicieux, et les ramène à un état modéré et conforme à la raison.[34]

---

[33] Molière, Préface de *Tartuffe, O. C.* 1, p. 888.

[34] Racine, *Principes de la tragédie en marge de la* Poétique *d'Aristote*, édition E. Vinaver, p. 12. Sur ce problème spécifique de la purgation/purification, on se reportera avec profit à la riche note de E. Vinaver, *ibid.*, pp. 60-61.

On n'a jamais mieux conçu et exprimé au XVIIe siècle la portée exacte de la *catharsis* aristotélicienne. En quelques mots, Racine se dégage de la contradiction sur laquelle butent tant de commentateurs d'Aristote: ne risque-t-on pas, en délivrant l'homme de la terreur et de la pitié, d'ôter les principaux freins à son inconduite? La *Poétique* en réalité ne suggère rien de la sorte, et le pouvoir qu'elle prête à la tragédie ne tend pas à une intervention aussi violente. La perspective aristotélicienne suppose une approbation première des passions.

Ainsi la controverse apparente sur la licéité du théâtre recouvre-t-elle un débat plus fondamental. Elle est l'occasion pour les chrétiens de définir et d'affirmer l'*esprit* de leur foi. Quand on invoque les Pères, il ne faut pas s'arrêter aux griefs conjoncturels, aux reproches datés, mais prendre conscience que leur condamnation des spectacles, est moins celle d'une pratique (sujette à évoluer), que celle d'un esprit — quant à lui, intemporel. Derrière les arguments, Bossuet attire l'attention sur les principes.

> Si on veut pénétrer les principes de leur morale, quelle sévère condamnation n'y lira-t-on pas de *l'esprit qui mène aux spectacles*, où [...] l'on ne cherche qu'à s'étourdir et à s'oublier soi-même, pour calmer la persécution de cet inexorable ennui qui fait le fond de la vie humaine, depuis que l'homme a perdu le goût de Dieu![35]

Les spectacles ne sont pas seuls en cause, et peut-être même les reproches qu'on leur adresse sont-ils accessoires. Ce qui légitime cette croisade acharnée de quelques chrétiens, c'est moins les spectacles, que le goût pour les spectacles. Le plaisir que l'on trouve à la Comédie est jugé par certains inconciliable avec les désirs et les joies d'un disciple de l'Evangile. «L'esprit qui mène aux spectacles» est la négation de celui qui mène vers Jésus-Christ.

Mais comment définir l'esprit du christianisme? Nicole s'y emploie dans les dernières pages du *Traité de la Comédie*, énonçant une règle simple: c'est en se fixant sur la seule personne de Jésus-Christ que la religion chrétienne trouve son sens authentique. L'esprit du christianisme consiste à offrir toute action à Jésus-Christ, à essayer de conformer chacun de ses gestes à l'existence terrestre du Fils de Dieu. Il est manifeste que la fréquentation de la Comédie n'a pas son rôle dans un tel programme. «Ne serait-ce pas se moquer de Dieu et des hommes, que de dire que l'on

---

[35] Bossuet, *Maximes et réflexions sur la Comédie*, pp. 206-207 (je souligne).

va à la Comédie pour l'amour de Jésus-Christ?»[36] Cet argument, qui vient comme couronner toute la démonstration du traité, tient visiblement à cœur à Nicole. C'est le passage que l'auteur remanie le plus profondément en 1675, rédigeant une longue addition pour rendre parfaitement explicites les conséquences matérielles du principe formulé.

> ... Car toute action qu'on n'oserait offrir à Dieu, toute action dont l'esprit de Jésus-Christ n'est point le principe, toute action que l'on ne saurait faire pour lui obéir, toute action qui ne saurait être un fruit et un effet de sa Croix, enfin toute action dont on n'oserait le remercier, ne peut être bonne ni permise à un Chrétien.[37]

Or Jésus-Christ ne riait pas. Les *Maximes et réflexions sur la Comédie* donnent toute sa place à cette remarque, dans laquelle Bossuet voit un motif majeur pour rejeter la Comédie; le rire est en quelque sorte interdit au chrétien[38]. L'idée reste implicite, dans le *Traité de la Comédie*, mais Nicole développe en divers autres lieux cette croyance traditionnelle. Dans des *Pensées morales sur les mystères de Jésus-Christ*, le moraliste médite sur la pleine conscience de sa mission, qui accompagna le Christ à chaque moment de son existence.

> Il a toujours eu sa croix devant les yeux, et a toujours marché vers ce terme. [...] Qu'on juge par là quelle satisfaction il pouvait avoir dans le monde. Aussi l'on remarque qu'il n'a jamais ri. Rien n'égala jamais le sérieux de sa vie; et il est clair que le plaisir, l'amusement, et rien de ce qui peut divertir l'esprit, n'y a eu aucune part.[39]

---

[36] Nicole, *Traité de la Comédie* (1667) §31.

[37] Nicole, *Traité de la Comédie* (variante de l'édition de 1675) §31.

[38] Jésus «n'a pris ni nos joies ni nos ris, et n'a pas voulu que ses lèvres, *où la grâce était répandue,* fussent dilatées une seule fois par un mouvement qui lui paraissait accompagné d'une indécence indigne d'un Dieu fait homme.» (Bossuet, *Maximes et réflexions sur la Comédie*, p. 273 — le passage souligné par Bossuet est une citation du psaume 44.) Pour une mise au point récente sur l'origine et la pertinence théologique de ce motif religieux, voir: Xavier Tillette, «Jésus n'a jamais ri», *Communio* (XX, 5), sept.-oct. 1995, pp. 153-159.

[39] Nicole, *Pensées morales sur les mystères de Jésus-Christ* («La vie laborieuse...»), *Continuation des essais de morale*, t. 13, Paris: Desprez, 1751 [1ère éd.: 1687], p. 364.

Le chrétien se veut «amateur de Jésus-Christ crucifié», selon la formule hardie du *Traité de la Comédie*[40]. Il se produit ainsi en lui un complet renversement. Les larmes deviennent une forme de plaisir pour le vrai chrétien — du moins pour l'image que s'en fait Nicole. Son amour, son désir, ne le portent pas vers ce qui suscite la convoitise du monde.

> Les maux et les misères de cette vie, qui sont l'objet ordinaire de la tristesse humaine, sont au contraire, selon la foi, de grands sujets de joie, parce que ce sont de grands dons de Dieu, de grands témoignages de son amour, et des semences qui portent des fruits éternels de gloire. [...] Ces larmes mêmes portent leur consolation avec elles.[41]

Et Nicole achève ses considérations en citant saint Augustin:

> Les larmes des pénitents sont plus agréables que la joie des théâtres [...] *Dulciores sunt lacrymae orantium, quam gaudia theatrorum.*[42]

La boucle est bouclée, et la faute originelle du théâtre est expressément énoncée. Lieu de divertissement par excellence, il symbolise toutes les joies illusoires auxquelles le chrétien préfère des larmes plus savoureuses.

Citant saint Jean Chrysostome, Varet définit à son tour l'esprit du christianisme, dans des termes similaires.

> Ce n'est point à nous à passer le temps dans les ris, dans les divertissements et dans les délices. Ce n'est point là l'esprit de ceux qui sont appelés à une vie céleste, dont les noms sont déjà écrits dans cette éternelle cité, et qui font profession d'une milice toute spirituelle; mais c'est l'esprit de ceux qui combattent sous les enseignes du démon.[43]

Pour Nicole ou Varet, la lutte contre la Comédie n'est qu'un combat ponctuel, dans la guerre globale où s'affrontent l'esprit du monde et celui

---

[40] Nicole, *Traité de la Comédie* (1667) §31. En 1675, Nicole adoucit son expression: «Nous voulons imiter Jésus-Christ crucifié.»

[41] Nicole, «Sur l'épître du troisième dimanche de l'avent», *Continuation des essais de morale*, t. 9, Paris: Desprez, 1751 [1ère éd.: 1687], p. 59.

[42] *Ibid.*; la citation de saint Augustin provient de l'*Enarratio* sur le psaume 127 (n. 10; commentaire sur le 2e verset du psaume).

[43] Varet, *op. cit.*, p. 290. La citation de saint Jean Chrysostome est tirée de la sixième homélie sur l'évangile de saint Matthieu.

de la cité céleste. La référence, avec la littérature patristique, à une chrétienté primitive, isolée et persécutée au milieu d'un monde païen, convient ainsi particulièrement bien à leur disposition d'esprit. En se détournant des théâtres, ils manifestent leur rejet du paganisme. Peu importe dans ces conditions que la Comédie se soit ou non purifiée: quand bien même rien en elle ne porterait au mal, «vous ne devez pourtant pas laisser d'empêcher vos enfants de s'y trouver», écrit Varet à l'intention de sa sœur[44].

Il est inutile de préciser que cette condamnation du rire en particulier et de tous les plaisirs en général ne suscite guère de ferveur, chez les ennemis de Port-Royal, et n'entraîne pas davantage le respect. Racine refuse de se laisser enfermer dans une telle dualité, dont l'inflexible rigidité ne connaît que la sanctification et l'anathème.

> De me demander, comme vous faites, si je crois la Comédie une chose sainte, si je la crois propre à faire mourir le vieil homme, je dirai que non, mais je vous dirai en même temps qu'il y a des choses qui ne sont pas saintes, et qui sont pourtant innocentes.[45]

C'est la réplique ordinaire aux prétentions des dévots. Mais le poète continue plus perfidement, en soutenant que même à Port-Royal, ces maximes extrêmes connaissent quelques accommodements.

> Je vous demanderai si la chasse, la musique, le plaisir de faire des sabots, et quelques autres plaisirs que vous ne vous refusez pas à vous-mêmes, sont fort propres à faire mourir le vieil homme; s'il faut renoncer à tout ce qui divertit, s'il faut pleurer à toute heure? Hélas! oui, dira le mélancolique. Mais que dira le plaisant? Il voudra qu'il lui soit permis de rire quelquefois quand ce ne serait que d'un Jésuite; il vous prouvera, comme ont fait vos amis, que la raillerie est permise, que les Pères ont ri, que Dieu même a raillé.[46]

Les deux avocats que Nicole a suscités pour assurer sa défense contre Racine — le «mélancolique» (Goibaud du Bois) et le «plaisant» (Barbier d'Aucour) — illustrent chacun à leur manière les inconséquences de Port-Royal. Le rire, dont les solitaires se veulent théoriquement des

---

[44] *Ibid.*

[45] Racine, *Lettre aux deux apologistes de l'auteur des* Hérésies imaginaires, *O. C.* 2, p. 29.

[46] *Ibid.*

adversaires si résolus, n'est pas absolument banni de leur pratique — du moins quand les jésuites en font les frais. Les *Provinciales* demeurent comme l'exemple même de la conciliation entre l'esprit du monde et celui du christianisme[47].

*****

La recrudescence de l'offensive morale contre le théâtre coïncide avec un essor du genre dramatique, aussi bien sur le plan artistique que matériel. Le paradoxe est flagrant. On peut le reformuler en d'autres termes. L'Eglise, au XVIIe siècle, garde un réel pouvoir sur la société; l'Eglise (en France en tout cas) est majoritairement hostile au théâtre; le théâtre se développe cependant. Cette étrange situation laisse entendre que les enjeux réels ne se situent peut-être pas où l'on aurait cru. Comme le perçoit très justement J. Goldzink, l'âpreté de la querelle trahit son caractère essentiellement symbolique:

> Le théâtre, protégé et surveillé par le pouvoir royal malgré la haine cléricale, était devenu, tels chez nous le divorce ou l'avortement, l'enjeu d'un débat d'autant plus vif que symbolique: le critère de la dérive mondaine des sociétés chrétiennes.[48]

La question cruciale pour Nicole est le statut qu'il convient d'accorder à ce que le *Traité de la Comédie* désigne comme «les folles joies du monde», «les folles joies des enfants du siècle»[49]. Les adversaires du théâtre savent bien qu'il n'est plus question, à la fin du XVIIe siècle, de bannir le théâtre, que la tolérance sociale dont il bénéficie est irrévocable. Leur croisade en cela est sans commune mesure avec celle de Tertullien ou d'Augustin, qui œuvraient véritablement pour l'interdiction de divertissements qu'ils estimaient pernicieux.

Pour Nicole et ses amis, l'intolérable est la conciliation entre théâtre et christianisme. Le *Traité de la Comédie* est d'ailleurs parfaitement

---

[47] Les *Provinciales* de Pascal, modèle de raillerie, brillante mise en œuvre de procédés théâtraux, sont la référence essentielle que Racine oppose à Port-Royal dans la querelle de 1666. Voir: L. Thirouin, «Les *Provinciales* comme modèle polémique: la querelle des *Imaginaires*».

[48] Jean Goldzink, *Les Lumières et l'idée du comique*, p. 12.

[49] Nicole, *Traité de la Comédie* (1667) §5 et 32.

explicite à ce sujet; dès les premières lignes de la préface, est annoncé le
véritable sujet du litige.

> Une des grandes marques de la corruption de ce siècle est le soin que
> l'on a pris de justifier la Comédie, et de la faire passer pour un
> divertissement qui se pouvait allier avec la dévotion. Les autres siècles
> étaient plus simples dans le bien et dans le mal: ceux qui y faisaient
> profession de piété témoignaient, par leurs actions et par leurs paroles,
> l'horreur qu'ils avaient de ces spectacles profanes. Ceux qui étaient
> possédés de la passion du théâtre reconnaissaient au moins qu'ils ne
> suivaient pas en cela les règles de la religion chrétienne. Mais le
> caractère de ce siècle est de prétendre allier ensemble la piété et
> l'esprit du monde. On ne se contente pas de suivre le vice, on veut
> encore qu'il soit honoré et qu'il ne soit pas flétri par le nom honteux
> de vice, qui trouble toujours un peu les plaisirs que l'on y prend, par
> l'horreur qui l'accompagne. On tâche donc de faire en sorte que la
> conscience s'accommode avec la passion, et ne la vienne point
> inquiéter par ses importuns remords.[50]

L'enjeu est donc en priorité celui d'un débat de principe: faire reconnaître
la nocivité du théâtre, quelle que soit la place qu'il tienne dans la
société[51].

La lettre du P. Caffaro semblera ainsi particulièrement choquante en
1694, non tant parce qu'elle prend la défense du théâtre, mais parce
qu'elle le fait d'un point de vue résolument chrétien. Le titre même donné
à l'écrit de 1694 par Caffaro (ou par Boursault, si l'on accepte l'idée que
celui-ci est l'auteur de la traduction en français) est sans doute une des
causes majeures de la tempête qui a suivi la publication du texte: il
annonce que cette défense de la Comédie émane d'un théologien attitré,
et s'appuie sur des arguments théologiques. En se déchaînant contre ce
«théologien illustre par sa qualité et par son mérite», les rigoristes veulent

---

[50] Nicole, *Traité de la Comédie* (1667), préface.

[51] Jean Goldzink, résumant cette position, désigne très précisément ce qui est insupportable
à Nicole: «L'insupportable, c'est moins de se glisser furtivement au temple délicieux de la
luxure (tout pécheur appartient à l'Eglise) que de nier le péché en expliquant les vitupéra-
tions des Pères fondateurs par des circonstances historiques périmées, en faisant du théâtre
un délassement anodin, comme le bal ou le jeu, un pur plaisir esthétique sans conséquence
vitale, purgé des insupportables obscénités de la comédie antique et rustique, voire une école
de vertu, au moins une école des mœurs, par crainte des passions et des ridicules.»
(J. Goldzink, *ibid.*, p. 12)

surtout proscrire toute tentative de conciliation entre l'esprit du christianisme et celui du monde.

4 — L'aveuglement salutaire

Le théâtre (l'étymologie même du mot le suggère) tient essentiellement à la vue. Comme le souligne Horace, c'est dans sa dimension visuelle que son pouvoir trouve à s'exprimer pleinement.

> Ou l'action se passe sur la scène, ou on la raconte quand elle est accomplie. L'esprit est moins vivement touché de ce qui lui est transmis par l'oreille que des tableaux offerts au rapport fidèle des yeux et perçus sans intermédiaire par le spectateur.[52]

Dans une rivalité de l'œil et de l'oreille, les séductions mimétiques qui se déroulent sur un théâtre attestent la primauté du sens de la vue sur celui de l'ouïe. En assistant lui-même à une action, le spectateur est pour ainsi dire la source de sa propre information: les yeux lui semblent des témoins incontestables (*oculis fidelibus*), de sorte qu'il se livre à lui-même (*ipse sibi tradit*) le spectacle qui lui est proposé. Toute narration suppose un intermédiaire et autorise le soupçon. Le théâtre n'est jamais tant lui-même que quand il expose directement aux regards les événements qu'il évoque. Ces considérations horaciennes, très fréquemment rappelées, ont des conséquences de deux ordres. Sur un plan strictement poétique et technique, tout d'abord, elles engagent le poète à privilégier la représentation directe par rapport au récit, à n'user de celui-ci que dans des situations d'absolue nécessité. Sur un plan plus philosophique, elles établissent cette assimilation entre pouvoir du théâtre et pouvoir de la vue.

Dans la première lettre de saint Jean, sont distinguées trois concupiscences: «Tout ce qui est dans le monde est ou concupiscence de la chair, ou concupiscence des yeux, ou orgueil de la vie»[53]. Saint Augustin, qui ne cesse de méditer sur ce texte, et qui fait de cette triade une des clefs

---

[52] «*Aut agitur res in scaenicis aut acta refertur. / Segnius inritant animos demissa per aurem / quam quae sunt oculis subjecta fidelibus et quae / ipse sibi tradit spectator.*» (Horace, *Art poétique*, v. 179- 182)

[53] 1ère épître de saint Jean, II, 16 (traduction Lemaistre de Sacy — qui restitue fidèlement le texte de la Vulgate: «*Omne quod est in mundo, concupiscentia carnis est, et concupiscentia oculorum, et superbia vitae*»).

principales pour interpréter les actions des hommes, en donne dans un passage des *Confessions* une version très éclairante pour notre propos.

> Voilà les sources des péchés des hommes, qui naissent tous de ces trois concupiscences marquées par l'Ecriture, de l'élèvement de l'orgueil, de la curiosité des spectacles, et des plaisirs bas et sensuels.[54]

En traduisant ici la *libido oculorum* par *libido spectandi*, saint Augustin relie étroitement la deuxième concupiscence au plaisir du spectacle. La Comédie n'est pas seulement pour lui, comme on aurait pu s'y attendre, une manifestation de la *libido sentiendi*, des plaisirs bas et grossiers qui sont dominés par la sensualité: dans la mesure où elle passe par les yeux, elle concerne la curiosité — cette seconde concupiscence, plus intellectuelle que sensuelle, aussi dénommée *libido sciendi*.

Maintenant se précise un peu mieux le statut religieux du théâtre, la perception qu'en ont les augustiniens: il est l'expression paroxystique de la *libido spectandi*, c'est-à-dire de la concupiscence des yeux. Toute la fin du traité de Nicole est consacrée à ce thème de la vision, amplification et aboutissement du problème de la *Comédie*. La question même du théâtre n'est qu'un cas particulier, qui engage à considérer le chrétien face au *spectacle* du monde. Marc Fumaroli relève très justement cet aspect subsidiaire, mais en réalité crucial, de la controverse.

> De même qu'il y a à l'arrière plan de la Querelle de la moralité du théâtre, un débat sur l'imagination, il y a aussi un débat sur le sens de la vue; porte de la connaissance et du salut, ou porte de la perdition et du dernier aveuglement.[55]

N'est-ce pas jouer sur les mots que de rapporter la *libido spectandi*, notion théologique et abstraite, au problème particulier du théâtre? Le goût tristement ordinaire pour les spectacles de Comédie est-il une réalité du même ordre que cette perversion du désir, dont le siège symbolique est situé dans le regard par les théologiens augustiniens? Un discours de Jansénius en donnera confirmation. Dans la *Réformation de l'homme*

---

[54] «*Haec sunt capita iniquitatis, quae pullulant principandi et spectandi et sentiendi libidine*» (*Confessions* III, 8 — traduction d'Arnauld d'Andilly, p. 106).
[55] Marc Fumaroli, «La querelle de la moralité du théâtre au XVIIe siècle», p.88.

intérieur, texte traduit par Arnauld d'Andilly, les spectacles de divertissement sont explicitement présentés comme des manifestations de la deuxième concupiscence. La Volupté, première des trois concupiscences, est la forme élémentaire que prend le désir perverti; c'est contre elle que les prédicateurs chrétiens s'élèvent prioritairement. Mais si elle est la plus honteuse, elle n'est pas, au regard de Jansénius, la plus dangereuse. La Curiosité est une menace autrement grave, «d'autant plus trompeuse qu'elle paraît plus honnête»:

> Le monde est d'autant plus corrompu par cette maladie de l'âme, qu'elle se glisse sous le voile de la santé, c'est-à-dire de la science. C'est de ce principe que vient le désir de se repaître les yeux par la vue de cette grande diversité de spectacles: de là sont venus le Cirque et l'amphithéâtre, et toute la vanité des tragédies et des comédies; de là est venue la recherche des secrets de la nature qui ne nous regardent point, qu'il est inutile de connaître, et que les hommes ne veulent savoir que pour les savoir seulement...[56]

Le procès, on le voit, est très vaste. Les catégories impliquées sont pour nous déroutantes. La *libido spectandi*, «maladie de l'âme» selon les disciples de saint Augustin, unit dans une même pulsion les efforts de la recherche scientifique, les fatigues de l'érudition, la fascination malsaine pour le Cirque et l'intérêt récréatif pour des intrigues théâtrales. Toutes les curiosités se valent; elles ont une seule et unique source, dans la mesure où elles expriment un même désir de jouissance égoïste et inconsistante. Pour un augustinien, le savoir, en soi, n'est pas une valeur. Ce peut être même un leurre particulièrement redoutable, quand il est paré des prestiges mondains. Mais le travail ingrat du savant et la vaine dissipation du badaud sont pour l'homme deux façons équivalentes de se fourvoyer.

Quoique ouvertement hostile à toute pensée de nature religieuse, Guy Debord ne tient pas un discours très différent, quand il conteste dans ses fondements la *société du spectacle*. Sous le terme générique de *spectacle*, il met en cause la domination exorbitante des «catégories du voir». Le *visuel*, le *spectaculaire*, le *spéculatif* sont autant de modalités du système qu'il abomine et dont il reconnaît la marque dans une dictature de l'apparence.

---

[56] *De interioris hominis reformatione Oratio, in qua virtutum christianarum fundamenta ex D. Augustini doctrina jaciuntur* (Anvers, 1628). Trad. française par R. Arnauld d'Andilly, Paris, 1642. Cité par Sainte-Beuve, *Port-Royal* (Pléiade t. 1, p. 893).

> Le spectacle est l'héritier de toute la *faiblesse* du projet philosophique occidental qui fut une compréhension de l'activité, dominée par les catégories du *voir*; aussi bien qu'il se fonde sur l'incessant déploiement de la rationalité technique précise qui est issue de cette pensée. Il ne réalise pas la philosophie, il philosophise la réalité. C'est la vie concrète de tous qui s'est dégradée en univers *spéculatif*.[57]

Sous une forme non chrétienne, on trouve ici constituée la catégorie johannique de la deuxième concupiscence. Le même refus s'exprime à l'endroit d'un comportement spéculatif, c'est-à-dire d'une attitude où le désir forcené de voir met en péril la possibilité d'être.

Le conseil que donne Port-Royal pour lutter contre cette vaine curiosité, ce désir perverti dont les yeux sont l'organe, est un conseil d'aveuglement. La conversion du regard passe nécessairement par une privation. Il ne s'agit pas de jeter un autre regard sur des réalités illusoires, mais de les nier en tant que spectacle, de les faire disparaître. Le *Traité de la Comédie* s'achève ainsi sur l'affirmation d'un aveuglement salutaire, dont le refus de la Comédie ne serait, somme toute, qu'une expression emblématique.

> Le péché a ouvert les yeux aux hommes pour leur faire voir les vanités du monde avec plaisir, et la grâce du christianisme, en ouvrant les yeux de l'âme pour les choses de Dieu, les ferme pour les choses séculières, par un aveuglement beaucoup plus heureux que la vue malheureuse que le péché nous a procurée. C'est cet aveuglement salutaire, dit saint Paulin, que le Prophète demandait à Dieu, lorsqu'il dit: *Empêchez mes yeux de voir la vanité*[58]; et que le Seigneur préfère aux yeux clairvoyants des Juifs, lorsqu'il leur dit: *Si caeci essetis, non haberetis peccatum*[59]. Si vous étiez aveugles, vous n'auriez point de péché.[60]

---

[57] Guy Debord, *La Société du Spectacle*, thèse 19, p. 23 (passages soulignés par l'auteur).

[58] Ps. 118 (37).

[59] Jean 9 (41).

[60] Nicole, *Traité de la Comédie* (1667) §35. Tout ce développement est inspiré par saint Paulin de Nole, Lettre 23 à Sévère, n. 22 — que Nicole traduit par endroits littéralement: «*Et nos contentis ad Dominum sensibus, carnales oculos secularium rerum aversione caecemus, quibus orbari Propheta desiderabat cum diceret: Averte oculos meos ne videant vanitatem. Et Dominus ipse oculis Judaeorum caecitatem praeferens, dicit: si caeci essetis, peccatum non haberetis*» [Nous aussi, nos sens tendus vers le Seigneur, rendons aveugles nos yeux charnels, par une aversion des choses du siècle; c'étaient les yeux charnels dont

En écartant les chrétiens de la Comédie, Nicole fait plus que les mettre en garde contre des spectacles immoraux, ou contre un souci intempestif de divertissement: c'est le monde lui-même en tant que spectacle que rejette le moraliste. Ou plutôt, c'est la réalité confondue avec le spectaculaire.

> Si nous sommes donc obligés, en qualité de chrétiens, de demander à Dieu qu'il nous ôte les yeux pour toutes les folies du monde, dont la Comédie est comme l'abrégé, et qu'il nous en imprime la haine et l'aversion dans le cœur, comment pourrons-nous croire que nous puissions repaître nos yeux de ces vains spectacles, et mettre notre contentement en ce qui doit être l'objet de notre aversion et de notre horreur.[61]

Cet aveuglement, tenu pour salutaire, ne saurait être conçu comme une infirmité, mais comme un admirable dépassement de soi, une ascèse. En refusant de voir, en s'interdisant à soi-même les satisfactions inconsistantes liées à la vue, le chrétien — tel que le souhaite Port-Royal — ne se mutile pas: il répond à sa vocation; il rend à ses yeux leur destination authentique et admirable: le spectacle de Dieu.

Au bout du compte, d'ailleurs, le chrétien ne se rend aveugle qu'au néant, puisque, selon les conceptions platoniciennes de Nicole, ce à quoi il ferme les yeux n'existe pas. Tel un mirage, le spectacle du monde n'a que la réalité dont on le crédite; sa puissance d'illusion est exactement proportionnée à la réceptivité d'un spectateur. Lutte-t-on mieux contre un mirage, en le fixant jusqu'à se laisser hypnotiser? Nicole tient que la meilleure réponse aux mirages de tous ordres est de fermer les yeux, et de rendre par là à l'inexistence un objet qui tirait d'être vu sa trompeuse réalité.

Corneille a fort bien saisi les termes du débat, quand il parle de laisser les adversaires du théâtre à leur «aveuglement volontaire».

> Ce n'est pas mon dessein d'entreprendre ici de désabuser ceux qui ne veulent pas l'être. Il est juste qu'on les abandonne à leur *aveuglement volontaire*, et que pour peine de la trop facile croyance qu'ils donnent à des invectives mal fondées, ils demeurent privés du plus agréable et

---

le Prophète souhaitait être privé, quand il disait: Détournez mes yeux, afin qu'ils ne regardent pas la vanité. Et le Seigneur lui-même, préférant aux yeux des Juifs la cécité, dit: Si vous étiez aveugles, vous n'auriez point de péché.]

[61] *Ibid.*

> du plus utile des divertissements dont l'esprit humain soit capable.
> Contentons-nous d'en jouir sans leur en faire part.[62]

Dans ce dialogue qui se noue à vingt années d'intervalle entre un des plus grands auteurs dramatiques du siècle et l'adversaire sans doute le plus pénétrant de la Comédie, peut-être touchons-nous au cœur même de ce débat impossible. L'un refuse tout théâtre parce qu'il refuse en fait tout spectacle, y compris les plus naturels: il rejette comme fausses les réalités auxquelles l'homme a accès par la vue. L'autre croit, sans prosélytisme, au plaisir de la réalité; il fait confiance au spectacle pour élever l'âme. Derrière le combat-prétexte contre la Comédie, ce sont en fait deux manières d'être au monde qui s'affrontent.

Est-ce donc s'écarter de la question du théâtre, que de rappeler les fermes positions de Pascal face à une apologétique traditionnelle — celle qui passe précisément par l'exaltation du *spectacle* de la nature? Le psaume 18 engage bien les chrétiens à rechercher dans le grand théâtre du monde la présence du créateur, d'une volonté organisatrice et paternelle.

> Les cieux racontent la gloire de Dieu, et le firmament publie les ouvrages de ses mains.[63]

Mais Pascal se raille cruellement des bonnes âmes, qui pensent trouver là matière à impressionner et séduire les incroyants.

> En adressant leur discours aux impies, leur premier chapitre est de prouver la divinité par les ouvrages de la nature. [...] Dire à ceux-là qu'ils n'ont qu'à voir la moindre des choses qui les environnent et qu'ils y verront Dieu à découvert, et leur donner pour toute preuve de ce grand et important sujet le cours de la lune et des planètes, et prétendre avoir achevé sa preuve avec un tel discours, c'est leur donner sujet de croire que les preuves de notre religion sont bien faibles. Et je vois par raison et par expérience que rien n'est plus propre à leur en faire le mépris.[64]

Si Dieu est un Dieu caché, comme le proclame Pascal à la suite d'Isaïe, ce n'est pas en scrutant le monde et ses spectacles qu'on peut nourrir

---

[62] Corneille, lettre préface de *Théodore*, *O. C.* 2, p. 270 (je souligne).
[63] Ps. 18, v. 1 (traduction: Sacy).
[64] Pascal, *Pensées*, fr. 644.

l'espoir de le rencontrer. Une fois encore, l'aveuglement est salutaire — un aveuglement temporaire, bien sûr, et dont on entend bien sortir, mais qui est pour les hommes la condition première du salut. De l'épreuve seule de cet aveuglement peut advenir la foi en Jésus-Christ.

> [Dieu] a laissé [les hommes] dans un *aveuglement* dont ils ne peuvent sortir que par Jésus-Christ, hors duquel toute communication avec Dieu est ôtée.[65]

---

[65] *Ibid.* (je souligne).

CONCLUSION

Querelle de la moralité du théâtre? Telle est l'expression consacrée; ainsi désigne-t-on le vaste débat auquel se rattachent les quelques épisodes et arguments que nous avons ici considérés. Chacun de ces termes prête cependant à confusion, et mérite d'être précisé.

De *théâtre*, il est moins question que de Comédie. La terminologie est floue et fluctuante. Mais les incertitudes sont entretenues, ou tout au moins exploitées, par des censeurs qui se refusent à toute approche casuistique. Il n'est pas question pour eux de faire la part des choses, de distinguer entre des genres dramatiques épurés, moralement acceptables, et quelques résidus de l'antique grossièreté. Pas plus que la distinction sociologique entre acteurs et histrions ne leur semble pertinente, ils ne dissocient dans leurs condamnations la tragédie et la comédie, ou la comédie et les farces. Ce genre de préoccupation est plutôt l'apanage des défenseurs du théâtre. En censurant globalement tous les spectacles sous le titre vague de Comédie, les rigoristes annexent en outre d'autant plus facilement à leur cause l'autorité des Pères de l'Eglise: ils évitent de trop se pencher sur la parenté problématique entre les jeux qui se pratiquaient à Carthage au début de l'ère chrétienne et les représentations de l'hôtel de Bourgogne.

Il reste que la décennie 1660-1670 se caractérise par une offensive sans équivalent contre la tragédie — à travers son représentant le plus éminent, Corneille. Alors que cette période est celle où Molière dut mener un de ses combats les plus rudes pour défendre son œuvre, le nom de l'auteur de *Tartuffe* ne vient à aucun moment sous la plume de Nicole ou de Varet. Il n'est guère fait cas de lui davantage, dans la querelle qui oppose Racine à Port-Royal[1]. Les deux œuvres sur lesquelles s'appuient le plus volontiers les adversaires de la Comédie, pour illustrer leur propos, sont le *Cid* et *Théodore*: la pièce polémique par excellence, objet d'un

---

[1] Racine seul fait allusion à Molière, dans une anecdote à propos d'une représentation privée de *Tartuffe*; mais ce passage figure dans sa seconde lettre, du 10 mai 1666, restée inédite. Voir *Lettre aux deux apologistes de l'auteur des hérésies imaginaires*, Racine, *O. C. 2*, p. 28.

engouement exceptionnel, et une tragédie religieuse, au destin malheureux. À travers ces deux expressions honorables de l'art dramatique, le débat s'engage résolument sur la voie la plus difficile.

De Nicole à Rousseau un glissement manifeste s'opère dans la polémique. Tandis que, pour les augustiniens, la tragédie est la cible exemplaire, le genre spontanément évoqué pour illustrer la nocivité du théâtre, Rousseau concentre ses réflexions sur la comédie (au sens restreint du terme). La longue analyse que la *Lettre à d'Alembert* consacre au *Misanthrope*, en est la marque la plus frappante. C'est dans le rire du public, et dans les œuvres comiques, que Rousseau perçoit le mieux les fondements immoraux du pacte théâtral.

La *moralité* du théâtre est-elle le sujet véritable de la controverse? Le paradoxe de Senault, inlassablement repris sous toutes ses formes et scruté dans toutes ses conséquences, nous met en garde sur ce point. «Plus [la Comédie] semble honnête, plus je la tiens criminelle», proclame l'oratorien[2]. La purification du théâtre — c'est-à-dire, en d'autres termes, sa moralisation — n'apaise pas les inquiétudes des moralistes. Encore, dans le cas de Senault, le paradoxe peut-il se lire sur un plan moral: la Comédie honnête est criminelle, dans la mesure où son honnêteté est fallacieuse, où elle ne correspond qu'à un semblant d'honnêteté. Mais Nicole se charge, au fil du *Traité de la Comédie*, de montrer que les griefs majeurs du chrétien contre les spectacles ne dépendent pas réellement de leur moralité. Les impressions clandestines qui s'accrochent au spectateur, à son insu, bien au-delà de la représentation; l'excitation incontrôlable des désirs; l'esprit de divertissement, qui transforme la réalité en un futile spectacle: voilà, pour Nicole, les menaces les plus graves de la Comédie. A ce niveau de contestation, la décence des pièces n'entre plus qu'accessoirement en ligne de compte. S'il existait une œuvre dont l'honnêteté fût indiscutable, au regard même du rigorisme soupçonneux de Port-Royal, une œuvre qui, insoucieuse de son public, conservât aux vertus leur caractère monotone et modeste, on peut douter cependant qu'elle rencontrerait l'approbation ou même l'indulgence de Nicole. C'est dans sa nature même de spectacle, et dans son fonctionnement mimétique intrinsèque, que la Comédie est ici condamnée.

Qu'il y ait *querelle*, cela au moins ne fait pas de doute! Le caractère polémique de ces lettres, traités, préfaces, avis, n'a pas besoin d'être souligné. Et si Nicole garde un ton relativement mesuré, d'autres

---

[2] Jean-François Senault, *Le Monarque ou les devoirs du souverain* (1662), p. 206.

protagonistes, dans les deux camps, ne s'interdisent pas l'invective. Mais quels sont précisément ces deux camps? Entre qui et qui se déroule cette querelle? La réponse spontanée — «entre l'Eglise et le théâtre» — n'est pas satisfaisante.

Il est vrai que, dans la France du XVIIᵉ siècle, les adversaires militants de la Comédie se recrutent essentiellement dans le clergé et chez les dévots. On ne peut contester d'autre part les difficultés que, dans les faits, le théâtre devait affronter sous le règne de Louis XIV. J'en donnerai pour seul exemple les errances des Comédiens-Français, en 1687. Nés de la fusion des troupes parisiennes en 1680, ils s'étaient installés dans le théâtre de la rue Guénégaud, que la troupe de Molière occupait depuis la mort de son directeur. Mais l'ouverture prochaine du Collège des Quatre-Nations était jugée inconciliable avec la présence de comédiens dans le voisinage: ils furent sommés de trouver une autre salle pour se produire. Dans une lettre à Boileau, Racine évoque de façon détaillée l'étendue des problèmes que rencontrèrent les comédiens pour se reloger.

> Ils ont déjà marchandé des places dans cinq ou six endroits; mais partout où ils vont, c'est merveille d'entendre comme les curés crient. Le curé de Saint-Germain de l'Auxerrois a déjà obtenu qu'ils ne seraient point à l'hôtel de Sourdis, parce que de leur théâtre on aurait entendu tout à plein les orgues, et de l'église on aurait entendu parfaitement bien les violons. Enfin ils en sont à la rue de Savoie, dans la paroisse Saint-André. Le curé a été aussi au Roi, lui représenter qu'il n'y a tantôt plus dans sa paroisse que des auberges et des coquetiers; si les comédiens y viennent, que son église sera déserte. Les grands Augustins ont aussi été au Roi...[3]

La troupe trouva finalement refuge dans le jeu de Paume de l'Etoile, rue des Fossés Saint-Germain — aujourd'hui rue de l'Ancienne Comédie — pour presque un siècle. Mais l'acharnement des curés à écarter de leur paroisse le péril théâtral illustre suffisamment l'état des mentalités.

Sur le plan de la doctrine cependant, et du droit canon — qui en est la traduction réglementaire — , la condamnation du théâtre par l'Eglise catholique offre plus de prises au doute. Il n'est pas question, comme on le soutient trop souvent, de frapper les comédiens d'excommunication: la seule sanction canonique qui soit envisagée à leur encontre est de portée

---

[3] Racine, lettre à Boileau du 8 août 1687, *O.C.* 2, pp. 485-486.

bien moindre, puisqu'elle se limite à un refus ponctuel de communion, dans certains diocèses. Encore faut-il pour cela que la profession de comédien ait été incorporée à la liste des pécheurs publics, établie par le rituel de chaque diocèse. Cette décision repose donc moins sur une volonté expresse de l'Eglise catholique, que sur la sensibilité rigoriste de certains prélats[4].

Les autorités récentes font d'ailleurs un peu défaut aux adversaires de la Comédie, comme l'attestent certaines pratiques éditoriales de l'évêque de Montpellier, assimilables à des manipulations. Mgr. François Bosquet, soucieux d'apporter à sa cause le renfort de saint Charles Borromée, fait paraître, sous le nom du grand évêque de la Réforme catholique, un manuscrit d'origine incertaine. Les *S. Caroli opuscula de choreis et spectaculis in festis diebus non exhibendis*, publiés à Toulouse en 1662, sont traduits deux ans plus tard en français, sous le titre de *Traité contre les danses et les comédies composé par saint Charles Borromée*. On voit qu'entre le titre latin et sa traduction, le sujet a évolué: la Comédie a fait son apparition; la question originelle sur la protection des jours de fêtes, s'est étendue à une dissertation générale. Quant à savoir le rôle exact du saint évêque de Milan dans ces considérations, J. Dubu a savamment avancé quelques motifs de doute[5]. Il est à noter au demeurant que le rituel de Milan, rédigé avant le *Rituale Romanum* de Paul V, ne mentionne pas les comédiens ou assimilés parmi les personnes auxquelles on doit opposer un refus des sacrements. Les rigoristes français eussent aimé couvrir leur sévérité d'une autorité aussi irréfutable que celle de saint Charles, alors que la réputation du réformateur catholique est plutôt, en matière de théâtre, d'avoir observé une tolérance prudente.

La situation étrange qui prévaut en France est celle d'un conflit effectif entre religion et théâtre, qui ne repose pas sur un fondement doctrinal consistant. Le théâtre et l'Eglise s'affrontent en *fait* plus qu'en *droit*. Il semble d'ailleurs que la Compagnie du Saint-Sacrement, fer de lance d'une christianisation de la société et incarnation de la politique

---

[4] En conclusion de ses *Maximes et réflexions sur la Comédie*, Bossuet reconnaît, à contrecœur, la modération de l'Eglise dans ses dispositions réglementaires à l'égard des représentations théâtrales: «Elle restr[eint] ordinairement les punitions canoniques qu'elle emploie pour les réprimer, à certaines personnes, comme aux clercs, à certains lieux, comme aux églises, à certains jours, comme aux fêtes.» (*op. cit.*, p. 270)

[5] Voir Jean Dubu, «De quelques rituels des diocèses de France au XVIIᵉ siècle et du théâtre (II)», pp. 108-116.

dévote jusque vers 1670, n'ait pas vraiment partagé, au sujet de la Comédie, les analyses qui avaient cours à Port-Royal. Une lettre de Corneille à René Voyer d'Argenson, le futur auteur des *Annales de la Compagnie du Saint-Sacrement*, démontre de réelles convergences sur un usage chrétien de la littérature[6]. Tant que les auteurs comiques ne se mêlaient pas de porter sur la scène d'hypocrites dévots qu'on pût confondre avec les confrères eux-mêmes, ceux-ci paraissent peu préoccupés de lutter contre la Comédie, hormis ses débordements. Louis XIII, roi très chrétien, avait fourni aux comédiens l'appui officiel de sa déclaration de 1641. La sévérité absolue de certains moralistes ou théologiens à l'encontre de la Comédie ressortit bien, dans ces conditions, à un phénomène de dissidence religieuse, plutôt qu'à l'expression de l'authentique doctrine catholique.

Bien conscient de ces tensions et de ces ambiguïtés, Voltaire ne se prive pas, un siècle plus tard, de ramener toute la polémique à des soubresauts hétérodoxes.

> Ce sont les hérétiques, il le faut avouer, qui ont commencé à se déchaîner contre le plus beau de tous les arts. Léon X ressuscitait la scène tragique; il n'en fallait pas davantage aux prétendus réformateurs pour crier à l'œuvre de Satan. Aussi la ville de Genève et plusieurs illustres bourgades de Suisse ont été cent-cinquante ans sans souffrir chez elles un violon. Les jansénistes qui dansent aujourd'hui sur le tombeau de saint Pâris, à la grande édification du prochain, défendirent le siècle passé à une princesse de Conti qu'ils gouvernaient, de faire apprendre à danser à son fils, attendu que la danse est trop profane.[7]

Si le souci d'orthodoxie du philosophe est évidemment de circonstance, les affinités dont il fait état sont peu discutables. Dans l'Europe du XVIIe siècle, les pays où le théâtre est interdit sont ceux qu'inspire la réforme protestante, tandis qu'à Rome, centre de la catholicité, les spectacles dramatiques et lyriques se donnent en présence des cardinaux, et avec

---

[6] Lettre de Pierre Corneille à René II de Voyer d'Argenson (18 mai 1646), *in*: Corneille, *O. C.* 2, pp. 345-347.

[7] Voltaire, art. «Police des spectacles», *Questions sur l'encyclopédie* (1771), pp. 337-338.

leurs encouragements. Les neveux d'Urbain VIII Barberini font édifier un théâtre dans les jardins de leur palais privé[8].

Pour répondre avec plus de concision à la question initiale — entre qui et qui se déroule cette querelle? — je conclurai donc: non pas entre l'Eglise et le théâtre, mais entre le théâtre et une certaine frange des catholiques. Ce sont des croyants convaincus et militants, qui se refusent à transiger avec la mondanité, mais cela ne suffit pas à les définir; l'activisme religieux ne passe pas nécessairement, à l'époque de Nicole, par une lutte contre la Comédie. Le trait le plus caractéristique des adversaires de la Comédie est sans doute la ferme revendication de l'héritage spirituel augustinien — augustinisme partagé par diverses familles d'esprit, et qui peut se manifester, comme dans le cas de Port-Royal, par une disposition à la dissidence.

Au fur et à mesure que le siècle avance, l'hostilité des prêtres à l'égard de la Comédie se fait de plus en plus catégorique et pressante. Comme le remarque J. Kelly, les écrits et les discussions touchant la moralité du théâtre semblent avoir eu pour effet majeur «d'intensifier la sévérité du clergé».

> Au cours des années du grand règne, on remarque non point un adoucissement, mais plutôt un redoublement de cette sévérité.[9]

La décennie 1660-1670, malgré la détermination des attaques, présente de la sorte une situation assez différente de celle qui prévaudra à la fin du siècle. La querelle déclenchée par la lettre de Caffaro constitue à ce titre le moment extrême.

> La plupart des écrits, condamnant le théâtre, qui furent publiés [en 1694], n'eurent qu'une importance momentanée. Mais on n'aurait pas tort de les regarder comme donnant une expression définitive de cet esprit intransigeant, sur la question des spectacles, qui s'était répandu graduellement parmi les membres du clergé français au cours du XVIIe siècle.[10]

---

[8] Sur cette construction et sa signification, sur le rôle de Mgr Rospigliosi, «dramaturge officiel», voir: Marc Fumaroli, *Héros et orateurs, rhétorique et dramaturgie cornéliennes*, pp. 241 sq.

[9] John Kelly, *La Querelle du théâtre en France de 1657 à 1700*, p. 241.

[10] John Kelly, *op. cit.*, p. 298.

Nicole, Conti, Senault condamnent la Comédie tout en éprouvant pour elle une certaine sorte de fascination admirative. Corneille est traité avec respect; son œuvre est visiblement connue et appréciée de ceux qui ont décidé d'en tirer argument contre le théâtre. Le moment où paraît le *Traité de la Comédie* est ainsi une période charnière: l'intransigeance des moralistes s'accompagne paradoxalement d'une certaine résignation envers un divertissement qui a conquis ses lettres de noblesse, et dont il ne semble plus plausible que la société puisse être purgée.

La position des rigoristes aura-t-elle influé sur l'évolution du théâtre? Il est permis d'en douter. La *purification* du genre dramatique au cours du XVIIe siècle, sous le regard vigilant de l'abbé d'Aubignac, a peut-être été stimulée et hâtée par l'hostilité environnante de certains moralistes. Les ennemis de la Comédie, pour leur part, présentent comme une grande victoire le silence de Racine après *Phèdre*, ou les remords de Quinault, au terme de sa carrière. Mais comme dans le cas du jeu de hasard (ou à peine moins), le discours moral semble ici étanche, sans prise sur la réalité — qui n'a pas davantage de prise sur lui. La réprobation énergique contre la Comédie a sans doute alimenté la mauvaise conscience de certains spectateurs: elle n'a pas détourné le public des théâtres.

*****

L'intérêt majeur de ce débat, sa fécondité, me semblent ainsi d'ordre théorique. Peut-on donner entièrement raison à Ch. Mazouer, quand il conclut, à l'issue d'un rapide passage en revue des arguments contre le théâtre comique:

> La querelle en dit plus long sur les mentalités et sur les conceptions philosophiques et religieuses de ceux qui s'affrontent à ce moment du passé.[11]

La déconvenue du critique est compréhensible, et en partie justifiable. Ces affrontements lui paraissent bien étrangers à la question du théâtre. Mais émergent de la polémique des interrogations fondamentales, concernant la *mimèsis* en général autant que l'art dramatique en particulier. Contrairement à ce que suggère une première impression, le théâtre n'est pas absent

---

[11] Charles Mazouer, «L'Eglise, le théâtre et le rire au XVIIe siècle», p. 352.

du débat. C'est même bien l'essence du théâtre et de la *mimèsis* spectaculaire que tente d'atteindre un ouvrage comme le *Traité de la Comédie*.

La croisade menée contre la Comédie par Nicole et son entourage peut
sembler déplacée. L'irritation habituelle de la critique devant cet ensemble
de documents se conçoit. Si l'on quitte la position respectueuse et effacée
qui convient à l'historien, on est forcé de convenir que Corneille ou
Molière n'étaient pas les cibles les plus appropriées, que leurs œuvres
n'étaient pas celles qui se prêtaient le mieux à développer un corps de
doctrine anti-théâtral. Pour affiner en conclusion la sympathie méthodologique que je réclamais, d'entrée de jeu, à l'égard des ennemis du théâtre,
je dirais volontiers qu'ils ont perçu des problèmes importants, mis le doigt
sur des questions graves, mais que par une certaine ironie du sort, ils l'ont
fait au moment le moins opportun.

Le théâtre classique français représente un des efforts les plus aboutis
(beaucoup aujourd'hui n'hésiteront pas à parler plutôt d'effort *excessif*)
pour maîtriser les émotions, assujettir la *mimèsis* à des principes ration-
nels. S'il est un temps où l'évocation de Tertullien puisse reprendre sens,
c'est bien le nôtre, plutôt que celui du *Cid* ou de *Tartuffe*. Autrement dit,
Nicole, Conti, Bossuet, dont on rejette avec dédain les considérations sur
le théâtre comme des persistances du passé, ont produit de fait un discours
anachronique, déplacé: mais parce qu'il était précurseur. Ils n'ont pas écrit
au bon moment, soit! Trop tard sans doute, rappelant des imprécations
contre l'amphithéâtre, les combats du cirque et des spectacles disparus;
trop tôt aussi: les multiples dérives auxquelles nous assistons aujourd'hui
sont là pour l'attester.

Du point de vue de l'histoire littéraire, la tournure des événements
n'est pas cependant incohérente. L'hostilité à la Comédie reprend de la
virulence à un moment où le théâtre se plie à une véritable discipline, tant
esthétique que morale, où il devient à nouveau un genre littéraire majeur
— ce qu'il avait cessé d'être depuis l'Antiquité. La surprise que l'on
éprouve devant cette apparente incongruité s'estompe, si l'on considère
que la reprise de la querelle est précisément favorisée par cet essor du
théâtre: l'apparition et le développement d'une infrastructure permanente,
avec des lieux spécifiquement affectés à cet art, et des troupes stables et
protégées par les grands. C'est contre un théâtre accédant à l'honorabilité
que s'élèvent Nicole et ses amis, bien plus que contre tous les excès
observables sur le Pont-Neuf. Le statut de Corneille comme adversaire
emblématique est, à cet égard, éloquent: Molière, comédien et farceur,
prête trop le flanc à la critique pour représenter une cible satisfaisante.

Mais sur un plan plus théorique, peut-être la difficulté de la tâche était-elle sa condition même. Intenter un procès à quelqu'un, au moment où il est le plus respectueux des lois, c'est un peu ce à quoi revient l'attaque des moralistes contre les dramaturges de la fin du XVIIe siècle. Au prix cependant de ce tour de force, ils ont décelé et mis au jour des lois fondamentales et des problèmes qui ne se réduisaient point à quelques abus contingents[12].

A travers les œuvres décentes et littérairement accomplies que leur époque amène sur les théâtres, ils posent des questions cruciales. Peut-on tout exprimer dans une forme esthétique donnée? Ou n'y a-t-il pas une connivence implicite entre une idéologie particulière et le support apparemment neutre que l'on adopte? La tragédie, de par sa simple définition poétique, exclut la représentation de certaines valeurs, notamment celles de l'Evangile. Mais l'interrogation, engagée à propos du théâtre chrétien, peut se prolonger. Entre toute forme esthétique et tout discours, les rapports sont plus ambigus, moins libres qu'on aimerait à le croire. En mettant en cause l'aptitude de la scène théâtrale à accueillir une vierge et martyre comme Théodore, Varet et Nicole préfigurent une nouvelle sorte de soupçon; ils contribuent, dans leur modeste mesure, à ébranler la croyance naïve en une indépendance de la forme et du fond.

C'est indéniablement sur un plan anthropologique que les intuitions des ennemis de la Comédie se révèlent le plus fructueuses. La violence tranquille de leurs attaques fait apparaître des lois, que les raffinements théoriques contribueraient plutôt à masquer. L'efficacité brute de la représentation en est une: le fait qu'un élément mimétique produise par lui-même une impression sur le spectateur, indépendamment de la structure dans laquelle il est intégré. Un geste violent, une transgression, un tableau troublant, vivent de leur vie propre, dans l'esprit et la sensibilité de celui qui les a perçus. Peu importe sur ce point le discours qu'ils ont pour mission d'illustrer, ou le dénouement qui est censé leur donner signification. Quant à la répression d'une pulsion, elle n'est pas susceptible de produire une excitation: en termes de *mimèsis*, ce n'est qu'une absence.

---

[12] J'étendrais volontiers à Nicole et aux augustiniens du XVIIe siècle, la remarque de Jean Goldzink à propos de quelque argument de Rousseau: «Cette thèse, d'apparence si anachronique aujourd'hui où la vertu s'agite pour sauver théâtres et cinémas, pourrait bien n'avoir pas épuisé sa saveur.» (*Les Lumières et l'idée du comique*, p. 57)

En face d'une position thomiste qui, au nom de l'eutrapélie, appelle à ménager des parenthèses de délassement, l'affirmation d'une vie imperceptible des idées charge d'une accablante gravité le divertissement. Toute idée, tout sentiment est capable de poursuivre secrètement son influence, au plus intime de ce que nous nommerions aujourd'hui l'inconscient. Si l'emprise de la Comédie déborde à ce point le temps matériel du spectacle, le rapport est profondément bouleversé entre la vie et la scène; les effets du théâtre ne sauraient plus être conçus sur le mode du divertissement.

Sur un plan moral, le théâtre apparaît à Nicole comme un révélateur impitoyable de quelques contradictions. Les réticences d'un spectateur devant certaines formes de violence ou de transgression dénoncent sa complaisance inavouée envers d'autres formes, qu'en théorie cependant il croit condamner avec une égale sévérité. Le *Traité de la Comédie* jette un éclairage neuf sur les étranges détours de la censure — le terme étant pris ici dans le double sens de la psychanalyse et de la police des mœurs.

*****

Un grand problème cependant, un des plus importants sur le plan théorique, reste quasi absent de cette étude: celui de la *catharsis*. Il est difficile de le poser de façon fructueuse à partir du procès intenté au théâtre dans les années 1660-1670. La réflexion sur la *catharsis* caractérise la perspective spéculative des doctes[13]: elle est écartée en conséquence par les moralistes. Dans une polémique d'inspiration résolument platonicienne, les savantes et subtiles interrogations sur le texte de la *Poétique* sont déplacées. Nicole pose bien à partir de saint Augustin le problème du *amabam dolere,* c'est-à-dire d'un plaisir du malheur — qui est l'énigme à laquelle Aristote répond par sa théorie de la purgation. Mais son éloignement des conceptions aristotéliciennes empêche l'auteur du *Traité de la Comédie* de percevoir les implications essentielles du chapitre des *Confessions*.

---

[13] Voir l'ouvrage de référence de R. Bray, *La Formation de la doctrine classique* (2ᵉ partie, chap. 1: «Les fins de la poésie: art et morale»). Mais l'auteur témoigne pour la notion de *catharsis* d'une certaine animosité (n'hésitant pas, p. 77, à qualifier d'absurde la notion d'Aristote!). Plus récemment, et dans une optique plus proche de cette étude, l'ouvrage d'Henry Phillips, *The Theatre and its Critics in Seventeenth-Century France*, donne un bon aperçu des efforts des doctes pour porter la notion de *catharsis* au crédit moral de la Comédie (chap. 3: «*Catharsis and its function*»).

Dans la décennie même qui fait l'objet principal de cette étude, les défenseurs de la Comédie ne manquent pas de se réclamer de la notion de *catharsis*. Corneille y fait allusion dans la rapide et dédaigneuse mise au point, que constitue l'avis au lecteur d'*Attila*:

> L'amour dans le malheur n'excite que la pitié, et est plus capable de purger en nous cette passion, que de nous en faire envie.[14]

Dans l'examen de *Théodore*, pièce «fétiche» des ennemis de la Comédie, Corneille tente aussi de récupérer à son profit le bénéfice de la notion aristotélicienne.

> Les funestes désespoirs de Marcelle et de Flavie, bien que l'une ni l'autre ne fasse de pitié, sont encore plus capables de purger l'opiniâ-treté à faire des mariages par force, et à ne se point départir du projet qu'on en fait par un accommodement de famille, entre des enfants, dont les volontés ne s'y conforment point, quand ils sont venus en âge de l'exécuter.[15]

On conviendra que l'application de la *catharsis* est ici un peu particulière. Le poète croyait-il à ses propres raisons et à cette justification laborieuse, autant que restreinte? Toujours est-il que cet aspect du débat n'est pris en compte par aucun des adversaires augustiniens de la Comédie. De même, l'intéressante distinction que propose l'auteur de la *Lettre sur la Comédie de l'Imposteur* reste sans écho. Entre la tragédie et la comédie proprement dite, il distingue deux formes d'utilité morale, qui, l'une et l'autre, relèvent pour lui de la *catharsis*. L'un des genres dramatiques agit sur la volonté, l'autre sur l'entendement. Et l'on obtient ainsi, par le pouvoir du théâtre, le double bénéfice moral de

> purger la volonté des passions par la tragédie et guérir l'entendement des opinions erronées par la comédie.[16]

Les adversaires de la Comédie consentent parfois à imaginer une utilité morale du théâtre, mais en restant à un niveau de généralité

---

[14] Corneille, *O. C.* 3, p. 642.

[15] Corneille, *Examen de* Théodore (1660), *O. C.* 2, p. 272.

[16] *Lettre sur la comédie de l'imposteur*, édition Mc Bride, p. 81.

extrême, et visiblement sans s'intéresser à son mécanisme. De toute manière, la question, pour eux, est entendue: si le théâtre venait, par extraordinaire, à se montrer bénéfique, ce ne pourrait être que pour des personnes moralement indigentes, en tout état de cause privées de l'éclairage et des secours que procure la religion chrétienne. Ce profit particulier est jugé bien négligeable. Selon la mentalité dominante du XVIIe siècle — et spécialement des jansénistes — les païens sont des hommes perdus: le secours éventuel qu'ils tireraient du théâtre ne saurait être porté au crédit de ce divertissement controversé. S'exprimant en chrétiens, et dans un espace qu'ils n'envisagent que chrétien, les rigoristes des années 1660 sont fermés à toute justification laïque de la Comédie. Les deux vers de Godeau, sur ce point, font office de vérité ultime:

> ... pour changer leurs mœurs et régler leur raison,
> Les chrétiens ont l'Eglise, et non pas le théâtre.

Que, par l'opération de la *catharsis*, la scène tragique ou comique détienne un quelconque pouvoir de moralisation, l'argument ne porte guère sur Nicole, et on comprend que le janséniste ne laisse aucune place dans son traité à une discussion de la *catharsis*[17]. Les adversaires de la Comédie se situent sur un autre plan, ils affichent d'autres exigences qu'un utilitarisme médiocre. Bossuet, à la fin du siècle, résume éloquemment la fin de non-recevoir opposée durant toute la querelle aux prétentions moralisatrices du théâtre.

> Le charme des sens est un mauvais introducteur des sentiments vertueux. Les païens, dont la vertu était imparfaite, grossière, mondaine, superficielle, pouvaient l'insinuer par le théâtre; mais il n'a ni l'autorité, ni la dignité, ni l'efficace qu'il faut pour inspirer les vertus convenables à des chrétiens.[18]

Rousseau, finalement, s'inscrit dans la descendance directe de cette doctrine, lorsqu'il développe le paradoxe qui semble à certains caractériser

---

[17] L'interprétation réductrice de la *catharsis* comme bénéfice moral — interprétation dite *utilitaire* — est celle qui a le plus largement cours à l'époque de Nicole, et face à laquelle celui-ci aurait pu prendre position. Il va de soi que le sens authentique de la notion aristotélicienne (autant qu'on puisse aujourd'hui l'approcher) n'est pas ici affecté.

[18] Bossuet, *Maximes et réflexions sur la Comédie*, p. 275.

la modernité de son approche[19]: l'auteur de la *Lettre à d'Alembert* ne condamne pas universellement le théâtre, et reconnaît l'utilité à Paris d'une forme de spectacle pernicieuse à Genève.

> Quand le peuple est corrompu, les spectacles lui sont bons, et mauvais quand il est bon lui-même.[20]

La distinction entre la France pervertie et la Suisse innocente s'est substituée à celle qui opposait païens et chrétiens, chez les moralistes du XVIIe siècle. Dans les deux cas, les bénéfices de la Comédie sont réservés à un groupe extérieur, déconsidéré, et que la démonstration n'entend pas prendre en compte. Bien entendu, de Godeau à Rousseau, la laïcisation des valeurs modifie considérablement la signification du raisonnement. Les critiques de Rousseau sont sévères, mais d'une certaine manière contingentes. Que la cité de Genève vienne à perdre la pureté de ses mœurs, et le théâtre, de poison qu'il était se convertira en remède. La dénonciation de la Comédie dans la *Lettre à d'Alembert* n'est que le corollaire négatif de l'exaltation du modèle suisse, l'autre face d'une utopie politique. Pour Nicole ou Bossuet, le théâtre est intrinsèquement condamnable; la référence chrétienne, au nom de laquelle il est rejeté, n'est pas susceptible d'éclipse: elle détermine une exécration absolue.

Horizon idéologique, aboutissement ultime du débat, la *Lettre à d'Alembert* revêt un intérêt majeur, pour situer à leur exacte place les arguments de la décennie 1660-1670. J. Goldzink exagère la distance séparant Rousseau de Bossuet et des moralistes chrétiens du XVIIe siècle: il va jusqu'à interpréter l'attaque contre d'Alembert, dont on s'accorde habituellement à reconnaître qu'elle cache une offensive contre Voltaire, comme une attaque dirigée en réalité contre Bossuet.

> Le paradoxe secret de la *Lettre à d'Alembert*, c'est qu'un adversaire peut cacher un rival, et qu'en étrillant les philosophes, on éclipse le plus grand docteur de l'Eglise française sous couleur de défendre sa thèse![21]

---

[19] J. Goldzink qualifie cet argument de «paradoxe provocant qui signe la modernité du rigorisme rousseauiste.» (*op. cit.*, p. 57)

[20] Rousseau, *Lettre à d'Alembert...*, p. 140. Autre formulation du même paradoxe, qui est au cœur de la démonstration de Rousseau: l'avantage «des spectacles n'étant que de suppléer aux mœurs est nul partout où les mœurs existent.» (p. 192)

[21] J. Goldzink, *op. cit.*, p. 56.

Rousseau s'inscrit en fait encore très près des arguments de Nicole. Son indulgence relative pour la farce et les spectacles grossiers obéit à la logique du paradoxe de Senault. Les tréteaux de foire lui semblent moins à craindre qu'un «théâtre estimé où les honnêtes gens penseront s'instruire»[22]. Comme Nicole et Varet, c'est dans le théâtre décent, de qualité littéraire et d'apparence respectable, qu'il voit la principale menace morale. L'épuration de la scène, dans laquelle les doctes et les poètes constataient un admirable résultat de leurs efforts, fournit à nouveau un argument à charge contre la Comédie. Les grossièretés au moins préservent elles-mêmes de leur propre nocivité.

> Si ces fades spectacles manquent de goût, tant mieux: on s'en rebutera plus vite; s'ils sont grossiers, ils seront moins séduisants. Le vice ne s'insinue guère en choquant l'honnêteté, mais en prenant son image; et les mots sales sont plus contraires à la politesse qu'aux bonnes mœurs.[23]

Quant au métier de comédien, Rousseau ne le considère pas avec beaucoup plus de bienveillance que les prêtres du siècle précédent. Les compétences exigées par cette profession sont de celles qui lui font horreur: «l'art de se contrefaire», «le talent de tromper»...[24] La vénalité qui préside aux relations entre l'acteur et son public redouble l'indignation du philosophe. Se donner en représentation pour de l'argent, c'est s'abaisser, en fin de compte, à un «trafic de soi-même»[25]. Si le terme de prostitution n'est pas prononcé, toutes les critiques de Rousseau convergent vers l'antique et infamante assimilation. Travestissement, infamie, apprentissage du vice[26], aucun des arguments traditionnels contre les comédiens ne manque au réquisitoire.

D'où provient donc ce sentiment, à la lecture de la *Lettre à d'Alembert*, que la querelle contre la Comédie a changé de face? Quoique souvent proches de ceux de Nicole, et d'un rigorisme qui ne leur cède en rien, les arguments ne rendent pas le même son. Rousseau laïcise et

---

[22] Rousseau, *Lettre à d'Alembert...*, p. 231.

[23] *Ibid.*

[24] *Ibid.*, pp. 163-164.

[25] *Ibid.*

[26] «Ces hommes si bien parés, si bien exercés au ton de la galanterie et aux accents de la passion, n'abuseront-ils jamais de cet art pour séduire de jeunes personnes?» (*op. cit.*, p. 164)

politise la tradition anti-théâtrale. Il ne considère pas les motifs d'ordre religieux comme déterminants. L'action d'aller aux spectacles est «indifférente par elle-même»; elle n'intéresse «point immédiatement la conscience»: si l'on choisit donc de s'en abstenir, c'est «par des motifs de vertus purement sociales»[27].

Rousseau est amené ainsi à examiner les conséquences économiques de la Comédie — problème incongru pour les moralistes de Port-Royal: il s'intéresse à «la différence du prix des places», qu'il accuse de «ne pas être en proportion de celle des fortunes des gens qui les remplissent»[28]. L'installation d'un théâtre contribue, pour lui à l'appauvrissement des plus pauvres. La Comédie est une plaie sociale. C'est aussi une menace politique. La faveur dont jouissent les comédiens les met de fait au-dessus des lois[29]. Leur popularité, gagnée auprès du public, fait en outre courir un risque aux démocraties: tandis qu'un régime autoritaire maintient les acteurs dans une position subalterne, des citoyens égaux peuvent, par engouement, leur conférer une véritable influence politique. Il est savoureux de comparer ces analyses — auxquelles on ne saurait aujourd'hui contester le mérite d'une réelle intuition — avec celles des moralistes du XVIIe siècle. Ceux-ci argumentaient inversement, et se fondaient volontiers sur le discrédit social dont souffraient les comédiens, y voyant la marque d'un jugement immanent contre la Comédie, chez ses défenseurs mêmes.

Mais ce qui frappe le plus, dans la *Lettre à d'Alembert*, c'est la restriction de la cible. Alors qu'au XVIIe siècle, l'hostilité à la Comédie va systématiquement de pair avec un rejet du jeu, des danses et des distractions en général, la condamnation du théâtre s'accompagne chez Rousseau d'un éloge du vin, des fêtes, de la danse, de toutes les formes de distraction et de sociabilité traditionnelle. Les «fêtes modestes» et les «jeux sans éclat»[30], dont le philosophe prend l'exemple à Sparte, lui fournissent un modèle de divertissement. L'ouvrage attribué à saint Charles Borromée était présenté en 1664, dans son titre français, comme un *Traité contre les danses et les comédies*; Rousseau conclut son réquisitoire contre le théâtre par un long développement en faveur de la

---

[27] *Ibid.*, p. 190 (note).

[28] *Ibid.*, p. 215.

[29] «Pour peu qu'ils joignent d'art et de manège à leurs succès, je ne leur donne pas trente ans pour être les arbitres de l'Etat.» (*op. cit.*, p. 229)

[30] *Ibid.*, p. 245.

danse et des bals. Chez Nicole, la condamnation de la Comédie et des spectacles est l'occasion de jeter le discrédit sur toutes les satisfactions provenant du monde; chez Rousseau, le procès est instruit au nom d'un idéal de convivialité, et pour définir une saine et humaine réjouissance.

*****

Un des aspects les plus déroutants de la querelle de la moralité du théâtre, c'est qu'elle pose aussi franchement à la littérature des questions non littéraires, qu'elle impose à une œuvre d'art une grille de jugement qui ne relève en aucune manière de l'esthétique, c'est-à-dire qu'elle lui applique, de façon délibérée, des valeurs que nous considérons aujourd'hui comme strictement hétérogènes.

Mais cela même qui nous paraît renvoyer ce débat à un passé révolu, à un moment archaïque du choc des idées, est peut-être aussi ce qui devrait lui conserver le plus d'intérêt à nos yeux.

La généralisation d'une perception romantique de l'artiste et de l'œuvre d'art enferme aujourd'hui la critique, et le public généralement, dans une étrange incohérence. L'art, autonome, obéissant à une nécessité interne, ne saurait plus accepter aucune contrainte sociale ou utilitaire sans se rabaisser. L'artiste obéit à ses propres lois et trouve sa totale justification dans l'œuvre même qu'il produit. On lui concède une irresponsabilité essentielle, qui vise à le dégager — en théorie du moins — de toutes les implications socio-historiques de son œuvre. Ou, pour être plus précis, la valeur de celle-ci est perçue comme strictement indépendante de ses interactions avec le monde. Un cas d'école est celui de Céline, considéré maintenant par le plus grand nombre comme un auteur génial et novateur, en même temps qu'un homme méchant et un penseur pernicieux, dont les productions ont pu jouer un rôle néfaste (quoique sans doute secondaire) dans le développement d'idées et de sentiments réprouvés. Il y a bien entendu un progrès philosophique, dans cette aptitude à abstraire l'œuvre d'art de sa fonction sociale et de ses effets moraux, pour n'apercevoir en elle que ce qui la constitue précisément comme œuvre d'art. Qui opposerait à un roman de Sade son immoralité, son mépris des droits fondamentaux de la personne humaine, passerait immanquablement pour un lecteur naïf et sommaire, incapable de faire la part des choses; un juge qui recourt à des outils intellectuels inappropriés.

Là où guette cependant l'incohérence, c'est lorsque cet artiste irresponsable se trouve en même temps réinvesti d'une fonction suprême, de nature finalement religieuse et morale. En une période de relativisation de toutes valeurs, où les références morales partagées deviennent de plus en plus évanescentes, le besoin d'un absolu se reporte confortablement sur l'artiste: il est l'homme par excellence qui confère un sens à son acte — le détenteur du sens, qui, par son regard sur le monde, est seul apte à nous faire échapper à l'indifférenciation axiologique où nous auraient abandonnés foi et idéologies. Sur fond de scepticisme général, il incarne des valeurs. Mais une religion de l'artiste, une exaltation de son rôle (quasiment sacerdotal) comme guide et comme modèle, est incompatible avec cette irresponsabilité romantique dont il bénéficie. On ne peut à la fois proclamer qu'en tant qu'artiste, Salman Rushdie incarne et révèle les seules valeurs partageables, et que sa condamnation par des intégristes musulmans est aberrante. Qu'on soit révolté par cette condamnation, qu'on y puise la détermination de lutter contre une pensée religieuse jugée intolérable: cela se conçoit. Mais qu'on ne défende pas l'auteur des *Versets sataniques* au nom d'une irresponsabilité de l'artiste, qui contredit tout le prix qu'on lui attache.

Si la littérature est grave, si son rôle est aussi important que celui qu'on affecte de lui reconnaître dans certains forums, il faut accepter qu'elle soit jugée, et parfois réprouvée, en des termes religieux et moraux. On ne peut à la fois revendiquer un pouvoir et refuser d'avoir à rendre compte de ses effets. La querelle de la moralité du théâtre a finalement cette dimension séduisante, de prendre au sérieux le théâtre, de considérer l'écrivain, l'acteur, comme des hommes puissants sur un public, aptes à modifier regards et analyses, à exercer durablement une *impression* sur les esprits. S'il en est ainsi, on est certes en droit de refuser cette condamnation du théâtre par Nicole et ses amis, mais on ne peut que se réjouir de l'installation du débat sur un plan philosophique et moral.

ANNEXE I

Chronologie sommaire de la Querelle du théâtre

[Cette chronologie, qui n'a aucunement pour but l'exhaustivité, entend essentiellement situer dans leur contexte les événements de la décennie 1660-1670.]

1614   *Rituel Romain* de <u>Paul V</u>.

           N'inclut pas les comédiens dans l'énumération des
           pécheurs publics — usuriers, duellistes, concubins —
           qui ne peuvent recevoir la communion sans pénitence
           publique préalable.

           Modèle des rituels français du XVIIe (modifications
           apportées, parfois subrepticement, à ce rituel, au cours du
           XVIIe, dans un sens rigoriste).

1631   <u>William Prynne</u>, *Histrio-Mastix, the Players Scourge*[1] *or Actors*
           Tragaedie.

           Œuvre d'un puritain anglais, «le plus formidable argu-
           mentaire contre le théâtre profane des temps modernes»
           (Marc Fumaroli, *Héros et orateurs...*, p. 452).

           Considéré comme le dernier assaut contre le théâtre, dans
           la querelle des puritains anglais (1577-1633).

1631   P. Louis Cellot, *Orationes*, Paris: Sebastien Cramoisy.

           Recueil de discours latins du Père Jésuite, qui culmine sur
           quatre discours intitulés *Actio in histriones*.

---

[1] Le fouet de l'histrion (traduction en anglais du titre grec).

1639   (janv.): André Rivet, *Instruction chrétienne touchant les spectacles*[2].

Rivet: ministre réformé à Thouars, puis principal du Collège des nobles à Bréda. Précepteur français du Prince héritier d'Orange.

1639   G. de Scudéry, *Apologie du Théâtre*.

Réponse à l'attaque de Rivet.

1641   16 avril: édit de Louis XIII prenant la défense des comédiens.

En fait, déclaration du roi, prise sur l'incitation de son ministre, Richelieu.

1641   D'Aubignac, *Projet pour le rétablissement du théâtre français* (rédaction).

D'Aubignac écrit, à l'instigation du Cardinal de Richelieu, ce *projet*, qui ne sera publié qu'en 1657.

1641   Réédition des *Orationes* du P. Cellot.

1642   Rituel d'Orléans (Nicolas de Netz).

Premier rituel à préciser que «les comédiens sont exclus des saints ordres»: retour à l'irrégularité.

1642   Suppression des théâtres en Angleterre.

Le Parlement anglais, agissant en «concile ecclésiastique», supprime les théâtres (à l'exemple de la Genève de Calvin un siècle plus tôt).

1643   Corneille, *Polyeucte*.

1644   La régente Anne d'Autriche se rendant *incognito* au théâtre.

Réaction du curé de St-Germain l'Auxerrois (été 1646). Cette attaque contre le théâtre vise peut-être aussi Mazarin, grand amateur et introducteur de théâtre.

1646   Querelle de *Théodore*.

Représentée vraisemblablement pendant la saison 1645-1646, la pièce est imprimée le 31 octobre 1646.

1646   Ottonelli, *Della cristiana moderazione del teatro*.

Jésuite, Ottonelli fonde, en Italie, la tolérance pour le théâtre, justifiant notamment la différence entre le comédien et l'histrion.

---

[2] Titre complet: *Instruction chrétienne touchant les spectacles publics des Comoedis et Tragoedis, où est décidée la question, s'ils doivent être permis par le Magistrat, et si les enfants de Dieu y peuvent assister en bonne conscience? Avec le jugement de l'Antiquité sur le même sujet.* Publié à La Haye.

1649	Rituel de Châlons (<u>Félix Vialart de Herse</u>).

Premier rituel à introduire les comédiens dans la liste des «pécheurs publics», à qui est refusée la communion.

1654   <u>Godeau</u>, nouvelle édition de ses *Poésies Chrétiennes*.
         introduit un «Sonnet sur la Comédie».

1655   «Conversion» d'Armand de Bourbon, <u>Prince de Conti</u>.

1657   <u>Abbé d'Aubignac</u>, *Pratique du théâtre*[3].

L'ouvrage est accompagné du *Projet pour le rétablissement du théâtre français*.

Selon Lalouette, d'Aubignac provoque la réponse de Nicole en 1659 (mais selon Goujet[4], c'est à un Traité manuscrit de Barcos contre les spectacles que Nicole aurait voulu répondre par son *Traité de la Comédie*).

1660   <u>Corneille</u>, *Trois discours sur le poème dramatique*.

— Discours de l'utilité et des parties du poème dramatique.

— Discours de la tragédie et des moyens de la traiter selon le vraisemblable ou le nécessaire.

— Discours des trois unités, d'action, de jour, et de lieu.

1661   <u>P. Senault</u>, *Le Monarque ou les Devoirs du Souverain*.

Le 4e Traité («Des devoirs du Roi envers soi-même») comporte un 7e discours consacré en partie à la Comédie: «De la magnificence des Princes dans les habits, dans les Festins et dans les spectacles publics».

1661   <u>Antoine Singlin</u>, Lettre à la Duchesse de Longueville sur la Comédie.

Texte connu par les *Mémoires pour servir à l'Histoire de Port-Royal* de Nicolas Fontaine.

---

[3] *La Pratique du théâtre, Œuvre très nécessaire à tous ceux qui veulent s'appliquer à la composition des poèmes dramatiques, qui font profession de les réciter en public, ou qui prennent plaisir d'en voir les représentations*. Paris: Antoine de Sommaville, 1657, in-4°

[4] *Supplément au Dictionnaire de Moréri* (1732): article Nicole.

1662   *S. Caroli opuscula de choreis et spectaculis in festis diebus non exhibendis.*

Manuscrit trouvé par <u>Mgr Bosquet</u> (évêque de Montpellier) à Rome, abusivement attribué à st Charles Borromée; édité en latin à Toulouse, dédié au Prince de Conti[5].

1664   Louis XIV parrain du 1er enfant de Molière (Louis).

1664   <u>Mgr Bosquet,</u> *Traité contre les danses et les comédies composé par saint Charles Borromée.*

Traduction en français de l'édition toulousaine de 1662, dédiée à la Princesse de Conti (nièce de Mazarin).

«Comédie» remplace «spectaculis»; il ne s'agit plus des jours de fête, mais de tous les jours de la semaine.

1665   Querelle de *Dom Juan.*

B. A. Sr. de R., avocat au Parlement, *Observations sur une comédie de Molière intitulée le Festin de Pierre*[6].

1664-69 Querelle de *Tartuffe.*

La querelle de *Tartuffe* ne peut pas être ramenée à un simple épisode de la querelle de la moralité du théâtre, mais — comme le souligne Georges Couton — elle «s'aggravait du fait qu'autour d'elle se développait la querelle de la moralité du théâtre.»[7]

1666   (janv.): <u>Racine</u>, *Lettre à l'auteur des Hérésies Imaginaires et des deux Visionnaires.*

suivie, jusqu'au milieu de l'année des divers épisodes de la querelle entre Racine et Port-Royal (voir Annexe II).

1666   (mars): <u>Varet</u>, *L'Education Chrétienne des Enfants.*

chap. 8: «Avis touchant la comédie».

Texte composé vers 1656-57, selon l'avis préliminaire.

---

[5] St Charles Borromée (1538-1584) représentait l'autorité tridentine par excellence, au rigorisme inattaquable. Il est à noter cependant que le *Rituale Mediolanense*, rédigé avant le *Rituale Romanum* de Paul V, ne mentionne pas les comédiens ou assimilés parmi les personnes auxquelles on doit opposer un refus des sacrements.

[6] A Paris, chez Nicolas Pépingué. Une 2e édition (permis d'imprimer du 10 mai) porte au titre: "Par le Sieur de Rochemont".

[7] Molière, *O.C.* 1, p. 855.

1666	(août): <u>d'Aubignac</u>, *Dissertation sur la condamnation des théâtres.*

1666   (août): <u>d'Aubignac</u>, *Dissertation sur la condamnation des théâtres.*

Développement du *Projet pour le rétablissement du théâtre français.*

1666   (déc.): <u>Conti</u>, *Traité de la Comédie et des spectacles, selon la tradition de l'Eglise, tirée des conciles et des saints Pères* (parution posthume).

Comprend: le *Traité de la Comédie et des spectacles*, proprement dit; la *Tradition de l'Eglise sur la Comédie et les spectacles*; les *Sentiments des Pères de l'Eglise sur la Comédie et les spectacles.*

1667   Rituel d'Aleth (1ère édition), accompagné d'instructions (dues à Barcos).

1667   <u>Nicole</u>, *Les Visionnaires.*

Contient la 1ᵉʳᵉ édition du *Traité de la Comédie.*

1667   (nov.): <u>Corneille</u>, Avis au lecteur d'*Attila.*

Réponse de Corneille à Nicole, et aux attaques de Port-Royal.

1668   <u>Nicole</u>, *Sur une critique de son Ecrit contre la Comédie.*

Lettre à Madame de La F[ayette] (lettre 102).

1668   <u>abbé Michel de Pure</u>, *Idée des spectacles anciens et nouveaux.*

Ouvrage essentiellement descriptif, à peu près dépourvu de considérations morales, conçu pour fournir des idées de divertissements et qui fut mal reçu du Roi, à qui il était principalement destiné.

1669   (mars): <u>Molière</u>, préface de *Tartuffe.*

Position de Molière sur la question de la moralité du théâtre.

1669   28 juin: Fondation officielle de l'Académie de musique, par Louis XIV.

Lettres patentes du Roi[8], introduisant une disparité implicite entre les comédiens d'une part, et les chanteurs ou danseurs d'autre part, protégés désormais par ce texte officiel.

---

[8] *Lettres patentes du Roi, pour établir, par tout le Royaume, des académies d'opéra, ou représentations en musique en langue française, sur le pied de celles d'Italie.* Texte publié avec l'opéra *Pomone*, de Perrin.

1671   <u>abbé de Voisin</u>, Défense du Traité de Mgr le Prince de Conti[9].
         Principal but: réfuter l'abbé d'Aubignac (*Dissertation sur
         la condamnation des théâtres*). Joint le *Traité de la
         Comédie* de Nicole (= 2ᵉ édition).

1674   <u>Samuel Chappuzeau</u>, *Le théâtre français divisé en trois livres.*
         Tentative de réhabilitation morale du théâtre, par un
         protestant converti. Comprend trois parties: 1. «De
         l'usage de la Comédie»; 2. «Des auteurs qui soutiennent
         le théâtre»; 3. «De la conduite des comédiens».

1675   <u>Pierre de Villiers</u>, *Entretiens sur les tragédies de ce temps.*
         Dialogue entre Timante (qui attaque le théâtre) et Cléar-
         que (qui le défend). P. de Villiers, jésuite (il quittera la
         Compagnie en 1689), s'intéresse surtout à la place de
         l'amour dans le théâtre.

1675   <u>Nicole</u>, *Essais de Morale*, t. 3, contenant le *Traité de la Comé-*
         die.

1678   <u>Nicole</u>, *Essais de Morale*, t. 3, (2ᵉ édition):
         Traité de la Comédie en 10 chapitres.

1678   <u>Bernard Lamy</u>, Nouvelles réflexions sur l'art poétique.
         Paris: André Pralard; sous la date fautive de 1668.

1688   <u>Jean Soanen</u> (de l'Oratoire), *Sermon sur les spectacles.*
         Sermon pour le 1ᵉʳ dimanche du carême 1688, prêché à
         Versailles devant la cour.

---

[9] Titre complet: *Défense du Traité de Mgr le Prince de Conti touchant la comédie et les
spectacles, ou la réfutation d'un livre intitulé: Dissertation sur la condamnation des théâtres.*
Coignard, 1671.
Joseph de Voisin (né à Bordeaux, mort en 1685), érudit hébraïsant, aumônier du Prince de
Conti, est connu pour la censure dont fut frappée, vers 1660, sa traduction du Missel.

1694 <u>François Caffaro</u>, *Lettre d'un théologien illustre*[10].

    En tête d'un volume d'*Œuvres* de Boursault (et donc sans approbation des docteurs, vu sa place dans une œuvre profane).

    Le P. Caffaro, théatin italien, propose une doctrine de compromis entre l'Eglise et les comédiens, inspirée du traité du jésuite Ottonelli, *Della cristiana moderazione del teatro* (1646).

  => <u>Bossuet</u>, *Maximes et réflexions sur la Comédie*.

    parmi six autres réfutations de Caffaro, dues à: Henri Lelevel, Charles de La Grange, Jean Gerbais, Laurent Pégurier, Pierre Le Brun (de l'Oratoire), Pierre Coustel (ancien maître des Petites Ecoles de Port-Royal).

1697 <u>Ambroise Lalouette,</u> *Histoire et abrégé des ouvrages latins, italiens et français pour et contre la comédie et l'opéra*[11].

    = Bibliographie (non exempte d'erreurs) sur la querelle pendant tout le siècle.

---

[10] Titre complet: *Lettre d'un théologien illustre par sa qualité et par son mérite, consulté par l'auteur pour savoir si la Comédie peut être permise, ou doit être absolument défendue.*

[11] Lalouette est un ancien oratorien. Son ouvrage, paru sans nom d'auteur, se trouve sous deux titres, sans différence de contenu:

 — *Histoire et abrégé des ouvrages latins, italiens et français pour et contre la comédie et l'opéra.* Paris: C. Robustel.

 — *Histoire de la comédie et de l'opéra, où l'on prouve qu'on ne peut y aller sans pécher.* Paris: L. Josse.

ANNEXE II

La Querelle des Visionnaires

1664-1665	Années noires pour Port-Royal: persécution des religieuses qui refusent de signer le formulaire; Hardouin de Péréfixe leur impose M. Chamillard comme confesseur, puis les fait disperser.
oct. 1664-avril 1665	*Apologie pour les religieuses de Port-Royal* (Nicole, Sainte-Marthe et *alii*). Quatre parties publiées successivement.
12 décembre 1665	Desmarets de saint-Sorlin, *Réponse à l'insolente Apologie des Religieuses de Port-Royal* (1ère partie), Paris: Le Gras et Audinet, 1666, in-8° (achevé d'imprimer: 12 décembre 1665) [2ème partie -> 2 avril 1666 [...] 4ème et dernière partie -> 18 juin 1668]
31 décembre 1665	1ère *Visionnaire* de Nicole
janvier 1666	• Racine: publication d'*Alexandre* • entre le 8 — date de la 2e *Visionnaire* — et le 15 — date de la 3ème: *Lettre à l'auteur des Hérésies imaginaires et des deux Visionnaires.* Brochure slnd.
22 mars 1666	Goibaud du Bois, *Réponse à l'Auteur de la lettre contre les Hérésies imaginaires et les Visionnaires.*
1er avril 1666	Barbier d'Aucour, *Réponse à la lettre adressée à l'auteur des Hérésies imaginaires.*

30 avril 1666	*Lettre à l'auteur de la réponse aux Hérésies imaginaires et aux deux Visionnaires.* Auteur inconnu; félicite Racine pour sa 1ère lettre.
8 mai 1666	8ème et dernière *Visionnaire*.
10 mai 1666	[Racine] *Lettre aux deux apologistes de l'auteur des Hérésies imaginaires.*
avril 1667	Edition complète des *Imaginaires* et des *Visionnaires* (Liège: Adolphe Beyers).
mai 1667	Racine réunit ses 2 lettres en une plaquette, et rédige une *Préface*.
8 mai 1667	Lettre de Lancelot (?) à Nicolas Vitart. => Racine renonce à la publication.
octobre 1668	Paix de l'Eglise (Clément IX, pape en 1667).

BIBLIOGRAPHIE SÉLECTIVE

Textes et études relatifs à la querelle de la moralité du théâtre.

I — TEXTES DE RÉFÉRENCE

• *Manuscrit*

Singlin (Antoine), *Lettre à la Duchesse de Longueville, in: Mémoires* de Nicolas Fontaine, Bibl. de l'Institut, Mss. 667 (pp. 204-209).

• *Textes imprimés*

Aristote, *Poétique*. Introduction, traduction nouvelle et annotation de Michel Magnien, Le Livre de poche classique, 1990.
— , *Ethique à Nicomaque*. Introduction, notes et index par J. Tricot, Paris: Vrin («Bibliothèque des textes philosophiques»), 1967.
Artaud (Antonin), *Le Théâtre et son double*, Gallimard (coll. «idées»), 1964.
Aubignac (François Hédelin, abbé d'), *La Pratique du théâtre...* (suivie d'un *Projet pour le rétablissement du théâtre français*), Paris: Antoine de Sommaville, 1657, in-4°.
— , *Dissertation sur la condamnation des théâtres*, Paris: N. Pépingué, 1666, in-12.
Augustin (saint), *Confessions*, traduction d'Arnauld d'Andilly établie par Odette Barenne, édition présentée par Philippe Sellier, Paris: Gallimard (coll. «Folio»), 1993.
— , *La Cité de Dieu*, traduction française de G. Combès, *Œuvres de saint Augustin*, «Bibliothèque augustinienne», cinquième série, volumes 33 à 37, Desclée de Brouwer, 1959.
Balzac (J.-L. Guez de), *Réponses à deux questions ou Du caractère et de l'instruction de la Comédie. in: Œuvres diverses* [1ère éd. 1644], p.p. Roger Zuber, Paris: H. Champion (coll. «Sources Classiques»), 1995.
[Développement d'une lettre à Chapelain, du 21 mars 1639.]

Barbier d'Aucour, *Réponse à la lettre adressée à l'auteur des hérésies imaginaires* (1er avril 1666), *in:* Racine, *Œuvres complètes*, édition Paul Mesnard (coll. «Grands Ecrivains de la France»), t. 4, pp. 306-322.

> [Un exemplaire de la brochure originale, in-4°, a été consulté dans un recueil composite conservé par la Bibliothèque de Port-Royal, sous la cote LP 390 (63).]

Bossuet, *Maximes et réflexions sur la comédie, in:* Urbain (Ch.) et Levesque (E), *L'Eglise et le théâtre*, Paris: Grasset, 1930.

Caffaro (Thomas), *Lettre d'un théologien illustre par sa qualité et par son mérite, consulté par l'auteur pour savoir si la Comédie peut être permise, ou doit être absolument défendue, in:* Urbain (Ch.) et Levesque (E), *L'Eglise et le théâtre*, Paris: Grasset, 1930, pp. 67-119.

Cellot (Louis), *Panegyrici et Orationes*, Paris: Sebastien Cramoisy, 1631 [rééd. 1641].

> [Quatre de ces *orationes* composent une *Actio in histriones.*]

Chapelain (Jean), *Opuscules critiques*, éd. Alfred Hunter, Paris: Droz, 1936.

Chappuzeau (Samuel), *Le Théâtre français*, Lyon: Michel Mayer, 1674 (réédition, Paris: éditions d'Aujourd'hui, coll. «Les introuvables», 1985).

Conti (Armand de Bourbon, Prince de), *Traité de la Comédie et des Spectacles* [1ère éd. 1666], éd. Karl Vollmöller, Heilbronn: Verlag von Gebr. Henninger, 1881.

Corneille, *Le Cid* 1637-1660. Nouvelle édition établie par Georges Forestier à partir de celle de Maurice Cauchie. Paris: Société des Textes Français Modernes, 1992.

— , *Œuvres complètes*, textes établis, présentés et annotés par Georges Couton, Gallimard, 1980, 1984, 1987 (Bibliothèque de la Pléiade), 3 vol. [abr. *O. C.* 1, 2 et 3].

Cyprien de Carthage (saint), *À Donat*, introduction, traduction et notes de Jean Molager, éditions du Cerf (coll. «Sources chrétiennes», n°291), 1982.

Desmolets (Pierre-Nicolas), *Continuation des Mémoires de Littérature et d'Histoire*, 1749, t. VII, partie seconde.

> [Contient une *Lettre de Monsieur Despréaux sur la Comédie* adressée en 1707 à l'avocat Monchesnay, et la réponse de celui-ci.]

Diderot, *Œuvres complètes*, édition Assézat et Tourneux, Paris: Garnier, 1875-1877, 20 vol. (t. VII: *Entretiens sur le Fils naturel*, t. VIII: *Paradoxe sur le comédien*).

Fleury (Claude), *Les Mœurs des Israélites*, Paris, 1681.

François de Sales (saint), *Introduction à la Vie Dévote* (texte définitif de 1619); *in*: *Œuvres*, textes présentés et annotés par André Ravier, Paris: Gallimard («Pléiade»), 1969.

Godeau (Antoine), *Poésies chrétiennes*, nouvelle édition revue et augmentée, Paris: Pierre Le Petit, 1654.

Goibaud du Bois (Philippe), *Réponse à l'auteur de la lettre contre les Hérésies Imaginaires et les Visionnaires*, *in*: Racine, *Œuvres complètes*, édition Paul Mesnard (coll. «Grands Ecrivains de la France»), t. 4, pp. 290-305.

> [Un exemplaire de la brochure originale, in-4°, a été consulté dans un recueil composite conservé par la Bibliothèque de Port-Royal, sous la cote LP 390 (62).]

Horace, *Art poétique*, *in*: *Epîtres*, texte établi et traduit par François Villeneuve, Paris: «Les Belles Lettres», 1955.

La Mothe le Vayer (François), *Lettre sur la comédie de l'imposteur*, éditée par Robert Mc Bride, «Durham Modern Language Series» FT4, University of Durham, 1994.

Lamy (Bernard), *Nouvelles réflexions sur l'Art Poétique*, Paris: André Pralard,1678 [sous la fausse date 1668].

Méré (Antoine Gombaud, chevalier de), *Œuvres posthumes* (sixième et dernier discours: «Suite du Commerce du Monde»), *in*: *Œuvres complètes,* édition Charles-H. Boudhors, Paris: éditions Fernand Roches, 1930, t. 3, pp. 157-174.

Molière, *Œuvres*, édition par Eugène Despois et Paul Mesnard (coll. «Les grands écrivains de la France»), Hachette, 1873-1893, 13 vol.

— , *Œuvres complètes*, textes établis, présentés et annotés par Georges Couton, Gallimard, 1971 (Bibliothèque de la Pléiade), 2 vol. [abr. *O. C.* 1 et 2].

Nicole (Pierre), *Les Visionnaires, ou seconde partie des lettres sur l'Hérésie Imaginaire, contenant les huit dernières*, Liège, Adolphe Beyers,1667.

> [En annexe à cette première édition collective des *Visionnaires*, figure la première version du *Traité de la Comédie* (pp. 452-495).]

— , *Traité de la Comédie* présenté par Georges Couton, Paris: Les Belles Lettres, 1961.

— , *Sur une critique de son Ecrit contre la Comédie*. Lettre 102, à Madame de La F[ayette], *in*: *Essais de Morale, ou Lettres écrites par feu M. Nicole*. Tome huitième, Guillaume Desprez, 1733, pp. 348-353.

[Repris dans: Mme de Lafayette, *Correspondance*, Gallimard, 1942, année 1676, t. 2, pp. 51-54.]

Pégurier (Laurent), *Décision faite en Sorbonne touchant la Comédie. Avec une réfutation des Sentiments relâchés d'un nouveau théologien, sur le même sujet.* Par M. l'Abbé L** P****, Paris: J.-B. Coignard, 1694.

Platon, *La République, in: Œuvres complètes*, textes traduits, présentés et annotés par Léon Robin, Gallimard, 1950 (Bibliothèque de la Pléiade), t. 1.

Pure (Michel de), *Idée des spectacles anciens et nouveaux*, Paris: Michel Brunet, 1668.

Racine, *Principes de la tragédie en marge de la* Poétique *d'Aristote.* Texte établi et commenté par Eugène Vinaver, Manchester/ Paris: éditions de l'Université de Manchester/Librairie Nizet, 1968.

— , *Œuvres complètes*, édition Paul Mesnard (coll. «Grands Ecrivains de la France») Hachette, 1865-1870, 8 vol.

— , *Œuvres complètes*, édition présentée, établie et annotée par Raymond Picard, Gallimard, 1950 et 1966 (Bibliothèque de la Pléiade), 2 vol. [abr. *O. C.* 1 et 2].

Rivet (André), *Instruction chrétienne touchant les spectacles publics des Comoedis et Tragoedis, où est décidée la question, s'ils doivent être permis par le Magistrat, et si les enfants de Dieu y peuvent assister en bonne conscience? Avec le jugement de l'Antiquité sur le même sujet.* La Haye, 1639.

Rochemont (B. A., Sieur de), *Observations sur une comédie de Molière intitulée* Le Festin de Pierre, *in:* Molière, *Œuvres complètes*, édition G. Couton (Pléiade), t. 2, pp. 1199-1208.

Rousseau (Jean-Jacques), *Lettre à M. d'Alembert sur son article Genève*, chronologie et introduction par Michel Launay, Garnier-Flammarion, 1967.

Sablé (Madeleine de Souvré, Marquise de), *Maximes, in*: La Rochefoucauld, *Maximes et réflexions diverses*, édition présentée, établie et annotée par Jean Lafond, Gallimard (coll. «Folio»), 1976.

Saint-Evremond, *De la Tragédie ancienne et moderne* (1674), *in: Œuvres en prose*, textes publiés avec introduction, notices et notes par René Ternois, STFM, 1969, t. 4, pp. 166-184.

Scudéry (Georges de), *L'Apologie du théâtre*, Paris, 1639.

Senault (Jean-François), *Le Monarque ou les Devoirs du Souverain*, Paris: Pierre Le Petit, 1662. [1ère édition 1661]

Tertullien, *Les Spectacles*. Introduction, texte critique, traduction et commentaire de Marie Turcan, éditions du Cerf (coll. «Sources chrétiennes», n°332), 1986.

Thomas d'Aquin (saint), *Somme théologique*, éditions de la Revue des Jeunes, Paris- Tournai- Rome: Desclée & Cie.

Varet (Alexandre), «Avis touchant la comédie», in: *De l'Education chrétienne des enfants, selon les maximes de l'Ecriture Sainte et les instructions des Saint Pères de l'Eglise*, Paris: Pierre Promé, 1666, chap. VIII, pp. 268-296.

Voisin (Joseph de), *Défense du Traité de Mgr le Prince de Conti touchant la comédie et les spectacles, ou la réfutation d'un livre intitulé: Dissertation sur la condamnation des théâtres*. Paris: Coignard, 1671.

Voltaire, article «Police des spectacles», *Questions sur l'encyclopédie* (1771), in: *Œuvres complètes*, Kehl: Société littéraire-typographique, 1784-1789; vol. 42, pp. 336-340. [Dans l'édition de Kehl, les *Questions sur l'encyclopédie* sont confondues avec le *Dictionnaire philosophique* dans une seule série alphabétique.]

II — ETUDES

Allott (Terence J.D.), «Une copie manuscrite du *Traité de la comédie* de P. Nicole», *RHLF*, 1976 (3), pp. 428-432.

Bénichou (Paul), *Morales du grand siècle,* Gallimard, 1948.

Bourquin (L.), «La controverse sur la Comédie au XVIIe siècle et la Lettre à d'Alembert sur les spectacles», *RHLF*; 1919 (vol. 26), pp. 43-86 et pp. 556-576; 1920 (vol. 27), pp. 548-570; 1921 (vol. 28), pp. 549-574.

Bray (René), *La Formation de la doctrine classique en France*, Paris: Nizet, 1945.

Cotarelo y Mori (Emilio), *Bibliografía de las controversias sobre la licitud del teatro en España. Contiene la noticia, extracto o copia de los escritos [...] en pro o contra de las representaciones...*, Madrid: Tip. de la Revista de Archivos, Bibliotecas y Museos, 1904.
   [Fournit une liste de plus de deux-cents auteurs qui ont participé à la querelle du théâtre, en Espagne, entre 1550 et 1814.]

Courtès (Jean), *Spectacles et jeux à l'époque patristique. Analyse topique, traitement moral et transformation symbolique d'un fait de culture*. Thèse de Doctorat d'Etat, Université Paris IV, 1973.

Couton (Georges), *La Vieillesse de Corneille (1658-1684)*, Paris: Librairie Maloine, 1949.

>   [p. 145-158: «Corneille devant la critique religieuse; la querelle de la moralité du théâtre».]

Dandrey (Patrick), *Molière ou l'esthétique du ridicule*, Klincksieck, 1992.

Debord (Guy), *La Société du Spectacle* [1ère édition: 1967], Paris: Gallimard («Folio»), 1996.

Diès (Auguste), «Guignol à Athènes», *Bulletin de l'Association Guillaume Budé*, Janvier 1927, pp. 6-19.

>   [La nature historique et concrète du spectacle évoqué dans l'allégorie de la caverne (*La République*, livre VII).]

Dubu (Jean), «De quelques rituels des diocèses de France au XVIIe siècle et du théâtre», *L'Année canonique*, t. V, 1957, pp. 95-124.

— , «La condition sociale de l'écrivain de théâtre au XVIIe siècle», *XVIIe siècle*, n°39 («La vie théâtrale au XVIIe siècle»), 1958, pp. 149-183.

— , «De quelques rituels des diocèses de France au XVIIe siècle et du théâtre (II)», *L'Année canonique*, t. VI, 1959, pp. 99-116.

— , «L'Eglise catholique et la condamnation du théâtre en France au XVIIe siècle», *Quaderni Francesi*, vol. I, Naples, 1970, pp. 319-349.

— , «L'essor du théâtre et sa condamnation par les autorités ecclésiastiques de 1550 à 1650», in: *Renaissance européenne et phénomènes religieux, 1450-1650*, Actes du Festival d'histoire de Montbrison (3 au 7 octobre 1990), pp. 105-116.

— , «A propos de l'*Apologie du théâtre* de G. de Scudéry: l'influence de l'*Instruction chrestienne touchant les spectacles publics des Comoedies & Tragoedies* du Pasteur André Rivet», in: *Les trois Scudéry*, actes du Colloque du Havre, 1-5 octobre 1991, Paris: Klincksieck, 1993, pp. 257-267.

Eriau (J.-B.), *Pourquoi les Pères de l'Eglise ont condamné le théâtre de leur temps*, Paris/Angers: Champion/Siraudeau, 1914 [publication séparée d'une étude parue en deux livraisons dans la *Revue des Facultés catholiques de l'Ouest*, 1913 et 1914].

Ferreyrolles (Gérard), *Molière, Tartuffe*, PUF (coll. «Etudes littéraires»), 1987.

Force (Pierre), *Molière ou Le Prix des choses. Morale, économie et comédie*. Nathan, 1994.

>   [La troisième partie, intitulée «Morale et comédie», comporte un développement sur Nicole et Bossuet, critiques de la comédie.]

Forestier (Georges), *Essai de génétique théâtrale. Corneille à l'œuvre*, Klincksieck, 1996.
> [Notamment la conclusion de l'étude, «Du sens» (pp. 345-358), qui aborde les positions morales de Corneille.]

—, «De la modernité anti-classique au classicisme moderne. Le modèle théâtral (1628-1634)», *Littératures classiques* (19), automne 1993, pp. 87-128.

Fumaroli (Marc), «La querelle de la moralité du théâtre au XVIIe siècle» [exposé et discussion], *Bulletin de la Société française de philosophie*, juill.-sept. 1990, pp. 65-97.

—, «La querelle de la moralité du théâtre avant Nicole et Bossuet», *RHLF*, nov-déc.1970, pp. 1007-1030.

—, «Sacerdos sive rhetor, orator sive histrio, rhétorique, théologie et "moralité du théâtre" en France de Corneille à Molière», dans: *Héros et orateurs, rhétorique et dramaturgie cornéliennes*, Genève: Droz, 1990, pp. 449-491.

—, «*Théodore, vierge et martyre*: ses sources italiennes, et les raisons de son échec à Paris», dans: *Héros et orateurs, rhétorique et dramaturgie cornéliennes*, Genève: Droz, 1990, pp. 223-259.

Goldzink (Jean), *Les Lumières et l'idée du comique*, Ouvrage hors collection des *Cahiers de Fontenay*, ENS Fontenay/Saint-Cloud, 1992.
> [Malgré une conception un peu trop catégorique de la rupture entre la querelle «théologique» du XVIIe siècle et la querelle «philosophique» des Lumières, une des études les plus suggestives et élaborées qu'ait suscitée le débat sur la moralité du théâtre.]

Gouhier (Henri), *L'Essence du théâtre* [1ère édition, Plon, 1943], Aubier-Montaigne, 1968, nouvelle édition.

Goyet (Thérèse), «La condamnation du théâtre à Port-Royal. Sa situation dans la tradition rigoriste», *in*: *Pascal, Port-Royal, Orient, Occident*, Actes du colloque de l'Université de Tokyo (27-29 septembre 1988), Paris: Klincksieck, 1991, pp. 167-181.

Hammond (Nicholas), «*Levez le rideau*: images of the theatre in Pascal's *Pensées*», *French Studies*, vol. XLVII (n°3), juill.1993, pp. 276-287.
> [Examine notamment, en l'attribuant à Pascal, la maxime de Mme de Sablé sur la Comédie.]

Howarth (W. D.), «La notion de la catharsis dans la comédie française classique», *Revue des Sciences Humaines*, oct.-déc. 1973, pp. 521-539.

Kelly (John), *La Querelle du théâtre en France de 1657 à 1700*, Thèse dactylographiée de l'Université de Paris, 1951. [W univ.1951 (65), 4°]
> [Etude très informée, proposant quelques mises au point de première main sur la chronologie de la querelle.]

Lebègue (Raymond), «L'*Herodes infanticida* en France», *Neophilologus* XXIII, 1938, pp. 388-394.

Léoni (Sylviane), «Plaisirs des mots et plaisir des sens chez Nicole et Bossuet», in: *Eros in Francia nel seicento*, Bari: Adriatica/Paris: Nizet, 1987, pp. 279-298.

Loukovitch (Koster), *L'Evolution de la tragédie religieuse classique en France*, 1933; Genève: Slatkine Reprints, 1977.

Marin (Louis), «Les dédoublements de la représentation théâtrale. Le *Traité de la Comédie* de Nicole. Commentaires», *Journal of the faculty of letters, the University of Tokyo. Aesthetics*, vol. 12, 1987, pp. 5-24.

— , «La critique de la représentation théâtrale classique à Port-Royal: commentaires sur le *Traité de la Comédie* de Nicole», *Continuum* (New-York: AMS Press), vol.2, 1990, pp. 81-105.

Mazouer (Charles), «L'Eglise, le théâtre et le rire au XVIIe siècle», in: *L'Art du théâtre. Mélanges en hommage à Robert Garapon*, PUF, 1991.

Mendoza (Bernadette B. de), «Un «paradoxe sur le comédien» au XVIIe siècle», *Revue des Sciences Humaines*, oct.-déc. 1973, pp. 541-542.
> [L'auteur signale des passages du 6e Discours posthume du chevalier de Méré, «Sur le commerce du monde», annonçant les thèses de Diderot sur le comédien].

Mesnard (Jean), «Richelieu et le théâtre», *in: La culture du XVIIe siècle*, PUF, 1992, pp. 168-181 [réédition avec quelques retouches d'une étude de 1985].

Minel (Emmanuel), «Messe et théâtre profane au XVIIe siècle: Mimesis et transsubstantiation, ou l'Eucharistie contre la magie de la scène», Actes du Colloque de Reims (30 nov.-2 déc. 1994).

Mongrédien (Georges), «La querelle du théâtre à la fin du règne de Louis XIV», *Revue d'Histoire du théâtre*, 1978 (2), pp. 103-129.

Noille (Christine), «Le plaisir et les larmes. En marge de Richard Rorty», *Poétique*, n° 88, nov. 1991, pp. 499-517.

Papàsogli (Benedetta), *Il «Fondo del cuore». Figure dello spazio interiore nel Seicento francese*. Pise: Goliardica («Storia e critica delle idee», 17), 1991.

[pp. 107-112: analyse de la lettre 102 de Nicole, sur l'expression de l'orgueil dans quelques vers du *Cid*.]

Phillips (Henry), *The Theatre and its Critics in Seventeenth-Century France*, Oxford University Press («Oxford Modern Languages and Literature Monographs»), 1980.

Piemme (J.-M.), «L'*utile dulci* ou la convergence des nécessités: recherches historiques sur les causes de l'adoption de la règle scaligérienne de l'utilité, par les théoriciens de 1630», *Revue d'Histoire du théâtre*, 1969 (2), pp. 118-133.

—, «Le théâtre en face de la critique religieuse: un exemple, Pierre Nicole», *XVIIe siècle*, n°88, juil.-sept. 1970, pp. 49-59.

Pommier (Jean), *Aspects de Racine*, Nizet, 1954.
[Appendice A: «Nicole et le théâtre», pp. 419-421.]

Rébelliau (Alfred), «Deux ennemis de la Compagnie du Saint-Sacrement: Molière et Port-Royal», *Revue des deux mondes*, sept.-oct. 1909, pp. 892-923.

Reynier (Gustave), «Un épisode du conflit de l'Eglise et du théâtre au XVIIe siècle», *Revue d'Histoire Littéraire de la France*, XXXII, 1925, pp. 576-579.
[Sur l'assistance au théâtre d'Anne d'Autriche régente.]

Robert (René), «Des commentaires de première main sur les chefs d'œuvre les plus discutés de Molière», *Revue des Sciences Humaines* (81), janv.-mars 1956, pp. 19-49.
[Attribue la *Lettre sur la Comédie de l'Imposteur* à Donneau de Visé, avec une étroite participation de Molière.]

Stenzel (Hartmut), «Espace public et naissance d'un esprit critique. Molière et la querelle sur la moralité du théâtre», in: *Diversité, c'est ma devise. Mélanges Jürgen Grimm*. Paris-Seattle-Tübingen: Papers on French 17th Century Literature (coll. «Biblio 17», n° 86), 1994, pp. 473-492.

Thirouin (Laurent), «Les *Provinciales* comme modèle polémique: la querelle des *Imaginaires*», *in: Ordre et contestation au temps des classiques*, actes du 21e colloque du CMR 17 (Marseille, 19-23 juin 1991) Paris-Seattle-Tübingen: Papers on French 17th Century Literature (coll. «Biblio 17», n°73), 2 vol., 1992. Tome II, pp. 75-92.

—, «La condamnation morale du théâtre: l'autorité de saint Augustin». Colloque international *Religion et Politique: les avatars de l'augustinisme*, Université de Saint-Etienne, 4-7 octobre 1995.

Truchet (Jacques), *La Tragédie classique en France*, Paris: P.U.F., 1989 (2e édition mise à jour).

Urbain (Ch.) et Levesque (E), *L'Eglise et le théâtre*, Paris: Grasset, 1930.

Vinken (Barbara), «The concept of passion and the dangers of the theatre», *Romanic Review* (1), 1992, pp. 45-59.

«La Querelle du spectacle», *Les Cahiers de médiologie* (1), 1er semestre 1996, Paris: Gallimard.

INDEX

(noms de personnes)

[L'index ne renvoie ni aux annexes, ni à la bibliographie. La lettre 'n' signifie que le nom cité figure seulement dans les notes de la page correspondante.]

Alembert (Jean Le Rond d'): 259

Alypius: 173, 174

Ambroise (saint): 204, 205

Anne d'Autriche: 12n, 103

Ardalion (saint): 178n

Argenson (René de Voyer, comte d'): 251

Aristote: 49-51, 57, 99n, 112n, 115, 158, 189, 190, 191, 195, 196, 203, 206, 219, 220, 223-226, 232, 233, 256

Armogathe (Jean-Robert): 159n

Arnauld (Antoine): 150, 153n

Arnauld d'Andilly (Robert): 127, 240n, 241

Artaud (Antonin): 52, 128-130, 163

Aubignac (François Hédelin, abbé d'): 17, 21n, 27, 31, 32, 33, 42, 49, 117, 118, 192, 208, 253

Augustin (saint): 27, 37, 38, 49, 51, 52, 53, 61, 62, 64, 104n, 127-130, 142, 145-147, 163, 165, 171-174, 182n, 194, 195-198, 205, 235, 237, 239-241, 256

Balzac (J.-L. Guez de): 99, 100, 170

Barbier (Edmond-Jean-François): 187

Barbier d'Aucour (Jean): 33, 48, 85, 103n, 172, 173n, 236

Beauval (Jeanne-Olivier Bourguignon, dame de): 185

Bénichou (Paul): 202

Bernanos (Georges): 105

Bernard (saint): 53n

Boileau-Despréaux (Nicolas): 100, 101, 126, 158, 197, 203n, 249

Bosquet (François): 250

Bossuet (Jacques Bénigne): 11, 18, 21, 47, 48, 51, 52, 59, 60, 65n, 79, 80, 81, 83, 124, 139, 140, 165, 171, 181, 192, 197, 217, 225, 226, 228, 233, 234, 250n, 254, 258, 259

Boudhors (Charles-H.): 61n

Boursault (Edme): 17, 33, 185, 238

Bray (René): 107n, 108, 256n

Bresson (Robert): 105

Brossette (Claude): 101n

Burgelin (Olivier): 131n

Caffaro (le P. François): 17, 30, 33, 34, 49, 52, 77, 78, 185-187, 238, 252
Cassien: voir Jean Cassien
Caussin (le P. Nicolas): 186
Céline (Louis-Ferdinand): 262
Cellot (le P. Louis): 55, 65, 72
Chantalat (Claude): 102n
Chapelain (Jean): 170, 190n
Chappuzeau (Samuel): 24n
Charles Borromée (saint): 250, 261
Clément d'Alexandrie: 183
Conti (Armand de Bourbon, Prince de): 15, 16, 19, 20, 23, 24, 27, 43, 45-48, 60, 84, 93, 99, 106, 117, 118, 119, 136n, 144, 148, 165, 168, 169, 183, 189, 190, 193-194, 197, 199, 200, 201, 202, 203, 212, 214, 215, 217, 219, 231, 253, 254
Corneille (Pierre): 11, 15, 17, 19, 37, 38, 40, 44, 47, 49, 50, 84, 85, 86, 88-96, 98, 102n, 106, 109n, 110, 111-113, 115, 116n, 136, 164, 168, 200-203, 204-207, 211-215, 217, 243, 244, 247, 251, 253, 254, 257
Corneille (Thomas): 19, 24
Couton (Georges): 12, 19, 33n, 67, 68, 85, 89
Cyprien de Carthage (saint): 37, 39, 66, 124-126, 129, 137, 179

Debord (Guy): 241-242

Descartes (René): 107, 174, 175
Desmolets (le P. Pierre-Nicolas): 126n, 197n
Desmarets de Saint-Sorlin (Jean): 44, 164n
Diderot (Denis): 18, 21, 22, 60, 61n, 114, 115, 121, 181
Diès (Auguste): 220n
Dreyer (Carl Theodor): 105
Dubos (Jean-Baptiste): 21n, 201
Dubu (Jean): 12n, 17n, 78, 79n, 80n, 186n, 250
Du Four (Pierre, abbé d'Aulnay): 162n
Du Ryer (Pierre): 84, 199
Dusaulx (Jean): 14

Eriau (J.-B.): 53n, 178n
Euripide: 46, 85
Euchratius: 66n

Fénelon (François de Salignac de La Mothe): 225
Ferreyrolles (Gérard): 17n
Fleury (Claude): 29n, 64
Fontaine (Nicolas): 40, 45
Fontenelle (Bernard Le Bovier de): 25n
Force (Pierre): 12n, 216, 217, 218
Forestier (Georges): 109n, 116n, 170n, 191n
François de Sales (saint): 186n, 224, 225, 227
Fumaroli (Marc): 6n, 18, 22n, 37, 55n, 56, 62, 63, 64, 65n, 72, 73n, 104n, 212, 240, 252n
Furetière (Antoine): 25, 67n, 76, 114, 124, 138, 170, 190

Gaultier-Garguille (Hugues Guéru, dit): 32
Gelasin (saint): 178n
Genest (saint): 177, 178n
Godeau (Antoine): 34, 35, 96n, 101, 104, 116, 117, 118, 147, 148, 160-162, 167, 258, 259
Goibaud du Bois (Philippe): 16, 72, 73, 96, 120, 172, 231, 236
Goldzink (Jean): 21, 121, 237, 238n, 255n, 259
Gouhier (Henri): 175, 191
Grégoire le grand (saint): 53n
Guion (Béatrice): 107n

Hammond (Nicholas): 12n
Heinsius (Daniel): 84, 99, 100
Horace: 107, 239

Isaïe: 244
Isambert (François-André): 74n

Jankélévitch (Vladimir): 179, 180
Jansénius (Cornelius): 240-241
Jean (saint): 158n, 225, 239, 242
Jean Cassien: 158n
Jean Chrysostome (saint): 27, 39, 235
Jodelet (Julien Bedeau, dit): 33

Kelly (John): 17n, 252

Lafayette (Marie-Madeleine Pioche de la Vergne, comtesse de): 213
La Fontaine (Jean de): 200n

La Mothe le Vayer (François de): 154n
Lamoignon (Guillaume de): 101
La Rochefoucauld (François, duc de): 122, 179, 202, 213, 216n
Launay (Michel): 15n
Lebègue (Raymond): 99n
Le Brun (le P. Pierre): 186n
Léon X: 80n, 251
Lesaulnier (Jean): 84n
Levesque (E): 12n, 18n
Livet (Ch.-L.): 103n
Longueville (Anne Geneviève de Bourbon-Condé, duchesse de): 78
Louis XIII: 73, 251
Louis XIV: 15, 41, 132, 249
Loukovitch (Koster): 99n
Lully (Jean-Baptiste): 171

Marin (Louis): 14n, 136, 147, 193n
Martial: 107
Massillon (Jean-Baptiste): 126n
Mazarin (Jules): 12
Mazouer (Charles): 194, 253
Mc Bride (Robert): 104n, 154n, 188n, 257n
McLuhan (Marshall): 86
Méré (Antoine Gombaud, chevalier de): 61n
Mesnard (Jean): 107n
Michel (Jehan): 94n
Molière: 11, 12, 15, 16, 17, 18, 19, 22, 26, 28, 32, 33, 36, 38, 48, 49, 61, 66-69, 80, 81, 93, 94, 102, 103, 104, 110, 116, 117, 138, 139, 154-157, 164, 165, 188, 189, 193,

197n, 200, 216-218, 226, 227, 232, 247, 249, 254

Monchesnay (Jacques Losme de): 126n, 197

Mongrédien (Georges): 101n

Nicole (Pierre): 11, 12, 14, 15, 16, 17, 19, 20, 21, 22, 24, 25, 28, 36, 44, 45, 48, 50, 51, 53, 54, 55, 57, 58, 59, 60, 61, 70, 71, 83, 84, 85-92, 96, 97, 100, 101, 102, 103n, 104, 106, 107-110, 111-114, 119, 121, 122, 125, 127, 129, 130, 131, 133-137, 139, 140, 146, 147, 148-154, 155, 156, 157, 159, 161, 162, 163, 164, 167, 169, 172, 174, 175, 176-179, 181, 182, 184, 191-194, 197, 199, 200, 201, 202, 203-207, 208, 209, 211-215, 216-218, 220-222, 224, 227-230, 231, 233-236, 237, 238, 240, 242, 243, 247, 248, 252, 253, 254, 255, 256, 258, 259, 260, 262, 263

Ottonelli (le P. Giovanni Domenigo): 104n, 224n

Paphnuce (saint): 158

Pâris (François de, dit le diacre): 251

Pascal (Blaise): 11, 69, 70, 87, 88, 122, 137n, 169, 176-179, 198, 203n, 209, 210n, 237n, 244-245

Paul (saint): 29, 226

Paul V: 79, 80n, 250

Paulin de Nole (saint): 53n, 242

Pavillon (Nicolas): 19, 165, 186n

Pégurier (Laurent): 185n

Petit de Montempuys: 187

Phillips (Henry): 13n, 177n, 205n, 256n

Piemme (Jean-Marie): 71n, 109, 114, 125n, 157, 163

Pierre Chrysologue (saint): 66

Platon: 22, 49-52, 56-58, 61, 97, 114, 120n, 123, 145, 166, 210, 211, 219, 220-222

Pompée: 95

Proust (Marcel): 180

Pure (Michel de): 24, 35

Quinault (Philippe): 253

Racine (Jean): 11, 16, 17, 28, 29, 43, 44, 48, 49, 50, 72, 85, 96, 99n, 103n, 105, 120, 165, 172, 200, 201, 212, 231, 232, 233, 236, 247, 249, 253

Raisin (Jean-Baptiste, dit le cadet): 185

Rapin (le P. René): 121

Regnard (Jean-François): 123

Reynier (Gustave): 12n

Richelieu (Armand du Plessis, duc de): 12, 17, 31, 32, 33, 73, 102

Rivet (André): 17

Robin (Léon): 57n, 97n, 123n

Rochemont (B. A., Sieur de): 33, 68, 101n, 102-104, 117, 138, 188, 189

Rodis-Lewis (Geneviève): 150n

Roscius: 62

Rospigliosi (Giulio): 252n

Rotrou (Jean): 177

Rousseau (Jean-Jacques): 13, 14, 18, 19, 21, 22, 26, 42n, 61n, 76n, 97n, 108n, 110, 113, 115, 116n, 123, 124, 130, 133, 140, 141-144, 164, 165, 166, 181, 184n, 197, 198, 229-230, 248, 255n, 258-262

Rushdie (Salman): 263

Sablé (Madeleine de Souvré, Marquise de): 137, 159, 209-211

Sacy (Isaac-Louis Le Maître de): 43n, 226n, 239n

Sade (Donatien Alphonse François, marquis de): 262

Saint-Evremond (Charles de Marguetel de): 101, 102

Sainte-Beuve (Charles Augustin): 48n, 241n

Salvien (saint): 39

Scarron (Paul): 184n

Scipion Nasica (Publius Cornelius): 127

Scudéry (Georges de): 17

Sellier (Philippe): 70n, 127n

Senault (le P. Jean-François): 20, 22, 40-43, 45, 98, 136, 142, 143, 163, 168, 169, 181, 192, 209, 248, 253, 260

Sénèque: 202

Singlin (Antoine): 40, 45, 66, 77-79, 163, 181, 182, 184

Soanen (le P. Jean): 197n

Sophocle: 46, 47, 48, 85

Tallon (Alain): 202n

Térence: 43, 44, 48, 55, 72, 85

Ternois (René): 102n

Tertullien: 19, 29, 30, 39, 40, 75, 76, 94, 95, 167n, 175, 176, 182, 183, 186, 194, 222, 223, 228, 237, 254

Thirouin (Laurent): 127n, 237n

Thomas d'Aquin (saint): 51-53, 78, 83, 158-159, 190-191, 223-226, 228

Tillette (Xavier): 234n

Truchet (Jacques): 201n

Turcan (Marie): 29n

Turlupin (Henri Le Grand, dit): 32

Urbain VIII: 252

Urbain (Ch.): 12n, 18n

Varet (Alexandre): 19, 36, 37-40, 53, 75, 76, 77, 84, 86, 88-93, 94, 95, 97, 98, 99, 181, 183, 184, 212, 235, 236, 247, 255, 260

Vialart de Herse (Félix): 80

Vinaver (Eugène): 50n, 232n

Virgile: 172

Voisin (Joseph de): 27, 32, 51, 225n

Voltaire: 80n, 143, 251, 259

Zuber (Roger): 99n, 170n

TABLE DES MATIÈRES

INTRODUCTION 11
Position du problème 11
Le cadre et l'objet 20
   1 — Paradoxes 20
   2 — Morale 21
   3 — L'objet: la 'Comédie' 23

CHAPITRE I: *Perspectives historiques et arguments d'autorité* . . . 27
   1 — Grandeur et décadence du genre théâtral 30
   2 — La vocation religieuse du théâtre antique 34
   3 — L'autorité des Pères 37
   4 — Le paradoxe de Senault 40
   5 — Apologies de l'Antiquité 45
   6 — Le système de références 49

CHAPITRE II: *La question du comédien* 55
   1 — La question philosophique 56
   2 — La question religieuse 62
   3 — La question morale 70

CHAPITRE III: *Poétique* 83
   1 — Les vertus chrétiennes au théâtre 85
   2 — La question technique des bienséances 106

CHAPITRE IV: *Anthropologie* 121
   1 — La contagion 122
   2 — Le désir corrompu 141
   3 — L'inconscient 148
   4 — La puissance du théâtre 160
   5 — La défaite de la raison 167

CHAPITRE V: *Morale* 181
   1 — La position élémentaire 182
   2 — Le théâtre et l'amour 195

3 — L'horreur et l'approbation 203
4 — Les vices et les vertus 207

CHAPITRE VI: *Métaphysique* 219
1 — Une conception de la vérité et de la réalité 219
2 — La nécessité du divertissement 223
3 — L'esprit du christianisme 230
4 — L'aveuglement salutaire 239

CONCLUSION 247

ANNEXES 265
1 — Chronologie sommaire de la querelle du théâtre . 265
2 — La querelle des *Visionnaires* 273

BIBLIOGRAPHIE 275

INDEX 285

TABLE DES MATIÈRES 291

Achevé d'imprimer en 1997

Achevé d'imprimer en 1997
à Genève-Suisse